让每一个孩子都有出路

高中多元升学路径
与案例解析

良师教育研究院 \ 组编
Finedu Institute of Education

华中师范大学出版社

U0659793

图书在版编目（CIP）数据

让每一个孩子都有出路：高中多元升学路径与案例解析 / 良师教育研究院组编. -- 武汉：华中师范大学出版社，2024. 12. -- ISBN 978-7-5769-0843-5

Ⅰ. G649.1

中国国家版本馆 CIP 数据核字第 2025MJ8009 号

编 辑 室：第一分社
电 话：027-67867317
责任编辑：张 华
责任校对：骆 宏
封面设计：邓惠娟
封面制作：胡 灿
出版发行：华中师范大学出版社有限责任公司
社 址：湖北省武汉市洪山区珞喻路 152 号
邮 编：430079
网 址：https://press.ccnu.edu.cn
印 刷：湖北新华印务有限公司
督 印：刘 敏
开 本：787mm×1092mm 1/16
印 张：26.5
字 数：600 千字
版 次：2025 年 2 月第 1 版
印 次：2025 年 2 月第 1 次印刷
定 价：88.00 元

本书致力于服务教育公益，因时间仓促，虽经多方努力，书中少量图片未能联系到原创作者，特此致谢并恳请理解支持。

本书特邀顾问

高考并不是唯一的成功之路，本书通过对真实成功案例的剖析，展示了多元化升学道路的魅力。从强基综评到中外合作办学，从定向专项到海外留学，本书让您看到更多可能的选择，帮助您找到最适合的升学道路。书中的30个孩子升学名校的案例，都是通过合理的规划选择，最终实现了人生的逆袭。每个故事都充满了奋斗与坚持，它们不仅展现了升学的多样性，更激励考生和家长敢于追求梦想，创造属于自己的未来。

——王　峰　世界脑力锦标赛总冠军、《最强大脑》中国总队长

《让每一个孩子都有出路》是一本点亮孩子未来之路的佳作，它深入探讨教育本质，为解决孩子多元升学提供了良方。书中案例鲜活，理论扎实，从学业规划到职业引导，全方位助力孩子发展。家长、教育从业者都能于此汲取智慧，助力孩子开启光明的未来，是不可多得的学业规划指南。

——云　枫　内蒙古宇韬教育科技有限公司·暖城升学规划

本书聚焦我国高中升学的多元路径，通过深入详实的数据分析，探讨高考的最新趋势、招生模式及升学选择。全面剖析高中多元升学路径，旨在帮助家长和学生更清晰地了解现行升学政策及未来发展方向。它不仅是一本关于高考的实用指南，更是一本关于人生重要选择的决策手册。良师德胜团队在K12培训领域深耕20余年，对于家长和学生的痛点有着深刻的理解。阅读完本书手稿后，我深感这本书如同我们在升学道路上的明灯，为家长和学生照亮前行的方向。

——姚　锷　良师德胜教育咨询发展（东莞）有限公司

从裸分高考到多元升学，从中国港澳到海外留学，本书通过一个个真实的升学故事，展现了多元化的成功之路。30个孩子逆袭名校的案例故事更是生动感人，特别加入的专家点评环节，从故事中提炼出升学过程中的关键要素，为读者提供专业的指导和深刻的启发。每一个故事背后都蕴含着升学决策的智慧，让您在阅读中获得感动与启示，为未来找到方向。

——王静晖　中国关工委教育中心认证学业规划师

本书特邀顾问

为孩子选择适当的升学路径，是每个家庭都要面对的重要决定。这本书不仅提供了 25 种高中多元升学路径，还配了 30 个孩子的真实升学案例故事，满足不同读者的需求。无论是希望在高考中脱颖而出，还是考虑多元化的教育选择，本书都能为您提供全方位的参考。同时，本书还特别收录了国内外高校的最新录取政策、专业特色和就业前景分析，帮助家长和考生科学决策。如果您正在为孩子的升学方向感到迷茫，这本书就是您所需要的权威指南！选择它，为孩子的未来打下坚实的基础。

——周 灵 深圳市路通逻马教育科技有限公司

这本书可以称得上是全链条学业规划的百科指南，如果您想全面了解当前升学政策的全貌，本书是不二之选。裸分高考的优劣势、强基计划的入围条件、少年班的培养模式……每一章都凝聚了政策解读与专家智慧。本书不仅详解政策实施的细节，还为家长与考生提供切实可行的升学指导。从填报志愿的技巧到选择专业的思路，从国内升学的路径到海外留学的规划，本书全方位覆盖。作为一本兼具深度与实用性的升学指南，它将是助力家庭和考生迈向理想学府的重要工具。

——唐 夏 成都问道前程教育管理有限公司

教育不应是千军万马挤独木桥的较量，而应是一场发现自我可能性的旅程。《让每一个孩子都有出路》以独特的视角，将升学规划与个体成长紧密结合，打破"唯分数论"的桎梏。书中不仅梳理了 25 种国内外升学路径的底层逻辑，更通过真实案例还原了每个家庭在关键抉择中的思考与突破。无论是"强基计划"的策略解析，还是小众赛道的冷门机遇，本书用数据与故事双线并行的方式，为家长和孩子提供了一份动态决策地图。作为深耕教育创新领域的实践者，我深信这本书将重塑家庭的教育认知，让升学规划真正成为孩子人生的"赋能起点"。

——吴晶晶 读书人工作室创始人

本书编委会

总策划： 邓志成　胡字文　鲁志威　梁　斌
主　编： 崔　科
副主编： 韩　雪　薛　蕾　周夕晴　王　冰　齐一然
编　委： 王　宁　王文敏　谭　宁　童宏博　江昊聪
　　　　　江晓岚　赵　鑫　叶梓豪
共创编委：

张华琼	四川罡健教育管理有限公司
金　新	尔娱尔悦（湖北）教育科技有限公司
许　燕	易升学智能科技（广州）有限公司
赵　蕾	上海良师前程信息科技有限公司
徐姗姗	菏泽明学教育咨询有限公司
金贵言	昆明市五华区茁培教育咨询有限公司
白　贝	青岛千亚国际文化发展有限公司
华　梨	常州春华秋实教育科技有限公司
毕娅坽	成都艺荟启源学业规划中心
焦兴锐	甘肃誉鼎教育科技有限公司
宋彩霞	内蒙古睿星优学教育咨询服务有限公司
谢其峻	深圳市洋格其佳教育科技有限公司
莫兆丰	理程（东莞）教育咨询服务有限公司
余辰亮	苏州旻为良师教育科技有限公司
韩智慧	天水人本教育咨询服务有限公司
李思颐	江苏汇见教育科技有限公司

高中升学现状与数据

高考，作为我国教育体系中一个关键的组成部分，始终受到社会各界的广泛关注。其报考人数、录取规模以及趋势的演变，不仅映射了教育成就的进展，而且与社会经济的发展、人口结构的变动等多重因素紧密相连。本书旨在对近年来高考升学的现状进行深入分析，并通过阐释高中阶段多元化的升学途径，为家长和考生提供科学且精确的升学决策参考。

一、高考报名人数屡创新高

自 1977 年恢复高考以来，高考报名人数经历了多次起伏。在 2008 年达到 1050 万之后，报名人数逐渐回落，直至 2014 年止跌并连续 6 年稳定在 940 万以上。然而，从 2019 年开始，全国高考报考人数再次突破千万，且呈现持续上升的态势。2020 年全国高考报名人数达 1071 万，2021 年为 1078 万，2022 年达到 1193 万，2023 年升至 1291 万，2024 年更是达 1342 万，连续六年破千万，创历史新高。

从高考报名人数的构成来看，应届普通高中考生并非全部。以 2024 年为例，应届普通高中考生只占到高考实际报名人数的 70.61%，其余 29.39% 约 394.46 万考生来自对口招生、高职单招考生及复读考生。近年来，这部分考生人数占到当年高考总报名人数的 25% 以上且呈上升趋势。

二、高考报名人数未来趋势

尽管 2024 年高考报名人数再创新高，但从长期来看，由于人口增长呈下降趋势，高考报名人数可能受到影响。2003 年以来，我国新生儿数量长期稳定在每年 1600 万左右，2016 年短暂上升后持续下跌，2017 年至 2023 年出现人口增长六连跌，新生儿数量分别为 1723 万、1523 万、1465 万、1200 万、1062 万、956 万、902 万。假设新生儿全部健康成长且不分流、不流失，当 2023 年出生的新生儿参加高考时，902 万考生人数明显低于 2023 年高校招生人数 1042.22 万。

不过，中学毕业生作为高等教育的主要生源，我国高中阶段毛入学率一直在持续上涨，2023 年达 91.8％，九年义务教育的深入完善及高中教育的普及为高等教育提供了充足的生源。同时，国家连续实施了普通高中改造计划和教育基础薄弱县普通高中建设项目，显著改善了学校办学条件。普通高中校舍资源快速增加，设施设备配备达标情况不断提高，生均公用经费拨款制度全面建立，教师补充力度持续加大，这些都为高中教育的发展提供了有力保障。

三、高考录取率持续上升

自 1977 年恢复高考以来，高考录取率保持持续上升的趋势。1977 年，570 万人报考，录取 27 万人，录取率仅为 4.74％。随着时间的推移，录取率不断提高。1999 年高校大规模扩招后，录取率大幅提升。2010 年高考录取率达到 69.95％，2017 年突破 80％，2020 年实际录取率首次突破 90％，2021 年达到最高峰 92.86％。虽然 2022 年和 2023 年录取率有所下滑，但仍维持在 80％以上，这意味着绝大多数高考生拥有了接受高等教育的机会，我国高等教育已迈入普及化阶段。

高考录取率的持续上升，一方面反映了我国高等教育事业的快速发展，教育资源的不断丰富和优化；另一方面也体现了国家对人才培养的重视，通过扩大高校招生规模，为更多学子提供接受高等教育的机会。

四、职业高考与高考报名人数增长

高考报名人数的增长，中职学生的大规模加入是一个重要因素。在政策层面，2021 年全国职业教育大会明确了中职升学与就业兼顾的定位，提出了职教高考的概念，要求拓宽职业教育升学通道，建立清晰的中等职业教育、高等职业教育体系。同时，政府实施了一系列的扩招政策，如 2019 年政府工作报告提出的高职院校大规模扩招 10 万人的计划，2020 年提出的两年内高职院校继续扩招 200 万人等。

这些政策的实施取得了显著成效。2019 年高职扩招共 116 万人，超过原招生计划。2019 年至 2021 年，我国高职分别扩招了 116.4 万人、157.4 万人和 140 万人，三年时间高职扩招超 400 万人。2023 年职业本科招生 8.99 万人，比上年增长 17.82％；高职（专科）招生 555.07 万人，比上年增长 2.99％。目前，我国已建成全世界规模最大的职业教育体系，中高职学校每年培养大量高素质技术技能人才。

为推动职业教育的进一步发展，教育部职业教育与成人教育司提出了一系列举措。一是要改变社会对职业教育的刻板印象，提高职业教育的质量和吸引力。二是支持符合条件的学校试办职业本科教育，完善相关设置标准和办法。三是推动中职教育向"就业与升学并重"转变，抓好升学教育，扩大贯通培养规模。四是使"职教高考"成为高职招生主渠道，建立省级统筹、综合评价、多元录取的"职教高考制度"，缓解中考分流压力和"教育焦虑"，形成职业教育中高本一体化培养模式。

总之，高考升学的现状及发展趋势是一个复杂而多元的话题。高考报名人数的变化、录取率的提升以及职业教育的发展，都反映了我国教育事业在不断适应社会需求和时代发展的进程中取得的成就和面临的挑战。未来，我们需要继续关注人口结构变化、教育政策调整以及社会经济发展对高考升学的影响，为广大学子创造更加公平、优质、多样化的教育机会和发展空间。

什么是高中多元升学？

在如今的高中升学中，除了常规通过高考成绩申请大学以外，通过强基计划、综合评价招生、公费生、委培生等方式进入大学的考生越来越多。高考综合改革方案全面实施以后，形成了"分类考生、综合评价、多元录取"的高校招生录取模式，多元升学路径已成为社会广泛关注和热议的话题。本书将详细解读当前25种高中多元升学路径的内涵，探讨其背后的可复制性，并分析其对学生未来发展的影响。

一、途径多元化

多元升学，顾名思义，即学生通向高等教育的道路不再局限于单一的高考。这一理念的提出，旨在打破"一考定终身"的传统观念，为学生提供更多选择和发展空间。途径的多元化主要体现在以下几个方面。

（一）自主招生与综合评价

自主招生和综合评价是多元升学的关键部分。高校通过自主招生选拔有特殊才能或潜力的学生，提供适合的教育环境。综合评价则关注学生全面发展，评估其能力与潜力。这些方式有助于高校选拔人才，也为学生提供更多展示机会。学生可依兴趣和特长选择升学方式，发挥优势。

（二）海外留学与国际教育

全球化推动了海外留学和国际教育的发展，让学生能接触更广泛的知识和文化，培养国际视野和交流能力。国际教育强调全球竞争力和创新能力的培养，适应国际竞争。将升学视角从国内转向海外，能为学生提供更广阔的升学机会，培养具有国际竞争力的人才。

（三）艺术教育与体育特长

艺术教育和体育特长是多元升学的重要部分。对有艺术或体育天赋的学生，这些领域是实现自我价值的关键，缩短与名校的距离。通过专业的艺术教育和体育培训，学生可以充分发挥自己的才能和潜力，追求自己的梦想。

（四）职业教育与技能培训

随着社会对技能型人才需求增加，职业教育和技能培训在高中升学中的重要性日益显现。职业教育侧重于培养学生的实践能力和职业技能，以适应社会经济发展。职业教育和技能培训为学生提供具体的职业技能和知识，为就业和职业发展打下坚实基础。这种模式还能减轻学术教育压力，为学生提供多样化成长路径。

二、评价标准多元化

高中多元升学路径的提出，不仅改变了传统的升学方式，也带来了评价标准的多元化。传统的以分数为唯一标准的评价方式已逐渐被打破，取而代之的是更加全面、多元的评价体系。

（一）学术成绩与综合素质并重

在高中多元升学路径中，学术成绩不再是唯一的评价标准。高校在招生时，除了关注学生的学术成绩外，还注重考察学生的综合素质，如创新思维、团队合作能力、社会实践经历等。这种评价方式更有助于全面评估学生的能力和潜力，选拔出真正优秀的人才。

（二）个性化与差异化评价

每个学生都是独一无二的个体，具有不同的兴趣、特长和发展潜力。因此，在高中多元升学路径中，个性化与差异化评价显得尤为重要。高校在招生时，会根据学生的特点和需求，制定个性化的评价方案，以更准确地评估学生的能力和潜力。这种评价方式不仅有助于高校选拔出具有特殊才能的学生，也有助于激发学生的积极性和创造力。

（三）过程性与结果性评价相结合

在高中多元升学路径中，过程性与结果性相结合的评价方式逐渐受到重视。高校不仅关注学生的最终成绩，还注重考察学生的学习过程、努力程度和进步情况。这种评价方式更有助于全面了解学生的学习状况和发展轨迹，为他们的未来发展提供更有针对性的指导和支持。

三、高中多元升学的意义与影响

高中多元升学路径的提出和实施，对于促进学生全面发展、提高教育质量、推动社会进步具有重要意义和深远影响。它不仅为学生提供了更多选择和发展空间，也有助于高校选拔出更多优秀人才，为社会经济发展提供有力支撑。高中多元升学路径还有助于推动教育公平，让每一个学生都能拥有平等接受教育的机会和权利。

高中多元升学是教育改革的重要成果之一，它体现了以学生为本的教育理念，为学生的未来发展开辟了更广阔的道路。在未来的教育实践中，我们应该继续探索和完善高中多元升学路径，为培养更多优秀人才、推动社会进步做出更大的贡献。

Contents

目 录

附录一｜部分国内高校联盟

附录二｜常见各国高校联盟

一 "裸分"高考

1. 什么是"裸分"高考

"裸分"指的是在高等学校招生录取中，考生使用同一张试卷或考试内容得到的未经任何加分而单纯取得的卷面分。"裸分"经常在高考中出现，意为"不经任何加分后的高考分数"。

新高考改革，就是要改革"裸分"时代，不再一考定终生就是我国高考改革的初衷。现在各个层次的高校，招生方面都在作出改革，凭"裸分"进名校的占比将会越来越小。如2023年北京大学的录取新生中，"裸分"考进北大的仅占42%，而强基计划占29%，专项计划招生占13%，保送生占6%。

从2014年开始，我国已经进行了五次高考改革。改革的目的就是希望学生可以充分发挥自己的潜力，挖掘自身的综合能力，不再死读书、读死书，对学生综合素质的培养是新高考改革的方向和要求。2022年6月，第五批实行高考综合改革的八省区公布方案，至此全国有29个省份启动新高考改革。简单来说就是不分文理科，学生根据自己的优势选择科目。新高考将人生选择方向前置，让学生从高一开始就要进行生涯规划。

2. 新高考流程及报考须知

（1）新高考改革

①取消文理分科，采取"3＋3"或"3＋1＋2"的考试模式

"3＋3"考试模式是语文、数学、外语3门必考科目＋思想政治、历史、地理、物理、化学、生物6门科目中自主选择3门进行考试；"3＋1＋2"考试模式为语文、数学、外语3门必考科目＋物理、历史科目中首选1门＋思想政治、地理、化学、生物科目中再选2门。

②学业水平考试分为合格性考试和选考科目

合格性考试在高二、高三期末各组织一次（含补考），作为高中毕业的依据；选考科目考试时间为高考结束之后，选三科考试计入高考总成绩。

③"两依据""一参考"的多元录取机制

"两依据"是指把全国高考成绩和高中学业水平测试成绩作为招生录取的依据；"一参考"是指把综合素质评价作为招生录取参考条件，并将使用权交给高校。

(2) 高考报名条件

符合下列条件的人员，可申请报名：

①遵守中华人民共和国宪法和法律；

②高级中等教育学校毕业或具有同等学力；

③身体状况符合相关要求。

(3) 报考流程

①高考报名（约11月份）

考生应该按照学校要求到采集影像点去拍摄照片，然后报名点学校打印出普通高校招生统一考试考生报名表给考生，考生确认信息并签字后由报名点学校工作人员统一收回放入档案内。

②高考体检（约3—4月份）

高考体检是指凡参加高考的考生必须参加的体检。一方面，考生通过体检可以了解自己的身体健康状况；另一方面，体检结果将作为考生档案的一部分，供高校录取时参考。高考体检中考生要经过眼科、外科、内科、耳鼻喉科、口腔科、放射、检验等科室系统的身体检查。

③考试时间

全国统一高考时间为每年6月7—8日，部分新高考省份为6月7—10日。

④高考阅卷出分

普通高考的阅卷是实施网上阅卷的方法，当考试结束的时候，省教育考试院将试卷答题卡全部收集起来，先召开阅卷大会，然后将在指定的普通高校内组织人员开展阅卷工作。高考出分时间一般集中在6月底。

⑤志愿填报与录取（7、8月份）

高考出分后，考生网上填报志愿，录取模式包含以下几种。

➢ 平行志愿。平行志愿是指一个志愿中包含若干所平行的院校。考生在填报高考志愿时，可在指定的批次同时填报若干个平行院校志愿。录取时，按照"分数优先，遵循志愿"的原则进行投档。

➢ 顺序志愿。顺序志愿是指在同一个录取批次设置的多个院校志愿有先后顺序，其表述方式为：第一志愿、第二志愿……例如一个第一志愿院校、一个第二志愿院校，计算机投档时将相同院校志愿的考生分别排队，然后根据分数从高到低向对应的院校投档。

➤ 院校专业组。院校专业组由招生院校依据各专业提出的科目要求和人才培养需要而设置，同一所院校可能设置多个院校专业组，各院校专业组之间互无关联，符合要求的考生可将其填报在不同志愿位序。

➤ 专业（类）＋院校。在以"专业（类）＋学校"为单位的平行志愿模式下，1个"专业（类）＋学校"为1个志愿。也就是说，专业优先，学生报考的时候，直接投档到专业（类），不存在专业调剂问题。如2024年普通类志愿填报时，浙江可以报80个，山东可以报96个。

3. 志愿填报要点

高考分数出来后，几家欢喜几家愁。合理填报志愿就显得尤为关键，以下是填报志愿应该注意的一些问题。

（1）填报流程

①第1步：出分后，先从一分一段表中找到孩子的全省排名，比如今年530分，全省排名7000名，将这个排名记下来。要重排名轻分数，报志愿主要看省内排名。

②第2步：从网上下载去年的一分一段表，找到去年全省排名7000名左右的高考分数，上下浮动20分并记录（比如去年排名7000，分数520分，那么就需查看500—540分之间的高校）。

③第3步：查看去年院校的提档线，考虑500—540分之间的高校，都是可选的学校范围。

④第4步：做加法，按上面的步骤将前年和大前年能选择的高校选出来，扩大范围。

⑤第5步：做减法，从中挑出孩子的理想城市和专业，再确定几个目标院校。

⑥第6步：最后检查目标院校和专业的招生简章和要求（比如单科成绩、体测、视力等相关要求）。

⑦第7步：最终确定志愿，进行填报。

（2）选专业时考虑自身特点

选择符合孩子特点的专业，扬长避短，才能促进其学有所成，为将来获得理想职业创造条件。自身特点包括个人兴趣爱好、性格特征、能力、身体条件等。唯有真正的热爱，才能让一个人有充足的动力持续地做一件事，并在这个过程中感受到幸福与快乐。如果父母为了所谓的好就业，强迫孩子选择不喜欢的专业，则有可能为孩子未来的不幸福埋下伏笔。试想，面对一个自己根本不感兴趣、完全不喜欢的专业，孩子如何能积极主动地学习深造？不同的性格适合不同的职业，在填报志愿时要充分考虑。

(3) 考虑因素：院校、专业、城市

填报志愿要结合孩子的实际情况，考虑院校、专业和城市的因素。学校决定了孩子的发展层次，普通院校和"985 工程"院校（以下简称 985 院校或 985 高校）、"211 工程"院校（以下简称 211 院校或 211 高校），在教师资源、就业资源方面差别是很大的，因此在分数接近时选择合适的院校是非常重要的。专业决定了未来从事的行业，不同的专业发展情况有很大的区别，要充分尊重孩子的兴趣和特点。城市一般是大家会忽略的一个因素，但大部分情况下，大学生在毕业之后留在就读院校所在城市实习和工作的机会会多一些，尤其是一些地域性比较强的专业，更要考虑城市的因素。比如园林设计专业，在南方城市就业机会就会更多。

(4) 了解专业 7 个维度

①学习内容——这个专业具体学什么？都有哪些课程？涉及的课程有没有孩子无法接受或特别不擅长的？

②学习难度——难易程度，学习压力有多大？理学、医学学习难度相对较大。选择专业的基本要求是学得懂，可顺利毕业。

③就业方向——以后的工作内容是什么，具体去哪些行业、哪些岗位？

④环境待遇——未来的工作环境、薪资待遇、工作环境是否可以接受？

⑤就业形势——以后好不好就业？好就业和就业好不是一回事，就业是否容易是由供需关系决定的。

⑥发展趋势——未来的发展趋势怎样？现在就业好，不代表未来也好，要以长远的眼光看待专业。

⑦优势院校——对于某一个专业的培养，哪些院校比较擅长？

4. 常见问题

(1) 什么是平行志愿？

平行志愿是指高考志愿的一种投档模式，指考生所选 A、B、C、D 等志愿，它们

之间是平行关系，"志愿并列、分数优先、遵循志愿、一次投档"。简单说，如果 A 志愿院校专业组条件符合，则投档成功（被提档）；如果 A 志愿院校专业组计划已满，则继续检索该考生 B 志愿，以此类推，直至检索到符合条件的志愿，如果所有志愿都不符合投档要求则滑档。这里要特别注意"一次投档"的原则：按照顺序一旦检索符合条件"投档成功"，后续院校志愿将不再被检索，就意味着本批次投档结束，不再二次投档。投档成功后由高校决定该考生是否录取及录取专业，如果考生出现单科成绩不达标、身体条件不符合、不服从调剂等情况，可能会被高校做退档处理，退档后不再检索其他志愿，只能参加该批次征集志愿或参加下一批次。所以家长和孩子要特别注意协调好"冲、保、稳"的关系。

（2）什么是顺序志愿？

目前大多数院校在提前批次仍采用这种投档模式，即同一录取批次设置的多个院校志愿有先后顺序，表述方式为第一志愿、第二志愿……计算机投档时将相同院校志愿的考生分别排队，然后根据分数从高到低向对应院校投档。顺序志愿的优点在于能够充分体现考生的志愿选择，让考生有更多机会被自己心仪的院校录取。但是，顺序志愿也存在一定的风险，如果第一志愿未能被录取，后续志愿的录取机会将大大减少，因为在录取过程中，学校会首先录取第一志愿的考生。只有当第一志愿的考生数量不足时，学校才会考虑录取后续志愿的考生。另外，不确定性因素多，高校生源不平衡，也会导致后续志愿录取机会减少。所以顺序志愿中的第一志愿很重要。

（3）什么是专业级差？

专业级差指录取非第一专业志愿考生时的分数差额。部分高校在分配专业时规定了专业级差，例如，某一学校规定专业级差为 4 分，学校在分配专业时，将第二专业志愿的考生成绩减去 4 分后，和第一专业志愿的考生一起排序确定专业。本书建议在填报采用"专业级差"方式录取的学校时，注意拉开专业之间的梯度，不建议冲分数高的专业。现在部分大学已经取消了专业级差，例如某大学不设专业级差，则第一专业志愿填报某专业的考生 A 与第二（或其他）专业志愿填报该专业的考生 B，只要两人分数相同则竞争机会相同；若考生 B 分数高于考生 A，则考生 B 比考生 A 录取机会更大。这是一种分数优先政策，对于高分考生比较有帮助，能减少志愿填报的风险，可以冲一冲自己想上的专业。

(4) 什么是"大小年"现象?

每年都有一些招生院校出现报考人数不稳定造成一年报考人数多、另一年报考人数少的情况,致使每年的录取分数线也出现较大起伏,有高有低。这种情况被称为"大小年"现象。"大年"是指某高校或某专业在当年的报考人数特别多,录取分数线跟着水涨船高,明显高于前一年;而"小年"恰恰相反,由于报考人数相对前一年减少得比较多,录取分数线也明显低于前一年。造成"大小年"现象的原因一般有社会风向、媒体舆论、招生人数变化、专业或院校"冷热"、跟风从众填报等。研究"大小年"规律有利于把握和预测当年的录取投档线。

(5) 如何合理看待"冷热"专业?

在填报志愿时,建议家长和孩子客观对待冷门和热门专业,不盲目跟风选择、随波逐流。大学专业本身并没有绝对的"冷热"之分,专业"冷热"主要与经济发展水平和技术进步状况有关。舆论定义专业"冷热",主要是将特定专业的岗位收入、工作环境、社会需求等因素,简单等同于专业的"冷热""好坏",忽略了专业自身的学科特性、行业未来发展前景,以及专业自身实力等因素,更忽视了学生自身的兴趣特点、价值取向。专业选择本质上是能力、意愿与职业之间的匹配,相较于考虑一时的专业"冷热",更应该从孩子自身实际情况出发,结合个人志趣与自身所长,追寻内心的热爱。从长期看,在本科阶段选择基础学科,研究生阶段选择应用型和职业性学科,更容易形成基础宽厚、专业精深的知识与能力结构,更有利于未来长远发展。

(6) 填报志愿时是否服从调剂?

当考生在报考某院校时分数不占优势(达到院校提档线,但不够所报专业的专业录取线),若填写"不服从专业调剂",则意味会被退档。是否服从所报院校专业调剂,要统筹考虑。服从调剂可以增加被录取的机会,但也要做好被不喜欢专业录取的思想准备。如果不服从专业调剂,则有可能会失去进入某所学校的机会。如果很在意学校,专业放在其次考虑,可以选择服从调剂。很多高校入学以后还可以转专业(但一般有条件限制,不要太乐观)。如果更看重专业,可选择不服从调剂,读一个自己不喜欢的专业,学生往往提不起学习的兴趣,学习起来也会很吃力。如果选择不服从专业调剂,在报考时要特别注意拉开专业梯度,选择的几个专业尽量"冷热"搭配,减小被退档的风险。

⭐轻舟已过万重山：逐梦清华的那些年

清华志向，梦碎高考

"作为曾经的一名高考失利者，我不认为高考能影响人生。当年我抱憾清华，现在辗转圆梦，我想用我的经历来向大家证明，人生没有太晚的开始，只有过早地放弃。"王雯（化名）反复强调这番话。

王雯来自山西省的一个小城市，从小便展现出优异的理科天赋，对数学、物理、化学等科目有着浓厚的兴趣，成绩尤为突出。从小到大，王雯的心中始终有一个梦想，那就是考上清华大学。清华，对于她而言，不仅仅是一所学府，更是一种理想的象征，是她追求卓越、挑战自我的目标。

然而，2015年高考前夕，巨大的压力如同一座无形的山，压得王雯喘不过气来，长期的睡眠不足更是让她的身体不堪重负。在一个紧张备考的深夜，王雯因过度劳累而休克，被紧急送往医院。经过半个多月的治疗，虽然身体逐渐康复，但她的精神状态却始终难以恢复到从前。

当高考的日子来临，王雯强打精神走进考场。可沉重的心理负担和尚未完全恢复的身体状况，让她在考场上备受煎熬。尤其是在数学考试那天，过度的紧张和焦虑使得她最终未能踏入考场。这一缺考严重影响了她的高考成绩，最终只能被一所二本院校录取。

得知录取结果的那一刻，王雯也痛苦过懊恼过，考虑过复读，甚至考虑过辍学去工作。但理智很快战胜了情绪，王雯认识到高考的失利并不意味着她的人生就此停滞。于是她积极调整了心态，接受了这所二本院校的录取。

在二本院校，王雯从未忘记初心。她为自己设定了新的目标：无论未来是考研还是读博，一定要走进清华，实现梦想。

目标明确，冲击985院校

王雯最初的想法是努力学习考研进清华，但当她做过调研后发现，即使考研的笔试成绩足够优秀，二本院校毕业生在复试阶段也很难冲出重围考入清华大学。于是，王雯开始分解自己的目标：如果把考进清华作为最终目标，那至关紧要的一步，就是先要进入一所985院校。

王雯报读的是环境工程专业，于是她把国内该专业比较强势的院校名单列出来，逐一进行研究，并最终确定了东北某985大学新能源与环境学院。目标确定后，王雯为大学四年做了精心的规划。她深知，提升自己的专业水平是重中之重，她对各门功课都设定了明确的成绩目标，尤其是她擅长的数学和物理。在专业课的学习中，她不断挑战自己，力求在学术上达到更高的要求。每个学期，王雯的成绩都保持在专业年级前3，而且2次拿到了国家奖学金。

除了学术上的努力，王雯还积极参与学校的各类科研与社会实践活动。她认为，丰富的活动不仅能提升自己的综合实力，也能提高自己在团队合作、组织协调等方面的素养，也让她的简历在竞争激烈的研究生考试复试中更具优势。尽管学校没有保研名额，但她依然不放弃任何一个可以提升自己的机会。

大三开始，王雯将全部精力投入考研的准备中。她为自己制定了详细的学习计划，在保持学科成绩领先的前提下，尽力去弥补自己的英语短板。最终，王雯在考研笔试中以优异的成绩进入复试，又凭借本科期间突出的科研和社会实践经历，成为复试第一名，顺利进入了该校新能源与环境学院。

引进项目，锁定清华

进入研究生学习阶段后，王雯的学术之路迎来了新的突破。在研究生第一年，她代表学校前往中国澳门参加了一个科研交流项目。通过这个项目，她接触到了澳门高校独特的教学体系和浓厚的科研氛围。与来自世界各地的学科专家和优秀学生代表的交流，让她认识到科研的真正意义不仅仅是解决学术问题，还要有社会责任感，要通过科研为社会做出贡献。

回到母校后，王雯主动提出将澳门的交流项目引进母校，并持续推动两所大学的合作与交流。由于她在项目中的积极态度和学术能力，王雯成为该项目的负责人。在王雯的努力下，该项目取得了令人瞩目的进展，她也先后发表了9篇SCI论文，相关科研成果在学术界得到了广泛的认可。

王雯的工作受到了导师的高度评价，被评为优秀毕业生，并且导师将她推荐到清华大学继续攻读博士学位。凭借自己在学术上的积累和不懈努力，王雯最终得到了清华大学的提前录取通知。

这就是王雯的故事，从一名普通的二本院校学生，最终逆袭成为清华大学的博士生，所以说高考不是人生的终点。希望王雯的经历，可以激励身处低谷中的年轻人，只要你肯努力学习，什么时候都不晚。

专家点评

　　"裸分"高考之路不仅伴随着激烈的竞争和较低的录取概率，个人的身体和心理因素也起着至关重要的作用。面对高考的挫败，只有少数意志坚定、目标明确的人才能够迅速调整心态，重新规划自己的学习和生活。他们可能会选择复读，期待来年能取得更优异的成绩；或者他们可能会探索其他途径，例如出国留学、专升本考试等。尽管这些选择各有优劣，但关键在于个人的坚持和努力，以及对未来明确的规划。通过持续的努力，即使高考失利，也可以通过考研、考博等途径，最终进入顶尖高校深造，实现人生的逆袭。

二　少年班

1. 少年班概述

少年班是面向低年级考生特有的一种招生方式，从各高校的招生简章来看，对考生的年级和年龄有明确的要求。无须参加高考、"一考免三考"、直降一本线等招生优惠条件尤其吸引着广大考生及家长的注意。

2. 开设院校介绍

(1)【清华大学】丘成桐数学科学领军人才培养计划（简称新领军）

①项目特点：招生范围特别广，突破中高考限制，上至高三学生，下至初三优秀学生，直接录取至清华数学与应用数学专业（八年制），接受"3＋2＋3"本硕博贯通培养，从本科连续培养至博士研究生阶段，学习期间不得转入其他专业。

②招生规模：丘成桐数学科学领军人才培养计划始于2020年12月份。

③报考流程：往年8月报名—9月中旬初审—9月下旬测试考核—10月下旬公布入围结果—3月至6月预科培养及入学手续办理。

④申请条件：从2023年录取名单分析，涵盖了从国集到省三的各级别竞赛奖项考生。录取考生以省一级以上高层次奖项考生为主，其中省一考生占比最多。此外，名单中也包含6名省二考生和1名省三考生。因此省二省三考生亦可保持信心，积极参与新领军的选拔。此外，值得注意的是，名单中有多名同学在丘成桐中学生女子数学竞赛中获奖。根据招生政策，丘成桐中学生女子数学竞赛获奖考生可与数物国家集训队考生共同参与新领军第二批次的选拔，也足可见其含金量之高。

(2)【清华大学】丘成桐数学英才班

清华大学丘成桐数学英才班成立于2018年2月，由丘成桐担任首席教授。报名丘成桐数学英才班的考生需要参加高考，成绩达一本线即可录取，录取专业为数学与应用数学。

①招生对象：普通高中三年级毕业生，以及普通高中二年级在读学生；招生人数不超过30人。根据以往录取情况看，丘成桐数学英才班生源绝大多数为高三生，竞赛奖项方面无特别限制要求，省一、省二奖项考生占多数。

②报考流程：往年每年12月报名—1月底初审结果—2月至3月测试考核—3月公布入围结果—6月参加高考—高考成绩达一本线录取。

（3）【清华大学】攀登计划

清华大学物理人才培养攀登计划（以下简称攀登计划）于 2023 年 4 月发布，由诺贝尔物理学奖得主清华大学教授杨振宁先生提出，中国科学院院士朱邦芬先生领衔，目标是提早发现有物理天分的学生。攀登计划学制 4 年，本科期间原则上不能转到其他专业，但学生在本科阶段即可选择"本博贯通"培养模式，选择在物理学科基础研究领域攻读研究生，或提前衔接到包括芯片、信息、材料、能源等国家重大需求领域攻读研究生。攀登计划为物理学科的拔尖创新人才培养计划，报考考生参加统一高考须选报理科综合或物理科目。获得清华大学攀登计划认定资格的考生，高考成绩原则上需达到所在省份同科类本科一批次录取控制分数线（对于合并本科批次的省份，本科一批次录取控制分数线按相关省级招生主管部门确定的特殊类型控制分数线执行）。中学生奥林匹克竞赛国家集训队成员并符合教育部规定保送资格的无须参加高考即可被录取。

①招生对象：高一到高三，满足高中基本毕业要求的中学生。在物理等学科奥林匹克竞赛决赛中获奖并符合教育部规定保送资格的学生经考察后可以入选攀登计划，计划培养规模每年不超过 60 人。

②报考流程（以 2024 年为例）。

➤ 2023 年 12 月 4 日至 12 月 11 日，网上报名。

➤ 2023 年 12 月中旬，考生通过报名系统查询初审结果。

➤ 2023 年 12 月下旬至 2024 年 1 月，组织为期一周的攀登计划物理选拔营，具体活动时间以系统通知为准。

➤ 2024 年 1 月中下旬，公布入围认定结果，寄送入围认定证明。

（4）【北京大学】数学英才班

北京大学数学英才班 2018 年成立，隶属于中国第一系之称的北大数学科学学院。获得入选资格考生需要参加高考，成绩达一本线即可录取至北京大学数学类专业。2024 年北京大学数学英才班录取至数学类专业，本科学习期间不得转入其他专业。

①招生对象：中国数学奥林匹克竞赛全国决赛一等奖获得者及有数学特长，并在国内外数学专业相关学习实践活动中取得优异成绩者；2023 年招生计划 100 人。根据往年情况，北京大学数学英才班生源全部为获得数学竞赛金牌及以上奖励的高二、高三考生。

②报考流程：每年约 12 月报名—初审结果—考核—6 月参加高考—高考成绩达一本线录取。

(5)【北京大学】物理学科卓越人才培养计划（简称"物理卓越计划"）

该计划面向国内外选拔物理学科拔尖、综合素质优异，有志于冲击世界科技前沿、服务国家发展战略的中学生，获得"物理卓越计划"录取资格的国内学生无须参加中考、高考，"物理卓越计划"2024 年选拔不超过 100 名考生，录取至北京大学"物理学类"专业就读。通过该计划录取的考生入校后不得在本科阶段转入其他专业。

①招生对象：身心健康、品学兼优，对物理学科怀有强烈兴趣，表现出突出的物理学潜质和特长，有志于从事物理科学研究的优秀中学生；国内主要招收初中三年级至高中三年级的学生；海外主要招收九年级至十二年级或具有同等学力的学生。

②招生录取：获得"物理卓越计划"录取资格的国内学生无须参加高考，由北京大学报所在省（自治区、直辖市）招生考试机构，按相关规定办理录取手续。

③录取：通过"物理卓越营"综合评价后办理录取手续，具体时间以当地省级招生考试机构公布的信息为准。

(6)【中国科学技术大学】少年班

中国科学技术大学少年班创办于 1978 年，是历史最悠久的少年班，堪称中国高等教育少年班培养项目的典范，创办以来，为中国培养了众多优秀的科学家。

①招生对象：招收 15 周岁以下的高二及以下考生。以 2024 年为例，原则上为高二年级，少年班面向 2008 年 1 月 1 日及以后出生的考生。

②往年招生情况：少年班选拔首要条件是学生年龄，其次是高考综合成绩。考生需要参加高考，高考出分后确定校测名单，进行自主选拔考核，入围校测一般通过率较高。

③招生人数：历年招生规模在 40—50 人左右。

④报考时间流程（以 2024 年为例）。

➢ 网上报名：2024 年 1 月 3 日—1 月 19 日。

➢ 接收材料：2024 年 1 月 22 日（含）前。

➢ 公布材料评审结果：2024 年 2 月 2 日（含）前。

➢ 网上缴费：2024 年 2 月 6 日（含）前。

➤ 入围考试：2024 年春季，具体时间另行通知。

➤ 少年创新科学营：2024 年春季，具体时间另行通知。

➤ 录取资格确认：2024 年 6 月底。

(7)【中国科学技术大学】少年班及创新试点班（简称"少创班"）

中国科学技术大学少年班及创新试点班在少年班成功经验基础上开设，在年龄要求上较宽松，招生计划数较多，降分优惠幅度大（最高可降至一本线录取）。

①招生对象：招收 16 周岁以下的高二年级及以下考生。以 2024 年为例，原则上为高二年级，"少创班"面向 2007 年 1 月 1 日及以后出生的考生；少数特别优秀的高一年级及以下的学生可破格选拔。

②往年招生情况：首要条件是学生年龄，其次是学科竞赛特长和奖项（数理化生信竞赛省二以上奖项考生更有优势），最后是高考综合成绩。考生需要参加高考，高考出分前确定资格生名单。

③招生人数：历年招生规模为 240—290 人。

④报考时间流程（以 2024 年为例）。

➤ 网上报名：2024 年 1 月 3 日—1 月 19 日。

➤ 接收材料：2024 年 1 月 22 日（含）前。

➤ 公布材料评审结果：2024 年 2 月 2 日（含）前。

➤ 网上缴费：2024 年 2 月 6 日（含）前。

➤ 入围考试：2024 年春季，具体时间另行通知。

➤ 少年创新科学营：2024 年春季，具体时间另行通知。

➤ 录取资格确认：2024 年 6 月底。

(8)【西安交通大学】少年班

西安交通大学少年班一考免三考，被录取的考生可免去中考，先进行预科学习；预科学习合格者，免高考进入西安交通大学本科学习；本科学习达条件考生，可保送到本校攻读硕士研究生。

①招生对象：面向 15 周岁以下初中应届毕业生招生，每年计划招生 200 人左右。

②报考时间流程：每年大约 11 月、12 月报名—12 月初审结果—次年 1 月测试—1 月底预录取公布。

(9)【西湖大学】创新班

西湖大学创新班于 2022 年开始首届招生,首届招生人数不超过 60 人。3 月开始报名,2024 年西湖大学创新班面向浙江省招生计划不超过 90 人。入学后,前两年进行通识教育,后两年进行专业教育,学生在大学二年级第一学期末开始选定专业(生物科学、物理学、化学、电子信息工程、材料科学与工程)。在校期间原则上每位学生前往海外一流高校进行一学期的交流学习。

西湖大学创新班国内学生学费人民币 6000 元/人·学年。海外学习期间相关费用由学生自行承担,学校将为家庭经济困难的学生提供经费支持。

①招生对象:浙江省高二年级及以上学生,已通过物理、化学、生物学、思想政治、历史、地理 6 科学业水平考试的高二学生,且学业水平考试 A 等科目数达到 4 科及以上;高中阶段在数学、物理、化学、生物学、信息学全国中学生学科奥林匹克竞赛中获得省级赛区一等奖及以上奖项。2024 年普通高中应届毕业生,综合素质评价均为 B 等及以上,通过各科目高中学业水平考试,A 等科目数达到 8 科及以上。

②招生录取:考生须参加高考并通过学校选拔测试。高考总分达到浙江省特殊类型控制线方可录取。值得注意的是,2024 年西湖大学初试科目变为数学、物理、化学和英语四门科目。西湖大学对竞赛生的偏好越来越明显,2024 年不仅仅是在"招生对象"中明确了对竞赛生的要求,更是给出了五大学科竞赛中"全国决赛二等奖及以上奖项考生,通过相关学科领域的突出才能和综合表现审核后免予初试直接入围复试,不占入围复试名额"的优惠。

③报考时间流程(往年):网上报名 3 月中旬至 3 月底—4 月上旬(8 号)审查结果查询—4 月中下旬学校初试及结果查询—4 月底至 5 月初复试确认—6 月统一参加高考—6 月中旬复试—6 月下旬复试结果查询—录取结果查询(根据高考成绩公布时间确定)。

(10)【东南大学】少年班

东南大学少年班有 30 余年历史,从少年班到强化班再到现在的吴健雄学院,培养了一批创新人才。

①招生对象:16 周岁以下高二(含)以下的理科学生(少数特别优秀的高一年级理科学生可破格选拔),招生计划偏少,少年班 2024 年招生总计划不超过 15 人,招生专业为工科试验班(吴健雄班),由吴健雄学院进行管理和培养。

②招生录取：东南大学少年班考生须参加高考，按照高考成绩 70％＋校测成绩 30％的综合成绩录取。

③报考时间流程：每年 11 月启动报名—3 月中旬初审名单公布—6 月参加高考—7 月参加校考。

3. 常见问题

（1）少年班需要竞赛成绩吗?

竞赛生参加少年班优势明显，以中国科学技术大学"少创班"为例。

考生在五大学科竞赛中获得省级赛区一等奖的，初试成绩加 10 分参与选拔；获得国家决赛三等奖的，初试成绩加 20 分参与选拔；获得国家决赛二等奖及以上的，经校专家组评审通过并推荐，经校招生工作领导小组核准，考生可直接进入复试环节。

在少年班的招生简章中，中国科学技术大学没有明确提及竞赛奖项的优势，但奖项对于初审是有帮助的，一般来说，有竞赛奖项的学生更容易通过初审。但是，需要注意的是，中国科学技术大学对于材料的审核要求每年都会有变化，有时会更加重视课内成绩，因此如果有报考少年班的意向，考生一定要提早开始准备，保证自己的课内成绩优秀。

（2）可以同时报名中国科学技术大学少年班和"少创班"吗?

中国科学技术大学少年班因办学历史悠久，历来受到考生和家长的青睐，考生若符合少年班和"少创班"的报名条件，可同时报考这两类，但需要分别进行网上报名和邮寄报名材料，注意邮寄地址。

（3）少年班录取之后可以选择哪些专业?

少年班的专业录取政策相对比较灵活，会在尊重学生兴趣、特长的前提下，充分挖掘学生的潜力，给予充分的专业选择权。

以中国科学技术大学少年班和西安交通大学少年班为例。中国科学技术大学少年班的学生在本科期间都在少年班学院学习、生活，入学时不分专业。大部分学生第一年接受基础学科通识教育，第二年在全校本科学科中自主选择其一进行修读。针对大部分学生入学时专业待定的特点，也为了充分挖掘少年大学生的学习潜力，激发和巩固其学习兴趣，在各专业学院的支持下，少年班学院设计了分类式课程体系和课程升级模块，以满足学生的不同学习需求，有效对接了学生后期的个性化选择和发展。少年班学院的学生可以在多个时间点自主选择和调整专业：大二及以下可在全校所有本科专业中自主选择，大三可在修读学院内自主调整专业，大四可在本专业内自主调整方向。

西安交通大学少年班的学生按照"兴趣使然、择优录取、公正公平"的原则进行专业选择。预科二年级末，学生按照个人意愿结合综合成绩排名进行专业选择，确定本科专业大类。专业选择结束后，学生可参加相关试验班的选拔，如果被录取，学生可放弃原专业大类。专业选择具体方案随当年招生方案等政策适时调整，以专业选择前公布的具体实施方案为准。

（4）少年班的学费是多少？

少年班的学费和普通批专业的差别不大，奖学金设置的比例高于普通批专业，学校也有各项助学计划，家长们不用过于担心费用的问题。本书以个别院校为例梳理了学费情况，供大家参考。

中国科学技术大学少年班学费每年 4800 元，住宿费每年 1000 元，跟其他学院完全一样，如果少年班学院学生入选了其他英才班，还可以得到助学金，助学金金额有 5800 元和 4800 元两档。少年班学制也是 4 年，其中少年班学院的交叉学科英才班实行 5 年制。

西安交通大学少年班预科以及本科期间未分专业阶段，学生按当年西安交通大学理工类一般专业收费标准（每年 4850 元）缴费；本科分专业后以及硕士阶段，学生按所在专业当年的收费标准缴费。

西湖大学 2022 年首年在浙江省试点招生，聚焦基础学科，实行导师负责制以及小而精的人才培养模式。该校首年开设物理、化学、生物科学、材料科学与工程、电子信息工程专业，学生可以自主选择专业，学校约 20 位讲席教授全部参与本科生的培养，原则上实行全员海外交流，学费每年 6000 元。

（5）少年班升学就业情况如何？

少年班整体的保研率、深造率相当高。以中国科学技术大学少年班为例，2021届的保研人数是 141 人，保研率为 40.52%；考研人数是 19 人，考研率为 5.46%；

国内升学人数为 160 人，境外留学人数为 118 人，深造率为 79.89%；协议就业 29 人，灵活就业 12 人，所占比例为 11.78%。40 多年来，少年班学院培养了一大批优秀的毕业生，有感动中国的"时代楷模"，有蜚声学界的国内外科学院、工程院院士，也有勇挑社会责任的企业家、金融家。历届毕业生到国内外教育科研机构继续深造的比例超过 80%，很多人在国内外著名学府、科研机构中脱颖而出，成长为国际一流的科学家；也有许多人在信息、金融、制造等行业取得了令人瞩目的成就，为社会经济发展做出重要贡献。

三　强基计划

1. 强基计划概述

（1）什么是强基计划

2020 年 1 月，教育部发布《关于在部分高校开展基础学科招生改革试点工作的意见》，决定自 2020 年起，在部分高校开展基础学科招生改革试点，也称强基计划。2022 年 9 月，教育部高校学生司表示，强基计划实施三年来，共录取新生 1.8 万余人，试点高校在人才培养模式上创新，通过强基计划选拔了一批对基础学科研究有志向、有兴趣、有天赋的优秀学生。

简而言之，强基计划就是在"双一流"高校对基础学科进行招生，考生成为强基生后，只要在转段阶段通过学校考核就可以获得硕士推免资格或是直博资格。以南京大学为例，其 2020 年强基计划招生计划为 210 人，30 名同学表现出色，通过考核后，跳过硕士阶段，直接进入博士阶段的学习；进入硕士阶段的有 85 人，共计 115 人成功转段。不同学校情况各异，需要关注目标院校最新的政策。

（2）强基计划特点

①聚焦基础学科，数学、物理、化学、生物、力学、基础医学、育种及历史、哲学、古文字学等相关专业招生。2024 年强基计划新增招生专业如下。

➤ 复旦大学：新增信息与计算科学、物理学类（核物理）、化学类（高分子化学）专业；哲学类、生物科学类改为按专业类招生。

➤ 同济大学：海洋科学。

➤ 上海交通大学：船舶与海洋工程。

➤ 浙江大学：理学Ⅱ类招生组，新增生物育种科学专业。

➤ 厦门大学：海洋科学、生态学。

➤ 中国海洋大学：海洋科学。

➤ 武汉大学：地球物理学。

➤ 西安交通大学：材料科学与工程；2023 年"物理学类"专业改为"物理学"招生。

➤ 中国科学技术大学：新增核工程类中的工程物理、地球物理学。

➤ 北京师范大学：汉语言文学（古文字学方向）。

➤ 中南大学：材料科学与工程。

➤ 兰州大学：生态学。

➤ 北京航空航天大学：航空航天类专业招生包括"飞行器动力工程和飞行器控制与信息工程"两套培养方案，相当于新增了"飞行器控制与信息工程"专业。

➤ 中国农业大学：生物育种科学（含植物育种、动物育种两个方向），与去年不同的是生物育种科学专业包含两个方向。

②动态培养，有进有出。

③本硕或者本硕博贯通培养。

④本科阶段即配备导师，小班化、个性化培养。

⑤聚焦高端芯片与软件、智能科技、新材料、先进制造和国家安全等关键领域以及国家人才紧缺的人文社会科学领域。

2. 实施高校及招生省份

（1）实施高校

39所985高校，每所高校根据学校特点和优势学科确定强基计划学科方向（2022年，东北大学、湖南大学、西北农林科技大学3所高校加入强基计划，使该计划由36所高校扩充为39所）。

39所强基计划实施高校				
北京大学	中国人民大学	清华大学	北京航空航天大学	北京理工大学
中国农业大学	北京师范大学	中央民族大学	南开大学	天津大学
大连理工大学	东北大学	吉林大学	哈尔滨工业大学	复旦大学
同济大学	上海交通大学	华东师范大学	南京大学	东南大学
浙江大学	中国科学技术大学	厦门大学	山东大学	中国海洋大学
武汉大学	华中科技大学	湖南大学	中南大学	中山大学
华南理工大学	四川大学	重庆大学	电子科技大学	西安交通大学
西北工业大学	西北农林科技大学	兰州大学	国防科技大学	

（2）不同省份能报哪些强基计划？

每个学校的强基计划招生情况在各省份不一样，比如在宁夏回族自治区，2023年北京大学没有在宁夏招生，但是清华大学有。具体情况可查看学校最新的强基计划招生简章。

以《山东大学2023年强基计划招生简章》为例，下表中的分值表示综合成绩，综合成绩＝高考成绩（换算成百分制）×85％＋校考成绩×15％。可以看到，山东大学在每个省份的录取分数也是不一样的，空格表示该专业在该省份不招生。

省份	数学与应用数字	物理学	化学	生物科学	生物医学科学	汉语言文学（古文字学方向）	历史学	哲学
北京	80.74					82.62		80.53
天津	83.83					85.26		
河北	83.76	81.59	80.92		83.63	83.71	82.37	81.57
山西	79.40	76.75	77.01	78.74			75.66	
内蒙古				76.72				
辽宁	84.64						80.32	
吉林	79.39		70.07	76.14			75.72	
黑龙江	77.51	72.03		76.12				
江苏	84.08	82.11	81.50			78.83		
浙江	84.91			85.19				85.73
安徽	83.36		79.83		79.94	81.77	80.83	
福建	82.89		78.61					
江西	79.75	77.67	75.48					
山东	83.55	81.92	81.30	83.79	83.68	83.45	84.35	81.29
河南	83.17	82.14	79.54	80.65	80.64	81.17	80.97	79.78
湖北	83.21			84.76				
湖南	82.40		79.33				80.00	
广东	84.71						81.26	78.93
广西							81.79	
重庆	78.79						78.94	
四川	83.84	80.61			80.71			75.33
贵州			72.15					80.41
云南				79.42				
陕西				80.84				
甘肃				75.16				74.20

3. 报考条件及申请流程

（1）强基计划的入围方式为以下两项满足其一

①分数要求

以山东大学 2023 年的强基计划为例，部分省份入围分数线见下表。

省份	专业	入围分数线
河北	哲学	613
	汉语言文学（古文字学方向）	629
	历史学	621
	数字与应用数学	634
	物理学	622
	化学	616
	生物医学科学	621
江苏	汉语言文学（古文字学方向）	586
	数学与应用数学	648
	物理学	636
	化学	623
山东	哲学	617
	汉语言文学（古文字学方向）	623
	历史学	623
	数字与应用数学	641
	物理学	627
	化学	619
	生物科学	622
	生物医学科学	626
河南	哲学	604
	汉语言文学（古文字学方向）	597
	历史学	605
	数字与应用数学	633
	物理学	616
	化学	600
	生物科学	598
	生物医学科学	605

对于已确认的第一类考生，其高考成绩须达到所在省份第一批本科录取控制分数线（简称"一本线"，合并本科批次省份参照部分特殊类型招生最低录取控制线执行，下同）上50分，对于高考成绩满分不是750分的省份，按比例折算。山东大学依据"高考成绩优先、遵循考生志愿"的原则，按分省分专业招生计划数的5倍，确定各省入围校考人选及其唯一入围专业（如有末位同分考生，均可入围）。

每个学校每年的强基计划招生要求不尽相同，但是万变不离其宗，一般来说是按照高考分数×85％＋面试分数/笔试分数×15％折算成综合成绩，择优录取。学校依据考生的高考成绩，按分省招生计划数的一定倍数确定各省入围校考的考生名单，这个倍数由学校自己定。

②奖项要求

高中期间获得全国中学生五大学科奥林匹克竞赛全国决赛二等奖及以上奖励，一旦高考成绩达到当年所在省份划定的第一批本科录取最低控制分数线，考生可直接获得入围该校考核的资格。这里的竞赛五大学科，指的是数学、物理、化学、生物和信息学。

当然，有些学校要求较高，哪怕是考生获得了奖项，还是要进行审核，比如《北京大学 2023 年强基计划招生简章》规定："对于获得数学、物理、化学、生物、信息学全国中学生学科奥林匹克竞赛全国决赛二等奖（含）以上成绩且按破格申请报考强基计划的考生，我校将对其学科特长及综合表现进行审核。4 月 26 日，考生可登录北京大学强基计划综合素质材料提交平台查询破格资格审核结果。审核'优秀'或'通过'者可获得破格入围资格；审核'不通过'者仍按照高考成绩确定入围资格，或可登录北京大学强基计划报名平台选择取消我校强基计划报名。"所以具体情况，还是要看各校每年的强基计划招生简章。

（2）强基计划报考流程

强基计划往年的报考流程如下。

①招生简章公布，网上报名开始（3月底至4月）。

②考生统一参加高考（6月）。

③各省（区、市）提供高考成绩，高校确认后确定考核名单并组织考核（高考后至 7 月 4 日前）。

④高校折算综合成绩，择优录取（7 月 5 日前）。

另外，学生在报考前需要注意以下两点。

第一点，强基计划除了要求初试的高考成绩，还有面试成绩和笔试成绩，之后按照一定比例折算成综合成绩。

第二点，2023 年开始，采用传统模式的学校会将校考安排在高考出分后，而中国科学技术大学、浙江大学、同济大学、西安交通大学、厦门大学的强基计划都采用了"复交南模式"。这是新模式，即将校考提前至高考出分前，根据初试成绩划定复试入围分数线，入围比例不等。而在 2023 年之前，只有复旦大学、南京大学、上海交通大学采取这个模式，传统模式和新模式的比较见下图。由此可以看出，越来越多的学校采用了新模式招生。

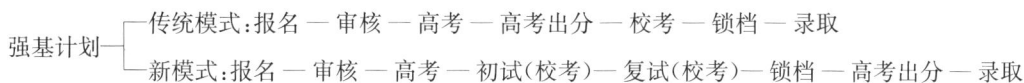

强基计划
- 传统模式：报名 — 审核 — 高考 — 高考出分 — 校考 — 锁档 — 录取
- 新模式：报名 — 审核 — 高考 — 初试（校考）— 复试（校考）— 锁档 — 高考出分 — 录取

4. 常见问题

（1）在本科阶段可以转专业吗？

大多数院校的强基计划一般规定学生在本科阶段不可以转专业。如果成绩不合格，比如挂科较多，高校会有动态退出机制使学生退出强基计划，退出后该生一般进入相同专业的普通班级学习。一些学校允许学生在本硕衔接阶段转入不同学院以及专业，比如2020年华南理工大学数学类强基班学生在硕士阶段可以选择转到计算机科学与工程学院、软件学院或自动化科学与工程学院等。比如，北京师范大学、上海交通大学、厦门大学等高校规定，强基生本科阶段转专业范围原则上限于该校强基计划招生专业之内。具体情况依据该年新出的招生简章而定，一般可在3月底至4月初到学校官网查询。

下表是截至2023年10月各高校是否可以在本科升研究生阶段由理科转工科的情况。

学校	可否衔接工科方向（一般由理科方向转工科方向）
清华大学	是
北京大学	支持辅修工科
北京师范大学	支持辅修工科
中国人民大学	否
北京航空航天大学	是
北京理工大学	否
中国农业大学	否
中央民族大学	否
上海交通大学	支持辅修工科
复旦大学	否
同济大学	是
华东师范大学	否
南京大学	否

学校	可否衔接工科方向（一般由理科方向转工科方向）
东南大学	是
天津大学	是
浙江大学	是
中国科学技术大学	是
厦门大学	是
山东大学	是
中国海洋大学	否
武汉大学	是
华中科技大学	否
中南大学	是
国防科技大学	是
湖南大学	否
中山大学	是
华南理工大学	是
四川大学	是
电子科技大学	是
重庆大学	是
西安交通大学	是
西安工业大学	是
西安农林科技大学	否
大连理工大学	是
东北大学	是
吉林大学	否
哈尔滨工业大学	是
兰州大学	否

（2）具体的转专业政策是什么？

以西安交通大学为例，学生如果想从理科转向自动化方向，需要满足以下条件。

①就读于数学强基计划人工智能模块。

②截至大三学年结束，未退出强基计划。

③修完人工智能模块前三年要求的课程，且成绩合格。

④未受记过或记过以上处分。

⑤思想品德、学业成绩、综合素质、创新能力、身体状况、心理素质等各方面经考核符合学院要求。

(3) 鸡头、凤尾该怎么选？普通高考优质 211 高校的好专业和强基计划 985 高校的冷门专业怎么选？

仁者见仁，智者见智，两种选择各有优劣。强基计划 985 高校冷门专业的优势是可以硕士推免以及直博，这对于追求学历、家庭没有太大经济压力的学生来说是一个不错的选择；而普通高考优质 211 高校好专业则是自身对专业感兴趣并追求就业的学生最好的选项。所以没有绝对正确的选择，要根据自身的情况，做出适合自己的选择。

举个例子，一个孩子现在有两个选择：其一，较一般的 985 高校的强基专业（比如某个普通 985 高校的生物专业）；其二，优质 211 高校的好专业（比如武汉理工大学的电子信息类专业）。这时候他该如何选择？可以从兴趣与经济的角度进行权衡。

从兴趣角度，看孩子将来想从事的职业。如果孩子将来想从事与生物或电子信息相关的职业，那么选择对应的专业就可以。

从经济角度，如果孩子没有明确的喜好，将来指望较快步入社会挣钱，期待稳定，那么可以选择优质 211 高校的好专业。如果家里可以提供较大的经济支持，孩子的目标是研究员或大学老师等要求博士学历的工作，那么也可以选择强基专业。

(4) 强基计划和自主招生有什么区别？

强基计划可以简单理解为强化基础学科计划，高校开设的专业大多是基础学科，类似数学、物理、历史等基础性理论学科。与以往自主招生相比，强基计划取消论文、专利等作为入围高校考核条件的做法，由"降分录取"改为"基于统一高考的多维度考核评价"，按综合成绩重新排序，择优录取。

强基计划和自主招生主要有四点不同之处。

第一，招生专业不同。自主招生未限定高校招生的专业范围；强基计划旨在突出基础学科的支撑引领作用，重点在数学、物理、化学、生物，以及历史、哲学、古文字学等专业招生。如果考生对基础学科感兴趣，可以尝试选择强基计划。

第二，入围校考的依据不同。自主招生的校考入围依据主要是考生的申请材料；强基计划的校考入围依据是考生的综合成绩，极少数在相关学科领域具有突出才能和表现的考生，有关高校可制定破格入围校考的条件和办法，并提前向社会公布。以前的自主招生主要考核考生的论文、专利等，但是对于强基计划而言，考生只要在某一学科有突出才能或表现即可。

第三，录取方式不同。自主招生采取降分录取的方式，录取分数最低可降至一本线；强基计划则是将考生的高考成绩（比重不低于85％）、高校综合考核结果和综合素质评价等折算成综合成绩，按从高到低的顺序录取，体现出对学生更加全面的考核。强基计划对高考发挥有些失误的考生较为友好，因为还有面试、笔试环节可以缩小差距。

第四，培养模式不同。相关高校对自主招生录取的学生在培养方式上未做特殊安排；而对强基计划录取的学生则实行小班化、导师制，并探索本—硕—博衔接的培养模式，畅通学生成长发展通道，实现招生培养良性互动。

如果考生对个性化的培养模式感兴趣，强基计划是一个很好的选择。

(5) 强基计划招收的学生和统招的学生在培养上有什么区别？

强基计划的培养方案不同，一般来说，高校对通过强基计划录取的学生会单独制定培养方案，采取导师制、小班化等培养模式，建立激励机制，增强学生的荣誉感和使命感，畅通成长发展通道。对学业成绩优秀的学生，高校可在免试推荐研究生、直博、公派留学、奖学金等方面予以优先安排。高校探索建立本—硕—博衔接的培养模式，推进科教协同育人，探索建立结合重大科研任务的人才培养机制。通过强基计划录取的学生入校后原则上不得转到相关学科之外的专业就读。

简而言之，参加强基计划需要注意的是不挂科，只要在本转硕阶段通过学校考核就可以选择直接获得硕士推免资格或是直博资格，不用参加全国统一的研究生考试。当然，每个学校在本转硕阶段的考核标准不一，一般来说是以学生的在校成绩为依据。

(6) 强基计划的毕业生会不会受歧视？毕业证有无区别或者特殊备注？

家长经常会有这样的忧虑，通过强基计划入学的学生的毕业证会不会和普通统招学生的毕业证不一样？会不会在就业的时候受到歧视？其实大可不必担心，通过强基计划入学的学生的毕业证与普通统招生的没有区别，学生毕业找工作时也不会受到任何歧视。

（7）强基计划能不能先报名等高考分数出来再决定去不去？

这需要看学校情况。采取传统模式的强基计划高校，如山东大学、华南理工大学等会在高考分数出来后进行面试，在这种模式下，考生就可以根据自己的分数情况选择是否去参加强基计划的面试；而采取新模式的学校，如复旦大学、上海交通大学、南京大学、中国科学技术大学、浙江大学、西安交通大学、同济大学、厦门大学等，它们在高考分数出来前就已经进行面试了，参加这种模式的强基计划，只要高考分数够就会锁档，考生就无法退出了。

还有一些学校，虽然也采取了传统模式，但是在确定面试环节时也存在特殊情况。比如2023年，武汉大学的招生简章中有以下说明："考生须在2023年6月10日至20日登录武汉大学强基计划报名平台确认是否参加我校强基计划考核测试并签订承诺书，未在规定时间内完成考试确认或签订承诺书者，视为自动放弃入围学校考核测试资格。对入围并确认参加我校强基计划考核测试却无故放弃的考生，我校将通报生源所在省份招生考试机构并如实计入诚信档案。"意思就是在这个时间段，如果你签了承诺书，那么必须去该校参加考核测试，不然就会影响诚信档案；如果你没签承诺书，可以不去，即视为放弃，没有任何影响。而山东大学则没有这项规定，所以一切还是要以高校当年的招生简章为准。

（8）强基班的末位淘汰制和动态进出制是怎么回事？

一直挂科或者平时成绩跟不上的学生会被要求退出强基班，而一些在相关专业表现优异的学生有机会在大学期间进入强基班。

如《华南理工大学2023年强基计划招生简章》："学校对强基计划学生实施阶段性考核和动态进出机制，考核不合格的学生，原则上回本专业普通班就读。强基计划各专业在每次考核后遴选增补优秀学生，补充名额不得超过转出的学生总数。强基计划学生原则上不得转专业，特殊情况下须转专业的，转专业范围限于本校强基计划专业，按学校全日制本科生转专业管理办法执行。退出强基计划的学生原则上不得再转专业，不再具有申请免试攻读研究生资格。"

因此，学生进入强基班后，在学业上也不能懈怠。

（9）竞赛奖项的专业是否可以与所报强基专业不同？

可以。

举个例子，一个学生获得了化学奥林匹克竞赛一等奖，但是想要报考数学强基专业，这可以吗？答案是可以的。当然，每年的政策会有所改变，具体还是要以每年3月至4月各高校官网发布的强基计划招生简章为准。

（10）强基计划录取分数与普通类本科批次投档线会差很多吗？

如下表所示，我们将2023年强基计划在江苏省的录取分数线与普通类本科批次的投档线进行比较。一般来说，强基计划录取分数线会比普通招生的分数线低不少，大概在10分左右，多的甚至能低100多分。比如兰州大学的草业科学某专业，强基计划的招生分数线就比普通招生的分数线低了107分。

院校名称	录取专业	强基计划入围线	普通批次投档线
清华大学	物理类	672	690
	历史类	648	673
北京大学	物理类	677	691
中国人民大学	历史类	638	650
北京航空航天大学（含加权）	信息与计算科学	681.6	659
	工程力学	688.2	
	飞行器动力工程	704.2	
中国农业大学	物理类	629	637
中央民族大学	历史类—哲学	596	610
南开大学	历史学	614	633
	数学与应用数学	651	653
	物理学	633	
	生物科学	622	
天津大学	未公布		
大连理工大学	生物工程	597	637
	应用物理学	646.4	
东北大学	自动化	626	634
哈尔滨工业大学	工程力学（航天类）	645	659
	复合材料与工程（航天类）	649	
	数学类	658	
	应用物理学	647	
复旦大学	未公布		
同济大学	未公布		
上海交通大学	未公布		

院校名称	录取专业	强基计划入围线	普通批次投档线
华东师范大学	未公布		
南京大学	未公布		
东南大学	历史类—哲学	607	629
	物理类—哲学	613	
	数学类	652	647
	物理学类	654	
	化学	644	
浙江大学	未公布		
中国科学技术大学	未公布		
厦门大学	未公布		
山东大学	汉语言文学（古文字学方向）	586	605
	数字与应用数学	648	622
	物理学	636	
	化学	623	
中国海洋大学	生物科学	609	628
武汉大学	哲学	630	634
	汉语言文学（古文字学方向）	628	
	历史学	626	
	数学与应用数学	652	650
	物理学	662	
	化学	643	
	生物科学	650	
	基础医学	635	
华中科技大学	基础医学	628.12	656
	生物科学	642.12	
湖南大学	未公布		
中南大学	数学与应用数学	638	641
	应用物理学	623	
	应用化学	605	
	生物科学	631	
中山大学	生态学	594	647
华南理工大学	数学类	686	641
	化学类	610	
	生物技术	638	

续表

院校名称	录取专业	强基计划入围线	普通批次投档线
四川大学	汉语言文学（古文字方向）	593	604
	历史学类	610	
	数学与应用数学	634	637
	物理学	627	
重庆大学	物理类	647	648
西安交通大学		未公布	
西安工业大学	物理类	647	648
兰州大学	汉语言文学（古文字学方向）	595	599
	历史学	586	
	数学与应用数学	565	631
	物理学	611	
	化学	596	
	生物科学	561	
	草业科学—草类植物生物育种	524	

升 学 案 例

⭐ 18 岁竞赛少女，数学特长圆梦北大

竞赛受挫，保送受阻

梁静（化名），一位来自山西的高中生。自小她便对数学表现出浓厚兴趣和非凡天赋，打破了人们常常认为"女生学不好数学"的刻板印象。在小学课堂上，她总是那个最快解出数学难题的孩子，老师和同学们对她赞不绝口。

升入初中后，梁静的数学成绩愈发优异。大家都知道，一般数学试卷的最后一道大题往往是最难的题目，通常是给学霸们拉分用的，大部分学生在这个环节只能写个"解"字就一筹莫展了。可对于梁静来说，这正是她的乐趣所在，大多数的难题她只要瞟一眼就能找到思路。如果遇到百思不得其解的题目，她会愈发兴奋，对数学的热爱也愈发深沉。也许是长期对数学的思考养成了她强大的逻辑思维能力和良好的学习习惯，她对其他学科也能应对自如。凭借出色的中考数学成绩，她顺利考入市重点高中，并且升入竞赛班，家人和老师都为她感到骄傲。

然而升入高中后，一直以来在梁静头上的"学霸"光环突然消失了。在这所全

市最好的高中里，汇聚了全市的精英学子，梁静所在的竞赛班竞争尤为激烈。高一期间，她和同学一起在老师的指导下，参加全国中学生数学奥林匹克竞赛，有的同学获得了国赛奖项，而她只拿到了"省三"奖项，与保送资格失之交臂。

这次竞赛经历，让梁静感受到了从备受瞩目到平凡普通的落差。面对众多优秀同学，尤其是那些竞赛成绩出类拔萃的，她承受着前所未有的压力，开始怀疑自己能否在这场激烈的学业竞争中崭露头角。

良师指路，升学无忧

梁静的母亲看在眼里，急在心头。她深知女儿学习陷入困境，却不知如何相助。就在这时，母亲偶然在短视频平台上刷到了关于高中学业规划的专场直播，主讲的王老师，凭借丰富经验和独到见解，为众多学生和家长解答高中升学的种种疑惑。梁静的母亲被深深吸引，为了女儿的未来，她决定前往武汉，与王老师当面交流。

当耐心听完梁静妈妈对女儿情况的详细介绍，特别是对数学的热爱时，王老师笑着说："她对数学兴趣浓厚且天赋出众，正是我们所说的'特长生'特质，并且现在已经拿到学科竞赛类的奖项，很不错了。就算不能保送，但是如果能规划好其他的升学道路，让梁静充分发挥数学优势，那她的未来同样不可限量。"

随后，王老师提出了让梁静走强基计划的想法。强基计划是教育部 2020 年开展的基础学科招生改革工作，旨在选拔培养有志于服务国家重大战略需求且综合素质优秀或基础学科拔尖的学生，注重学生在基础学科方面的特长和潜力。梁静在数学方面的天赋正好符合强基计划的招生要求，而且强基计划的招生基本是在 985 高校，表现出色的学生还可以获得硕士推免甚至直博的资格。

为此，王老师耐心地跟梁静妈妈梳理了强基计划里 39 所 985 院校中招生的数学专业和应用数学专业，并且根据她的分数和意向城市进行筛选。同时王老师还考虑到梁静未来两年的高中学习，肯定会面临不少困难，初步给出了各学科的指导建议。王老师热心地说道："未来梁静学习有任何问题，都可以咨询我，欢迎提问。"这对于刚步入高中的梁静来说，有一个资深的学业规划专家随时解答她的问题，随时陪伴她之后 2 年的高中学习生活，这对她确保综合成绩稳定在 985 高校招生分数线上非常有利。

梁静妈妈听后，顿觉眼前一亮。她兴奋地马上打电话将这个升学方案告诉了梁静。当梁静听到强基计划都是 985 高校，而且有直博机会时，毫不犹豫地答应了。她认为这是能充分发挥自己的数学优势，同时获取更优质教育资源的良机。就这样，梁静踏上了充满挑战与希望的强基备战之路。

两年陪跑，稳定提分

在接下来的高中生活里，王老师为梁静提供了细致的指导。高二下学期期中考试时，梁静的英语成绩不太理想，王老师团队的学科指导老师在第一时间与梁静取得联系，对她的试卷进行了深入剖析。学科老师指出，梁静在英语的阅读理解和语法方面存在明显短板，为她量身定制了详尽的学习计划。有一次，王老师专门给梁静打了半个多小时的电话，安慰她不要因一次考试的失利而沮丧，要坚信自己的潜力和付出的努力。在老师们的鼓舞与引导下，梁静调整好了心态，再度全身心投入学习当中。

进入高三，学习压力剧增。梁静每日都在紧张的复习中度过，频繁的考试令她感到身心俱疲。王老师察觉到她的情绪波动，及时为她进行心理疏导，告诉她在高三的紧张复习中，成绩有所波动属于正常现象，关键在于从失败中汲取教训，调整心态继续前行。

每次大考后，学科老师都会给梁静详细分析试卷中出现的问题，适时调整后期学习计划，并逐步提高要求和目标。逐渐地，梁静的短板被慢慢拉平，总成绩不断提高。4月份，梁静在王老师的指导下，申请了北京大学的强基计划。在6月的高考中，她稳定发挥，最终以672分的出色成绩，顺利通过校测，被北京大学数学类强基计划专业录取。

当收到录取通知书的那一刻，梁静和母亲激动得泪如泉涌。回首这三年的强基备战征程，梁静感慨颇多。她深知，没有王老师团队的三年陪跑，没有每一次大小考的学情分析，没有竞赛规划和心理疏导，她不可能实现自己的梦想。

未来，梁静将在北京大学这片广阔天地中继续追寻自己的数学梦想，凭借自己的智慧与努力书写更为绚烂的人生篇章。

专家点评

在竞争激烈的高考赛道上，强基计划为具有学科特长和创新潜质的学生提供了一条独特的升学路径。强基计划聚焦基础学科，旨在选拔培养有志于服务国家重大战略需求且综合素质优秀或基础学科拔尖的学生。对于那些在特定学科领域展现出卓越天赋和潜力的学生来说，强基计划无疑是一个实现梦想的绝佳机会。

四 综合评价
（浙江叫"三位一体"）

1. 综合评价概述

综合评价招生改革试点工作是贯彻落实《国务院关于深化考试招生制度改革的实施意见》（国发〔2014〕35号）精神，对"分类考试、综合评价、多元录取"的考试招生模式的积极探索。综合评价一般会综合考量考生的高考成绩、高校综合测评、高中学业水平考试（简称"学考"）成绩和综合素质评价等方面，择优录取考生。

综合评价中涉及的各部分成绩占比由学校决定，各有不同。例如，在江苏省综合评价招生录取中，高考成绩占比一般为50%～60%，校测成绩占比为30%～40%，学考成绩占比5%～10%。

其中，采用"6：3：1模式"录取的高校有浙江大学、南方科技大学、西交利物浦大学、香港中文大学（深圳）、华南理工大学等；采用"7：3模式（将校测成绩与学考成绩合并或只计算校测成绩）"录取的高校有北京外国语大学；采用"85：15模式"录取的高校有南京大学、东南大学、中山大学等。

在部分高校的综合成绩测算中，除以上成绩外，综合素质评价也占有一定比例，如南京中医药大学的占比3%，南京信息工程大学的和南京邮电大学的占比5%。

因此，学生不仅需要注重高考成绩的提升，对平时成绩、高中学考，以及其他可以证明自身能力的证书和奖项也需要进行相应的准备。

（1）综合实施高校

综合评价招生的院校范围广泛：深圳北理莫斯科大学、上海纽约大学、昆山杜克大学、香港中文大学（深圳）、上海科技大学、南方科技大学、北京外国语大学。除此之外，山东、浙江、上海、广东、江苏等省份也有比较多的省属院校参加。

（2）综合评价的参考维度

综合评价的参考维度主要是德（思想品德）、智（学业水平）、体（身心健康）、美（艺术素养）、劳（社会实践）五个方面。

如学生参与党团活动、社团活动、公益活动、公益劳动、志愿服务等，都在思想品德的考察范围内；参与这些活动的次数和持续时间会作为思想品德和社会实践的评价记录起来。

学生高中三年的所有考试成绩、研究性学习与创新成果，比如发表一般文章，发表学术论文，发表一些独创性解题技巧方法等，还有学科竞赛获奖，都会被作为学业水平项评价记录。

学生的体育成绩、体育运动特长项目、参加体育赛事及奖项等，或者应对困难和挫折的表现等，都会作为身心健康项目评价记录。

学生在音乐、美术、舞蹈、戏剧、戏曲、影视、书法等方面表现出来的艺术素养和兴趣特长，参加艺术活动的成果等，都是艺术素养的考察方面。

（3）综合评价的特点

①打破一考定终身的高考统招的模式，评价机制更加多元。

②跟统招不冲突，增加了升学的途径。

③主流的成绩折算方式为"6＋3＋1"，有比较大的降分的空间。

2. 2024 年各省（区、市）综合评价招生院校

2024 年各省（区、市）综合评价招生院校见下表。

全国（港澳台除外）综合评价招生院校一览表		
浙江省"三位一体"综合评价招生院校【共 52 所】		
浙江大学	复旦大学	上海交通大学
南方科技大学	上海科技大学	北京外国语大学
昆山杜克大学	浙江财经大学	香港中文大学（深圳）
中国科学院大学	深圳北理莫斯科大学	温州医科大学
上海纽约大学	浙江中医药大学	杭州师范大学
温州理工学院	浙江海洋大学	中国计量大学
浙江工业大学	浙江警察学院	浙江工商大学
温州肯恩大学	宁波大学	浙江农林大学
浙江师范大学	杭州电子科技大学	绍兴文理学院
温州大学	浙江理工大学	嘉兴大学
杭州医学院	宁波诺丁汉大学	湖州学院
浙大城市学院	浙江外国语学院	浙江科技大学
丽水学院	浙江万里学院	浙江越秀外国语学院
衢州学院	湖州师范学院	台州学院
宁波财经学院	宁波工程学院	浙江水利水电学院
浙大宁波理工学院	华南理工大学	宁波幼儿师范高等专科学校
金华职业技术学院	嘉兴南湖学院	温州商学院
宁波大学科学技术学院		

全国（港澳台除外）综合评价招生院校一览表		
江苏省综合评价招生院校【共 24 所】		
南京大学	东南大学	中国科学院大学
北京外国语大学	南方科技大学	上海科技大学
华南理工大学	上海纽约大学	昆山杜克大学
香港中文大学（深圳）	深圳北理莫斯科大学	南京师范大学
南通大学	南京工业大学	南京医科大学
南京信息工程大学	南京邮电大学	江苏大学
西交利物浦大学	南京中医药大学	江苏师范大学
扬州大学	南京林业大学	浙江大学
山东省综合评价招生院校【共 19 所】		
山东大学	浙江大学	中国海洋大学
中国石油大学（华东）	中国科学院大学	哈尔滨工业大学（威海）
上海纽约大学	南方科技大学	上海科技大学
华南理工大学	北京外国语大学	昆山杜克大学
深圳北理莫斯科大学	香港中文大学（深圳）	青岛大学
山东财经大学	青岛科技大学	山东科技大学
山东师范大学		
上海市综合评价招生院校【共 19 所】		
浙江大学	复旦大学	同济大学
华东师范大学	华南理工大学	上海交通大学
上海财经大学	上海外国语大学	北京外国语大学
上海大学	华东理工大学	东华大学
上海科技大学	南方科技大学	上海中医药大学
昆山杜克大学	上海纽约大学	香港中文大学（深圳）
深圳北理莫斯科大学		
广东省综合评价招生院校【共 11 所】		
浙江大学	华南理工大学	西交利物浦大学
北京外国语大学	南方科技大学	北京师范大学香港浸会大学联合国际学院
上海纽约大学	昆山杜克大学	深圳北理莫斯科大学
香港中文大学（深圳）	中山大学	
湖南省综合评价招生院校【共 8 所】		
中南大学	中国科学院大学	北京外国语大学

全国（港澳台除外）综合评价招生院校一览表		
昆山杜克大学	上海科技大学	南方科技大学
上海纽约大学	深圳北理莫斯科大学	
福建省综合评价招生院校【共 7 所】		
北京外国语大学	南方科技大学	香港中文大学（深圳）
上海科技大学	深圳北理莫斯科大学	上海纽约大学
昆山杜克大学		
四川省综合评价招生院校【共 7 所】		
北京外国语大学	上海科技大学	南方科技大学
深圳北理莫斯科大学	上海纽约大学	昆山杜克大学
中国科学院大学		
陕西省综合评价招生院校【共 7 所】		
中国科学院大学	南方科技大学	上海科技大学
北京外国语大学	深圳北理莫斯科大学	上海纽约大学
昆山杜克大学		
北京市综合评价招生院校【共 7 所】		
中国科学院大学	南方科技大学	上海科技大学
昆山杜克大学	上海纽约大学	北京外国语大学
深圳北理莫斯科大学		
重庆市综合评价招生院校【共 6 所】		
北京外国语大学	上海科技大学	南方科技大学
深圳北理莫斯科大学	上海纽约大学	昆山杜克大学
江西省综合评价招生院校【共 6 所】		
北京外国语大学	南方科技大学	昆山杜克大学
深圳北理莫斯科大学	上海纽约大学	上海科技大学
湖北省综合评价招生院校【共 6 所】		
北京外国语大学	上海科技大学	南方科技大学
深圳北理莫斯科大学	上海纽约大学	昆山杜克大学
河南省综合评价招生院校【共 6 所】		
北京外国语大学	上海科技大学	南方科技大学
深圳北理莫斯科大学	上海纽约大学	昆山杜克大学
辽宁省综合评价招生院校【共 7 所】		
北京外国语大学	东北大学	昆山杜克大学
上海科技大学	南方科技大学	上海纽约大学

全国（港澳台除外）综合评价招生院校一览表		
深圳北理莫斯科大学		
云南省综合评价招生院校【共 5 所】		
南方科技大学	上海科技大学	中南大学
北京外国语大学	上海纽约大学	
内蒙古自治区综合评价招生院校【共 5 所】		
北京外国语大学	南方科技大学	上海纽约大学
深圳北理莫斯科大学	昆山杜克大学	
安徽省综合评价招生院校【共 5 所】		
北京外国语大学	南方科技大学	昆山杜克大学
深圳北理莫斯科大学	上海纽约大学	
河北省综合评价招生院校【共 5 所】		
北京外国语大学	南方科技大学	上海纽约大学
深圳北理莫斯科大学	昆山杜克大学	
天津市综合评价招生院校【共 5 所】		
北京外国语大学	上海科技大学	上海纽约大学
昆山杜克大学	深圳北理莫斯科大学	
吉林省综合评价招生院校【共 5 所】		
北京外国语大学	南方科技大学	上海纽约大学
昆山杜克大学	深圳北理莫斯科大学	
黑龙江省综合评价招生院校【共 4 所】		
北京外国语大学	上海纽约大学	昆山杜克大学
深圳北理莫斯科大学		
山西省综合评价招生院校【共 4 所】		
北京外国语大学	南方科技大学	上海纽约大学
深圳北理莫斯科大学		
广西壮族自治区综合评价招生院校【共 4 所】		
北京外国语大学	上海纽约大学	南方科技大学
昆山杜克大学		
贵州省综合评价招生院校【共 5 所】		
北京外国语大学	上海纽约大学	南方科技大学
上海科技大学	深圳北理莫斯科大学	
甘肃省综合评价招生院校【共 3 所】		

全国（港澳台除外）综合评价招生院校一览表		
北京外国语大学	上海纽约大学	上海科技大学
吉林省综合评价招生院校【共 5 所】		
北京外国语大学	昆山杜克大学	上海纽约大学
南方科技大学	深圳北理莫斯科大学	
海南省综合评价招生院校【共 3 所】		
北京外国语大学	上海纽约大学	南方科技大学
宁夏回族自治区综合评价招生院校【共 2 所】		
北京外国语大学	上海纽约大学	
西藏自治区综合评价招生院校【共 2 所】		
北京外国语大学	上海纽约大学	
新疆维吾尔自治区综合评价招生院校【共 2 所】		
北京外国语大学	上海纽约大学	
青海省综合评价招生院校【共 2 所】		
北京外国语大学	上海纽约大学	

面向全国招生的院校多地考生都可以报名，省属院校基本仅面向本省招生，具体以高校公布的招生简章为准。

3. 报考流程及注意事项

（1）招生简章发布，网上报名开始

各高校综合评价招生简章发布时间不一致，如上海纽约大学、昆山杜克大学是前一年 9 月，浙江省属"三位一体"综合评价招生院校是 2 月底发布，北京外国语大学、中国科学院大学是 3 月底发布，其他院校大多集中在每年的 4 月、5 月发布。考生和家长可以提前关注各高校招生网，注意往年政策发布时间，例如，《南方科技大学 2023 年综合评价招生简章》的发布时间为 3 月 31 日，各位家长和考生根据报考意向，在此时间前后关注其招生网站即可。

①高校初审

报名截止后，高校开始审核考生的报名材料和其他相关信息，确定通过初审的名单。

②公示初审结果，确认校测资格

5月中下旬，高校公布初审入围名单。如果考生在规定时间内没有进行考试确认，将失去校测资格，所以报名参加的学生要及时确认。

③高校组织校测

高校校测（即复试）采用面试形式，重点考查内容为学生的科学精神、创新素质及综合素养。

（2）综合评价的注意事项

①各省（区、市）的综合评价招生院校不同，招生时间不同，对于学生的要求也不尽相同，想参加综合评价的学生一定提早做准备，去高校官网的本科招生页面了解往年招生情况以及对学生的要求，做到心中有数。

②上海纽约大学和昆山杜克大学发布招生简章的时间一般在高三上学期，截止时间大致在元旦前后。

③综合评价招生的有些学校，比如南方科技大学、深圳北理莫斯科大学，要求必须参加综合评价；有些学校，比如上海科技大学，也可以不参加综合评价，通过普通高考直接报考。

④复读生也可以报考综合评价招生院校，报名时与应届生一样。在提交成绩时，高一、高二年级按照原高一高二成绩提交，高三成绩按照复读期间成绩提交。但需要注意的是，部分高校在综合评价招生简章中明确表明，招生对象仅为高中应届毕业生的，复读生不能报名。如南京医科大学、南京中医药大学、江苏师范大学、南通大学等，具体以高校当年公布的招生简章为准。

⑤综合评价招生没有院校数量限报要求，考生在符合条件、时间精力允许的情况下可报考多所院校。但是同一地区的院校，考试时间往往会"撞车"，考生仅能参加1所至2所高校的测试。如江苏省属综评院校有明确规定：当考试时间与其他学校有冲突时，只允许学生确认1所学校参加考试，逾期未确认考试的考生视为自动放弃综合评价招生资格。部分山东省属高校也有类似规定。考生家长可在前期报名时，多报考几所，提升初审通过率，待初审通过后，再决定参加哪些院校的校测。

4. 常见问题

（1）必须有学科竞赛奖才能参加综合评价招生吗？

不是！

参加综合评价招生并不一定需要考生具备学科竞赛奖项。虽然拥有这些奖项可以为考生增加一定的优势，但综合评价招生更注重考生的综合素质，而非单纯的学业成绩，考生的个人特长、社会实践经历、研究能力等方面都会被考虑在内。因此，只要具备优秀的综合素质，即使没有学科竞赛奖项，考生也有机会获得综合评价招生院校的青睐。

（2）有竞赛奖项是否一定能被录取？

不是！

拥有竞赛奖项也并不意味着考生一定能够通过综合评价招生。综合评价招生不仅看重考生的学业成绩和获奖情况，还注重考生的个人特质、发展潜力、社会责任感等方面。因此，即使考生在学科竞赛中表现出色，但如果不能在其他方面展现出与专业匹配的特质，也可能会被综合评价招生院校拒之门外。

（3）是否只有成绩优秀的学生才能参加综合评价招生？

不是！

综合评价招生并非只有成绩优秀的学生才能参加。虽然顶尖的学生参加综合评价招生可以扩大自己的选择范围，但对于成绩在一本线上徘徊或距离目标名校还有一定分数的学生来说，综合评价招生也是一个进入名校的很好的机会。只要考生在自荐材料、特长优势、个人陈述、言谈举止等方面表现出色，就有可能征服高校面试官，获得综合评价招生院校的录取机会。

（4）高三花一年时间准备来得及吗？

来不及！

综合评价招生材料需要尽早开始准备。高一阶段是准备的最佳时机，因为准备综合评价初审资料是一项非常复杂的工作，等到高三再准备会手忙脚乱，甚至影响考生的复习。因此，考生和家长应该从高一就开始规划，并注意在保证学业成绩的同时，提高自身的综合素质，适当参加一些含金量高的比赛。

（5）被录取后能转专业吗？

部分院校可以。

不同于强基计划，综合评价招生的部分院校是支持学生按照学校规定正常转专业的，比如北京外国语大学。但是也有部分院校会限制学生只能在本专业就读，比如浙江大学。

（6）参加综合评价招生学生的毕业证、学位证与统招学生的是否有区别？

没有区别。

两者录取组织方式相同——都由当地招生考试部门统一组织考试、填报志愿、划线录取。

两者在校期间享受的条件相同——综合评价招生录取的考生与统招录取的考生是同年入学、同时毕业的，学生在校期间的学费、住宿费是相同的，享受的国家补助政策也是相同的。

毕业就业政策相同——综合评价招生的学生在毕业时享受的就业政策，就业后的工资、福利、职称评定，以及毕业证书、报到证等均与统招学生的完全一样。

升 学 案 例

⭐综评之路，奋斗过的每一步都算数

父亲失业，前路茫然

在山东省的一个普通城市，赵鑫（化名）作为一名2023届历政地考生，正默默努力着。时光回溯至三年前，那个因疫情而显得格外特殊的夏天，中考与高考的日程双双延后了一个月。赵鑫记忆犹新，中考的每场考试结束后，他都无比自信，仿佛省实验中学的大门已向他敞开。然而，当成绩单揭晓的那一刻，453分的成绩让他不禁愕然，原本是他强项的英语，发挥失常，让他与心仪的重点高中擦肩而过。那次未如人意的大考，让他难以释怀。

步入高中后，赵鑫吸取了中考的经验教训，努力使各科成绩齐头并进，让自己成为"全面发展型选手"，这也在年级排名中为他争得了前50名的位置。另外中考的英语失误，让他在英语方面下了更多的功夫，使他的英语成绩格外亮眼，每次考试都能稳定在130分以上。当然这份傲人的成绩背后，有一个重要的因素：赵鑫有一位多年从事英语教培工作的父亲。

赵鑫的父亲是国内知名大学英语专业毕业的高材生，也在英语教培行业工作了十余年。因此，父亲从小就开始对赵鑫进行英语启蒙。每天的英语儿歌、故事书，

成了赵鑫童年生活的一部分。上学后，父亲更是对他的英语能力进行全面强化，帮助他在听说读写各方面均衡发展。凭借着从小打下的坚实基础，赵鑫不仅在课堂上游刃有余，还经常在各类英语比赛中脱颖而出，逐渐展现出语言天赋的优势。父亲的愿望是让赵鑫以后考入北京外国语大学，这所中国最好的外语院校，以后也能走上英语相关的职业道路。

然而，2021年"双减"政策的突如其来，让父亲的中年职业生涯遭遇了前所未有的挑战。几经波折后，父亲任职的教培公司倒闭，失业的阴霾笼罩全家，父亲开始面临职业生涯的重大挑战，也让他开始反复思考赵鑫以后要不要继续学英语。

提前规划，精准升学

正当全家陷入迷茫之际，赵鑫父亲在某新媒体上接触到学业规划的相关课程，通过全链条的学业规划，将孩子的升学与就业紧密联系起来，以终为始，助力升学。这些课程内容让父亲豁然开朗，父亲看到了教育行业的新曙光，开始深入研究学业规划的相关知识。

通过不断的学习，赵鑫的父亲开始对学业规划有了更深入的了解，打破了他的两个固有认知：首先，他发现原来高中升学不只有"裸分"高考一条路径，学业规划是根据每个孩子和家庭的实际情况量身定制的；另外，兴趣是最好的老师，不能因为一段时间、一个地区或者一个行业的波动就对一个专业的就业前景产生怀疑，要综合考量国内外形势、国家战略和经济发展需求。现在中国提倡国际交流与合作，特别是"一带一路"的发展倡议，需要大量有国际化视野和英语专业能力的人才。赵鑫的父亲意识到，不能因为"双减"就对英语专业的就业前景丧失信心，要让赵鑫充分发挥特长，选择合适的升学道路。

这一次，父亲暗下决心，一定要帮赵鑫提前规划，规避升学风险，不辜负儿子当前的好成绩。于是，在咨询众多行业前辈后，认识了资深学业规划专家薛老师及她的规划师团队，希望他们为赵鑫提供从升学规划到陪跑服务的全方位支持，为他保驾护航。

笃定方向，渐入佳境

前期薛老师在了解赵鑫的情况后，认为他各学科发展均衡，又有着英语的特长，具备走综合评价招生的潜力。赵鑫父亲对此非常认同，毕竟综合评价有着低分上名校和"高保低冲"等优点，同一个学校录取分数可以降分达几十分，走综合评价是帮赵鑫稳住名校的好机会！

然而，此时的赵鑫已然步入高二，时间异常紧迫，学习任务异常繁重。综合评价招生的准备工作实则是对相关材料的精心筹备以及综合能力的逐步提升，整个过程周期漫长，而且各个环节不仅存在竞争，还需要有所取舍。所以，洞悉自身的兴趣和潜力，并据此量身定制适宜的学习计划与规划策略，才是最为明智的选择。

既然是综合评价，自然少不了对学术背景的要求。在薛老师的指导下，赵鑫报名参加了白名单赛事——"外研社杯"全国中学生外语素养大赛。这个决定让赵鑫既兴奋不已，又不免心生紧张。兴奋的是，他终于拥有将自己的兴趣转变为竞争优势的机会；紧张的是，他深知时间所剩无几，准备比赛的过程必然充满重重挑战。

确定了参赛目标后，接下来的备战阶段更是充满了艰辛。赵鑫不仅要完成学校的课业任务，还要抽出大量的时间继续提高英语的各方面知识和能力。

随着比赛日期的临近，赵鑫的准备工作也越来越充分，他的心态也逐渐从紧张焦虑转变为从容自信。最终，他的表现获得了评委的高度认可，荣获了省赛一等奖。这个成绩让赵鑫和薛老师激动不已。他们的努力终于得到了回报，这个奖项也为赵鑫备战综合评价增添了重要的砝码。

综评申请，期待未来

高三下学期，在评估赵鑫的竞赛优势和学业成绩后，薛老师和赵鑫的家人共同确定了浙江大学、山东大学和北京外国语大学等三所目标高校。

在综合评价招生的申请环节，不同学校要求不同，像北京外国语大学要求提供中英文自我介绍视频和推荐信，这些材料的价值很高，初审官要面对成千上万份材料，里面如果没有干货，没有体现出自己的特点和与众不同，很容易被淘汰掉。从初稿到定稿，赵鑫在薛老师的陪伴下多次修改，做到一校一版本。功夫不负有心人，他最终顺利通过了北京外国语大学的初审，接下来便是全力以赴备战高考环节！

经过精心筹备和坚持不懈的拼搏，赵鑫在高考中斩获了605分的出色成绩，成功将北京外国语大学的录取通知书收入囊中。至此，升学已经成功，回顾赵鑫的综招成功之路，印证了《劝学》那句古语："故不积跬步，无以至千里。"

从选择综合评价开始，走过的每一步，都是成功路上的阶梯。与薛老师讨论的每一个深夜、积极参加的每一次竞赛、大型考试后的每一次学情分析……家长、学生、规划老师的三方合力，才汇聚成赵鑫的精彩升学之路。

专家点评

　　在竞争日益激烈的高考环境中，综合评价招生为学生提供了一条优秀的升学路径，通过综合考量学生的综合素质、学科成绩、竞赛获奖等多方面因素，为学生提供了更多进入优质高校的机会。对于那些在学科成绩上表现出色，同时在兴趣特长方面有突出表现的学生来说，综合评价招生无疑是一个值得尝试的选择。然而，要在综合评价中脱颖而出，需要精心的规划和充分的准备。

五　保送生

1. 保送生概述

保送生是指符合保送条件，由某些中学推荐保送的品学兼优、综合素质优秀的学生，经过有关普通高等学校的考察、同意，免予参加全国普通高等学校招生统一考试，也就是学生不用参加高考，就可以直接拿到大学录取通知书。

保送生这个政策是为了弥补普通高考对人才选拔的不足而推出的。高校保送生招生属于特殊类型招生。

根据《教育部办公厅关于做好 2024 年普通高等学校部分特殊类型招生工作的通知》和《2024 年普通高等学校部分特殊类型招生基本要求》的规定，中学生学科奥林匹克竞赛国家集训队成员、部分外国语中学推荐优秀学生、公安英烈子女、退役运动员等具备高校保送资格，高校可以从上述人员中招收保送生。其中公安英烈子女按有关规定只能保送至公安类院校。

2. 四大类保送生详解

（1）外语类

外语类保送生是指由全国 16 所外国语学校推荐保送，经有关普通高等学校考察、同意，免予参加普通高等学校招生全国统一考试而直接被录取入学特定专业的学生。

①招生要求

教育部发布《2024 年普通高等学校部分特殊类型招生基本要求》，有以下保送要求。

自 2024 年起，除北京外国语大学、上海外国语大学、外交学院可继续招收一定数量外国语中学推荐保送生安排在英语语种相关专业，单独编班，单独制定培养方案，选拔培养英语类拔尖人才，其他高校招收的外国语中学推荐保送生均安排在除英语以外的小语种相关专业，鼓励高校培养"小语种＋"复合型人才。

高校招收外国语中学推荐保送生专业范围为外国语言文学类专业，应向国家"一带一路"建设发展所需语种专业及国家急需紧缺语种专业倾斜。根据往年的保送生情况，保送专业均为外语类专业。

保送至小语种相关专业的学生入校后不得转入小语种以外的相关专业。严禁高校以保送生的招生形式将外国语中学推荐保送的学生录取或调整到非外语类专业。

新政策实施意味着之后除北京外国语大学、上海外国语大学、外交学院 3 所学校保送生可以继续安排英语专业，其他所有高校均不能再录取保送到英语专业的学生，只能录取除英语之外的小语种的保送生。

②具有推荐保送生资格的全国 16 所外国语学校

天津外国语学校	石家庄外国语学校	太原外国语学校	长春外国语学校
上海外国语大学附中（含浦东、浦西校区）	南京外国语学校	杭州外国语学校	厦门外国语学校
南昌外国语学校	济南外国语学校	郑州外国语学校	武汉外国语学校
广外附设外语学校	深圳外国语学校	成都外国语学校	重庆外国语学校

③可接收外语保送生的国内高校

从高校所在的省市来看，北京市、上海市和江苏省可接收外语保送生的高校是最多的。北京以 14 所排在第一，其中 6 所为 985 高校；上海以 12 所排在第二，其中 4 所为 985 高校；江苏省以 11 所排在第三，其中 2 所为 985 高校，见下表（表中数据为不完全统计，部分保送生较少关注或该学校外国语学院只开设英语语种相关专业的学校未列入）。

从院校类型来看，具有接收外语保送生资格的高校包括综合类高校、外语类高校、理工类高校、财经类高校、师范类高校、政法类高校、农林类高校。

省市	院校
北京	北京大学、清华大学、中国人民大学、北京航空航天大学、北京理工大学、北京科技大学、北京化工大学、北京师范大学、北京外国语大学、北京语言大学、对外经济贸易大学、外交学院、中央财经大学、首都经济贸易大学
天津	南开大学、天津大学、天津外国语大学
辽宁	大连理工大学、大连海事大学、东北财经大学
吉林	东北师范大学
黑龙江	哈尔滨工业大学
上海	复旦大学、同济大学、上海交通大学、上海理工大学、华东理工大学、东华大学、上海海事大学、华东师范大学、上海外国语大学、上海财经大学、上海对外经贸大学、华东政法大学
江苏	南京大学、南京邮电大学、中国药科大学、南京航空航天大学、东南大学、南京农业大学、南京师范大学、河海大学、江南大学、苏州大学、南京信息工程大学
浙江	浙江大学

省市	院校
福建	厦门大学
江西	江西财经大学
山东	山东大学
湖北	武汉大学、华中科技大学、武汉理工大学、华中师范大学、中国地质大学（武汉）
湖南	湖南大学、中南大学、湖南师范大学
四川	四川大学、电子科技大学、西南财经大学
重庆	重庆大学、西南政法大学、西南大学、四川外国语大学
陕西	西安交通大学、西安外国语大学、西安电子科技大学
广东	中山大学、深圳北理莫斯科大学、华南理工大学、广东外语外贸大学、香港中文大学（深圳）
甘肃	兰州大学

④考核录取

以中国人民大学 2023 年外语类保送生为例。

➢ 初试

初试为文化课笔试，包括语文、数学、英语三个科目，满分各 100 分。

学校视情况划定文化课笔试总成绩及格线和各个科目单科及格线。对于过线考生，学校根据初试成绩情况确定入围复试的考生名单。

➢ 复试

复试为英语综合能力面试，包括英语朗读、理解、表达、综合素质考查等，满分为 300 分。

多数学校的外语类保送生招生分为笔试和面试，而在笔试科目上，有的学校三科都考，有的只考外语。以 2024 年笔试为例，详见下表。

笔试科目	学校名称
语文＋数学＋英语	清华大学、北京大学、中国人民大学、浙江大学、复旦大学、厦门大学、同济大学、华中科技大学、对外经济贸易大学、北京师范大学、华东师范大学
语文＋英语	北京外国语大学、上海外国语大学、外交学院、北京航空航天大学、上海交通大学
数学＋英语	上海交通大学
英语	南京大学、武汉大学、上海财经大学

招收外国语中学推荐保送生的高校需在教育部公示相关保送资格学生名单后，在公示名单范围内组织该校外国语言文学类专业保送生文化测试及相关考核。

⑤资格获取

想要成为保送生，意味着学生要提前进入高考的状态，所以学生和家长要尽早、合理地规划。

对于想走外语类保送途径的学生来说，在初升高的时候就要选择对应的外国语学校。在外国语学校学习期间，学生要保持优秀的成绩，尽早确认报考语言的种类，外语特长要突出，同时要提高自己的综合素质和能力。

学生在高三上学期便可根据校内排名前往各个大学参加笔试和面试。如果直接被高校录取，可提前半年毕业；如果保送考试落榜，仍可回校和高考生一起备战高考。

⑥就业去向

在全世界几千种语言中，除去英语、汉语、法语、俄语、西班牙语、阿拉伯语这6种联合国通用工作语言，其余统称小语种。而在我国的高校招生中，大家习惯把除英语外的外语类专业统称为小语种。

因此，像西班牙语、法语、德语、俄语、日语，虽然属于小语种，但是这些语言覆盖区域广，使用人数多，社会用工需求大，所以报考热度向来不低，竞争也非常激烈。数据显示，俄语、德语、法语、西班牙语、阿拉伯语等多个语种专业的平均就业率在85%以上，就业主要集中在政府公务员、外企和中外合资企业、外贸公司、新闻传媒机构等领域。

随着共建"一带一路"的发展和人类命运共同体的建设，我国倡导组建了一批新兴的国际组织，比如亚洲基础设施投资银行、上海合作组织等，同时旅游、跨国贸易、外交、投资及合资企业经营、航空、教育、文化交流、驻外企业交流、科技合作等领域都需要大量的小语种人才，最好是多语种复合型人才。

世界500强企业几乎全部在中国设有分支机构，具有国人身份又掌握外语的人才往往受到跨国公司的青睐。2024年，我国进出口规模已到12.8万亿美元，贸易涉及世界各地。东盟、东北亚经济圈、欧盟、独联体等经济体与我国的贸易往来日渐频繁，熟悉当地风土人情和语言的人才对于各种外贸公司的重要性不言而喻。

政府机关，尤其是中央机关，每年都会选拔大量的小语种人才进入公务员队伍。而且，我国驻世界各地的大使馆、国际性组织和外交部等机构对小语种人才的需求量在不断加大。由于小语种人才的稀缺性，在每年的"国考大军"里，满足报考条件的人是相对有限的，意味着竞争较小，小语种人才较为容易"上岸"。

事业单位，如中央电视台、中国国际广播电台、新华社、中国新闻社等也需要小语种人才。目前，中央电视台有法语、西班牙语、阿拉伯语、俄语4个频道，中国国际广播电台每年都会有小语种人才的需求。

（2）竞赛类

在五大学科竞赛全国决赛获得金牌并入选国家集训队的队员，可获得清华大学和北京大学的保送资格。五大学科竞赛每年有260个国际奥林匹克竞赛国家集训队成员资格，其中含数学60人、物理50人、化学50人、生物50人、信息学50人。也就是说，每年有260名学生依靠学科竞赛被保送至清华大学和北京大学，他们一般选择了清华大学的"姚班""智班""丘班"，以及北京大学的数学英才班和物理学院等会集众多精英的地方。

①招生对象

在五大学科竞赛中获得符合教育部规定的具有保送生资格的优秀应届高中毕业生。

②报名方式

一般由在读高中学校统一报名。

③录取原则

高校组织专家组对申请学生的资料进行综合评价，择优认定保送生候选人。认定结果由高校招生领导小组讨论通过，并按照教育部规定审核后生效。在该次保送生选拔中最终被认定为该校保送生的考生，无须参加其他选拔测试。

高校招收国际奥林匹克学科竞赛国家集训队成员保送生，原则上录取至与学生特长相关的基础学科专业。

每名学生高中期间只有一次进入国家集训队的资格。

④五大学科竞赛

奥林匹克竞赛包括数学、物理、化学、生物、信息学五个科目，也被称为五大学科竞赛。参加任一学科竞赛的中学生想要进入奥林匹克竞赛级别的比赛，都需要经过预赛、复赛的双层选拔。

如果考生足够优秀，想要参加国际奥林匹克级别的赛事，还需要经历决赛、国家集训队、国家队三个阶段的突围。

总体来说，五大学科竞赛在学习难度上为数学≥物理＞化学＞信息学＞生物；五大学科竞赛奖项在自主招生中的认可度为数学≥物理＞化学≥信息学、生物。

五大学科竞赛介绍如下。

➤ 数学竞赛

数学竞赛可以说是五大学科竞赛中最难、历史最久、竞争最激烈，也是发展最为成熟的。

数学竞赛全称全国中学生数学奥林匹克竞赛，由中国数学会主办，一般由学生所在学校统一报名。从2019年开始，只有高中生才能参加。能在决赛中取得优异成绩的学生大部分是从初中就开始参加数学竞赛的，甚至有学生从小学便开始接触奥数。

数学竞赛详见下图。

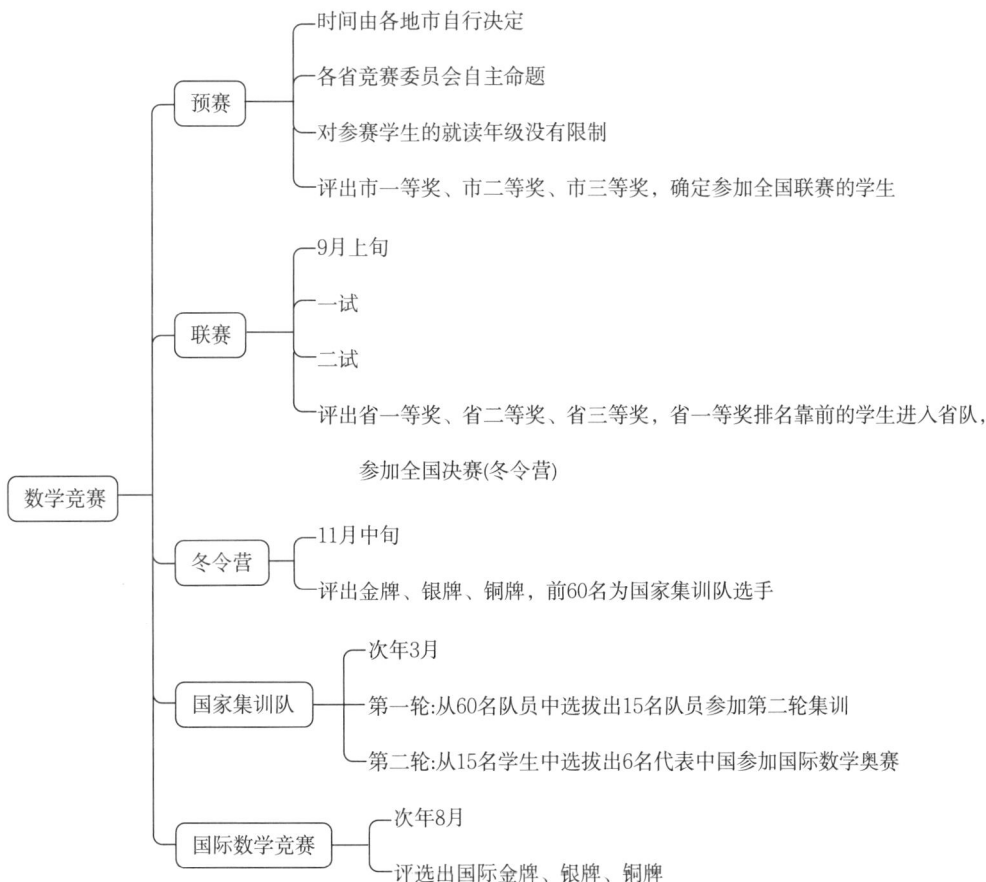

```
                   ┌─ 时间由各地市自行决定
                   │
                   ├─ 各省竞赛委员会自主命题
            预赛 ───┤
                   ├─ 对参赛学生的就读年级没有限制
                   │
                   └─ 评出市一等奖、市二等奖、市三等奖，确定参加全国联赛的学生

                   ┌─ 9月上旬
                   │
                   ├─ 一试
            联赛 ───┤
                   ├─ 二试
                   │
                   └─ 评出省一等奖、省二等奖、省三等奖，省一等奖排名靠前的学生进入省队，
                        参加全国决赛(冬令营)

                   ┌─ 11月中旬
  数学竞赛 ──── 冬令营 ───┤
                   └─ 评出金牌、银牌、铜牌，前60名为国家集训队选手

                   ┌─ 次年3月
                   │
          国家集训队 ──┤─ 第一轮:从60名队员中选拔出15名队员参加第二轮集训
                   │
                   └─ 第二轮:从15名学生中选拔出6名代表中国参加国际数学奥赛

                   ┌─ 次年8月
        国际数学竞赛 ──┤
                   └─ 评选出国际金牌、银牌、铜牌
```

➤ 物理竞赛

物理竞赛的思维难度和知识难度也很大，与数学竞赛接近，但不像数学竞赛对基础有较高的要求，物理竞赛更注重知识框架的搭建。

大部分进入国家集训队的学生都是从初中或高一开始参加物理竞赛的，高三进入决赛代表队的学生居多，少数学生能在高一、高二进入决赛代表队并取得优异成绩。

物理竞赛详见下图。

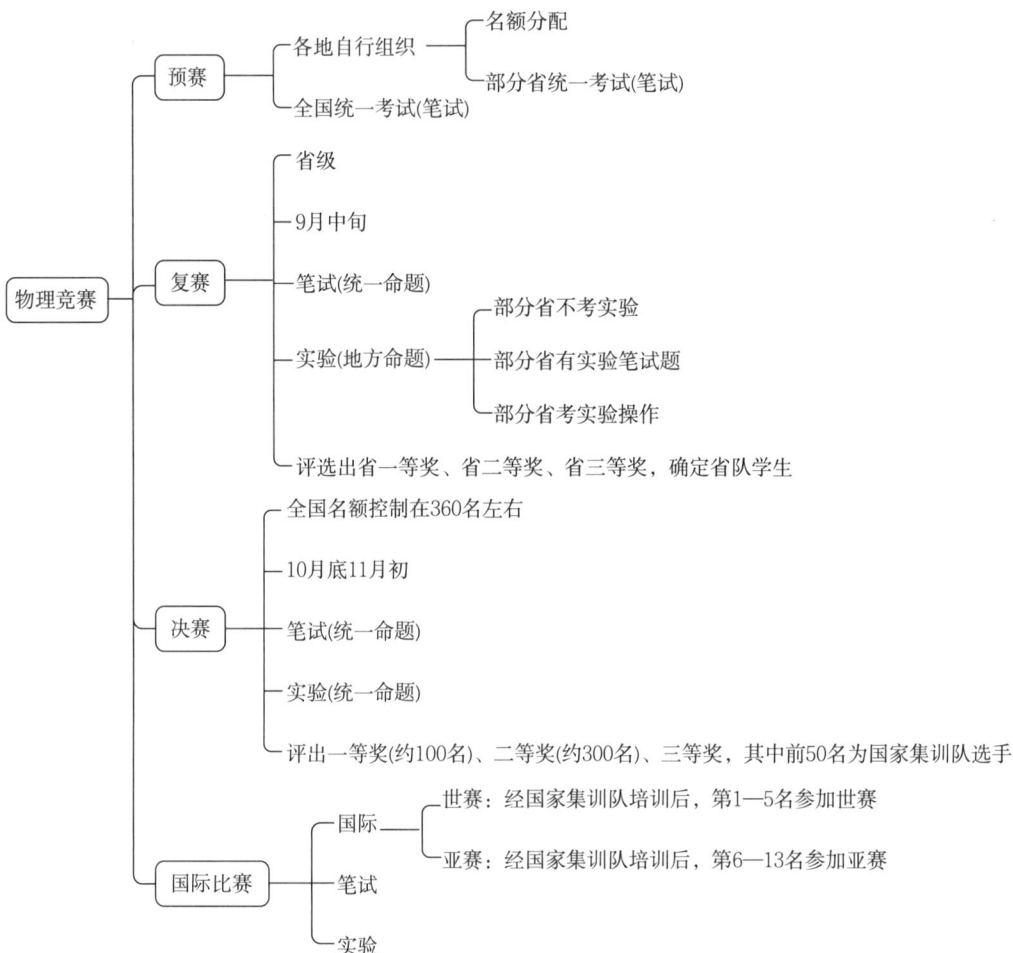

> 化学竞赛

化学竞赛对知识框架的搭建以及运用能力要求较高，对逻辑思维的要求比物理竞赛略低，但是对于知识点的记忆要求明显高于物理竞赛。同时部分省份学生的学习起点基本上离开了中学化学知识体系的范畴，需要学习掌握大学化学的课程内容。

化学竞赛奖项虽不像数学竞赛、物理竞赛奖项那样有极高的含金量，但也能得到大部分高校的认可，在2024年强基计划校考中，清华大学的笔试科目就考查了数学、物理、化学三个科目。

化学竞赛详见下图。

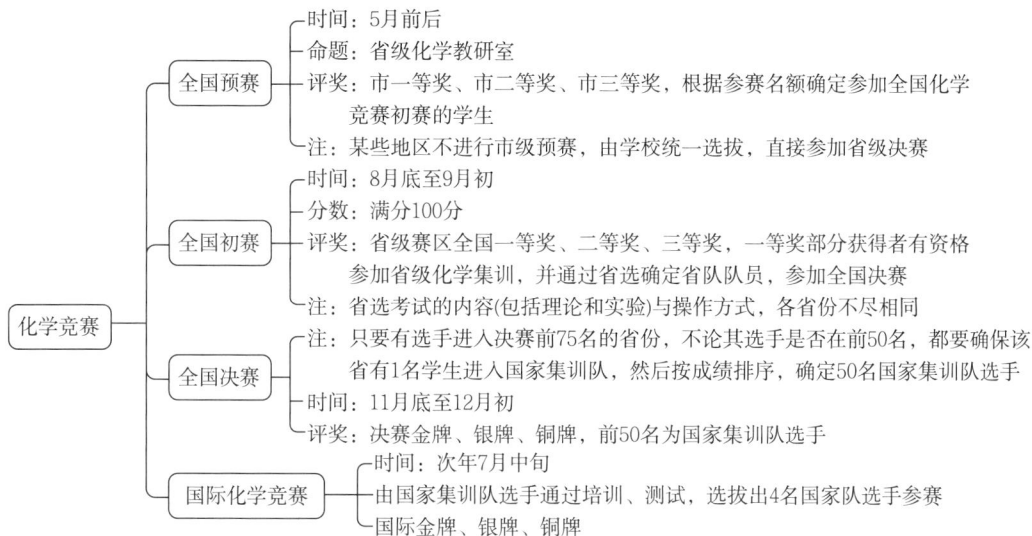

化学竞赛
- 全国预赛
  - 时间：5月前后
  - 命题：省级化学教研室
  - 评奖：市一等奖、市二等奖、市三等奖，根据参赛名额确定参加全国化学竞赛初赛的学生
  - 注：某些地区不进行市级预赛，由学校统一选拔，直接参加省级决赛
- 全国初赛
  - 时间：8月底至9月初
  - 分数：满分100分
  - 评奖：省级赛区全国一等奖、二等奖、三等奖，一等奖部分获得者有资格参加省级化学集训，并通过省选确定省队队员，参加全国决赛
  - 注：省选考试的内容(包括理论和实验)与操作方式，各省份不尽相同
- 全国决赛
  - 注：只要有手进入决赛前75名的省份，不论其选手是否在前50名，都要确保该省有1名学生进入国家集训队，然后按成绩排序，确定50名国家集训队选手
  - 时间：11月底至12月初
  - 评奖：决赛金牌、银牌、铜牌，前50名为国家集训队选手
- 国际化学竞赛
  - 时间：次年7月中旬
  - 由国家集训队选手通过培训、测试，选拔出4名国家队选手参赛
  - 国际金牌、银牌、铜牌

➢ 生物竞赛

生物一直以来都被看作理科中的文科，同样，生物竞赛也有许多需要记忆的知识点，需要学习很多大学生物的内容。

因为参加生物竞赛的人相对比较少，所以竞争相对较小。而且，因考试时间的限制，学生在高中阶段只能参加两次生物竞赛，机会相对来说更少。但与之对应的是，学生赛后有更多时间准备高考。

生物竞赛详见下图。

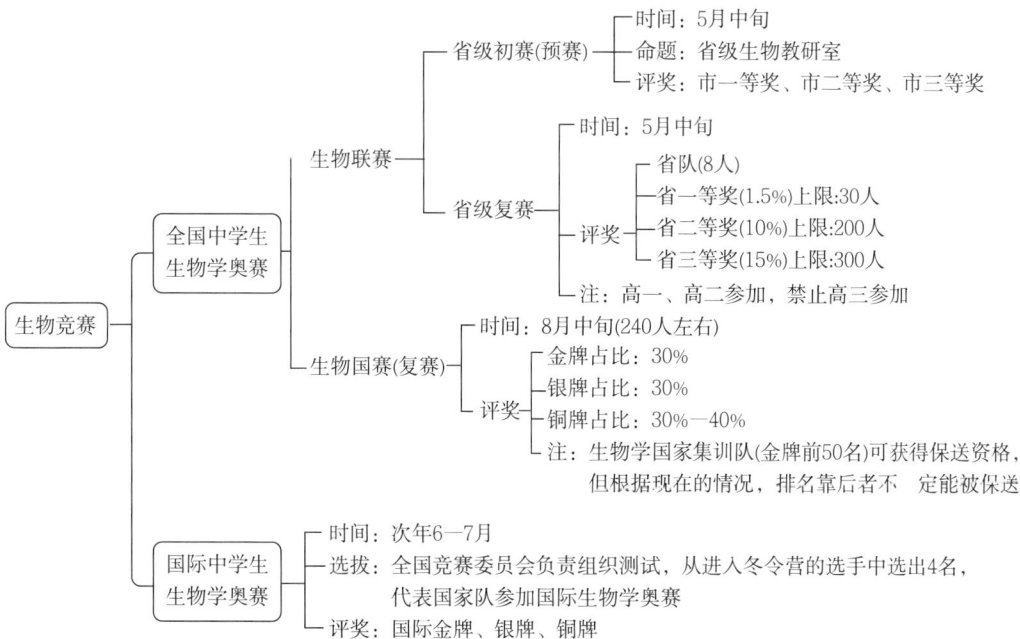

生物竞赛
- 全国中学生生物学奥赛
  - 生物联赛
    - 省级初赛(预赛)
      - 时间：5月中旬
      - 命题：省级生物教研室
      - 评奖：市一等奖、市二等奖、市三等奖
    - 省级复赛
      - 时间：5月中旬
      - 评奖
        - 省队(8人)
        - 省一等奖(1.5%)上限:30人
        - 省二等奖(10%)上限:200人
        - 省三等奖(15%)上限:300人
      - 注：高一、高二参加，禁止高三参加
  - 生物国赛(复赛)
    - 时间：8月中旬(240人左右)
    - 评奖
      - 金牌占比：30%
      - 银牌占比：30%
      - 铜牌占比：30%—40%
    - 注：生物学国家集训队(金牌前50名)可获得保送资格，但根据现在的情况，排名靠后者不　定能被保送
- 国际中学生生物学奥赛
  - 时间：次年6—7月
  - 选拔：全国竞赛委员会负责组织测试，从进入冬令营的选手中选出4名，代表国家队参加国际生物学奥赛
  - 评奖：国际金牌、银牌、铜牌

➤ 信息学竞赛

信息学竞赛是一个相对特殊的科目，它既要求学生有一定的数学思维能力，又要求其有计算机语言的实际运用能力，因此许多学生会选择数学、信息学双修。

信息学竞赛需要学生经常上机，熟悉编程语言，学习算法、数学建模等，因此学习门槛比较高，相对而言竞争不是很激烈。

高校招生中，信息学竞赛的认可度在不同高校不同专业间并不相同，信息学、计算机科学非常强势的高校对信息学竞赛奖项的认可度很高，而偏人文类的高校对其认可度不太高。

中国计算机学会于1984年创办全国青少年计算机程序设计竞赛（简称NOI），这是国内省级代表队最高水平的大赛，自1984年至今，在国内组织竞赛活动。每年经各省选拔产生5名选手（其中1名是女选手），由中国计算机学会在计算机普及较好的城市组织进行比赛。这一竞赛记个人成绩，同时记团体总分。

NOI系列活动包括全国青少年信息学奥林匹克竞赛和全国青少年信息学奥林匹克网上同步赛、全国青少年信息学奥林匹克联赛、冬令营、选拔赛和国际信息学奥林匹克竞赛。

⑤参赛流程

参加五大学科竞赛的流程如下，具体时间点可参考相应竞赛科目官网。

➤ 报名。

➤ 初赛选拔，以学校为单位举行，各市自行出卷，按报名数量分配复赛名额。

➤ 复赛（又称省赛、联赛）。

➤ 设省级一等奖、二等奖、三等奖，之后参加省队选拔，省排名靠前的选手可以组成决赛代表队（省队）参加决赛。

➤ 参加决赛（国赛），设金牌、银牌、铜牌，也就是我们常说的"国一""国二""国三"，金牌、银牌按照一定比例分配。决赛的全国前20名拿到入国家集训队资格，和清华大学、北京大学签保送协议。

➤ 参加国家集训队培训，之后会有国家队选拔赛，选出国家队参加国际赛。

⑥竞赛保送的优势和难度

在省赛和决赛中表现优异的选手可获得清华大学和北京大学的保送以及中国科学技术大学等高校的招生优惠（强基计划），那么这些选手具体有哪些特殊升学途径呢？

➤ 选手初三可报名西安交通大学少年班（免中考、高考＋保研）。

➤ 选手高一、高二可报名中国科学技术大学"少创班"（降一本线录取）。

➢ 选手高二、高三可报名清华大学"丘班"、北京大学"数学英才班"（降一本线录取）。

➢ 选手高三可报名强基计划和综合评价（降 10 至 30 分）。

➢ 选手初三至高三可报名清华大学创新领军工程、北京大学物理学科卓越人才培养计划（免高考，直博）。

中国科学技术大学"少创班"对于低年级的优秀竞赛生来说是一个不错的选择，获得省级一等奖或者铜牌奖项者在初试环节可以加分，获得金牌或银牌者可以免初试直接进入复试；进入复试之后，最多可降至一本线被中国科学技术大学提前录取。

很多学生期待参加竞赛能保送清华大学和北京大学，但是想要通过五大学科竞赛国家集训队保送进入清华大学、北京大学的难度非常大，因为每年数万考生中只有 260 人能够入选国家集训队。从过往来看，大部分国家集训队的保送生从小就接触竞赛，拥有科学的训练与规划。同时，因为各省的竞赛情况不同，所以不同省份考生的学习策略也会存在差异。

其实对于竞赛生来说，很多级别的奖项即使不能保送，也能在升学中起到作用，有机会降分进入名校。

以数学联赛为例，有资格参加数学联赛的学生最大的特点是热爱数学、思维缜密、爱发问、爱钻研。走竞赛道路的学生，一般在小学阶段就已经自学完初中的数学内容，甚至接触到高中的数学内容，在初中阶段就已多次参加相关竞赛。

这类学生，通常会报考高校的强基计划，有很多可选择的专业，如数学与应用数学、物理学、化学、生物科学、信息与计算机科学、数理基础科学、生态学、理论与应用力学等。毕业之后，他们可以进入相关的国家科研单位、知名的企事业单位，或者到高校从事教师一职。

竞赛生即使没有在竞赛中取得理想成绩，但锻炼了学习思维和学习能力，这些学生在综合评价考试中也有很拔尖的成绩。

（3）公安英烈子女

符合公安部、教育部印发的《关于进一步加强和改进公安英烈和因公牺牲伤残公安民警子女教育优待工作的通知》规定的公安烈士、公安英雄模范和一级至四级因公伤残公安民警子女，志愿献身公安事业的，可保送至公安院校学习深造。

需要注意的是，公安英烈子女按有关规定只能保送至公安院校。

符合应急管理部办公厅、教育部办公厅印发的《关于国家综合性消防救援队伍英烈和因公伤残等人员子女报考中国消防救援学院优待有关事宜的通知》规定的烈士、英雄模范和一级至四级因公伤残消防救援人员子女，可保送至中国消防救援学院学习。

①优待对象范围

➢ 全国公安系统烈士（以下简称公安烈士）的子女。

➢ 全国公安系统一级、二级英雄模范（以下简称公安英模）的子女。

➢ 全国公安系统因公牺牲民警的子女。

➢ 全国公安系统一级至四级因公伤残民警的子女。

上述人员因公牺牲、伤残或被授予荣誉称号时，应为公安机关在职人民警察。

②教育优待措施

➢ 在高等教育方面

公安烈士、公安英模和一级至四级因公伤残公安民警子女，志愿献身公安事业的，可保送至公安院校学习深造。

公安烈士子女报考普通高等学校的，可在有关高校投档分数线下降 20 分投档；公安英模和因公牺牲、一级至四级因公伤残公安民警子女报考普通高等学校的，在同等条件下优先录取。

➢ 在普通高中、中等职业教育方面

公安烈士、公安英模和因公牺牲、一级至四级因公伤残公安民警子女报考普通高中、中等职业学校时降分录取，具体降分办法由地方教育行政部门根据本地实际制定。

西藏、新疆地区的公安烈士、公安英模和因公牺牲、一级至四级因公伤残公安民警子女，可以根据其父母或者其他法定监护人的意愿，对于符合内地西藏初中班、高中班、中职班和内地新疆班、中职班报考条件的，安排到内地西藏班、新疆班学习。

符合保送条件的公安英烈子女，可向烈士生前所在单位或英烈现工作单位提出书面申请，逐级报至省（区、市）公安厅（局）政治部审核。各省（区、市）公安厅（局）政治部于每年 3 月底前将推荐保送生的材料和审核意见报公安部政治部审批。

符合保送生条件的公安英烈子女须参加公安部统一组织的考试，经复审达到要求的，有关公安院校须将拟录取名单报生源所在省级招生办公室备案并办理录取手续。各省（区、市）所属公安院校原则上只招收本地的保送生。公安部直属院校面向全国招收符合保送生条件的公安英烈子女，其比例不超过当年全国公安英烈子女保送生总数的 20％。

③申请材料

申请材料见下表。

材料名称	材料形式	必要性及描述
符合政策考生优待申请表	电子	必要
身份证件	系统自动获取，无须申请者提交	必要
优待资格部门的审核意见	系统自动获取，无须申请者提交	必要

④办理申请流程

申请→受理→审核→公示→优待。

（4）优秀退役运动员

符合国家体育总局、教育部等六部委（局）印发的《关于进一步做好退役运动员就业安置工作的意见》中有关保送要求的退役运动员，即曾获全国体育比赛前三名、亚洲体育比赛前六名、世界体育比赛前八名和获得球类集体项目运动健将、田径项目运动健将、武术项目武英级和其他项目国际级运动健将称号的运动员，经教育部门推荐和高等学校考察，可以免试进入高等学校学习，高等学校还可以通过单独组织入学考试、开办预科班等形式招收运动员入学。

该政策的目的是解决退役运动员就业安置问题，在政策上鼓励退役运动员发挥专长，申请保送至高校体育学类本科专业，以2024年为例。

①保送条件

并非所有运动员都可以参加高校保送录取，以2024年为例，根据《体育总局办公厅关于做好2024年高校保送录取优秀运动员有关事宜的通知》，运动员获得保送资格须符合下列条件。

➢ 拥护中国共产党领导，拥护社会主义制度；无犯罪记录，无兴奋剂违规记录。

➢ 符合2024年高考报名条件，并取得生源所在地高考报名号。

➢ 运动成绩优异，能够满足以下任一条件：

• 奥运项目破世界纪录或亚洲纪录或全国纪录（不含青年纪录）；

• 被授予国际级运动健将称号；

• 足球、篮球、排球项目被授予运动健将称号；

• 除足球、篮球、排球外的其他奥运项目的运动健将，和围棋、象棋、国际象棋、武术套路、武术散打项目的运动健将，均应参加《符合高校保送录取优秀运动员的竞赛项目及赛事名录（2024版）》中所列赛事和小项的最高组别比赛，且取得世界体育比赛前八名，或亚洲体育比赛前六名，或全国体育比赛前三名。

②报名方式

一般是在每年的2月初登录中国运动文化教育网或"体教联盟"APP的体育招生中的"运动员保送系统"（以下简称"保送系统"）进行报名。

③报名材料

➤ 符合保送资格的比赛获奖证书（电子版）。

➤ 身份证（正反面电子版），如有曾用名的，还应提交户口本本人页（电子版）。

➤ 电子证件照。

以上材料通过保送系统提交，原件由运动员本人保存备查。

④办理流程和要求

申请保送的运动员需要按照以下要求办理保送。

➤ 应按时参加生源所在地省级招生考试机构组织的高考报名（具体按各省级招生考试机构要求执行，逾期不予受理）。

➤ 应在报名截止前获得符合保送条件的运动员技术等级称号及相关成绩，相关信息可通过"运动员技术等级信息查询系统"查询。

➤ 报名时通过保送系统选择学校和专业。鼓励优秀运动员发挥专长，申请保送至有关高校体育学类本科专业。如申请就读非体育学类本科专业，应按要求在保送系统内同时报名并参加2024年普通高校运动训练、武术与民族传统体育专业招生（简称"体育单招"）文化考试（具体考试安排见《2024年普通高等学校运动训练、武术与民族传统体育专业招生管理办法》）。所有保送运动员均应参加有关高校组织的综合考核。

➤ 经高校初次审核，未通过初次审核的运动员可进行调剂。

➤ 确保报名材料的真实性，一旦发现弄虚作假，一律取消保送资格并通报生源所在省级招生考试机构处理。

➤ 运动员申请保送并被录取后，因个人原因放弃录取资格、主动退学或被开除的，原则上不得再次申请保送。

⑤院校录取详情（2023年）

2023年，包含清华大学、同济大学、北京体育大学在内共有67所高校有保送运动员的录取名额（具备保送资格的高校不止67所），共有820名优秀运动员通过相关招生院校、省级体育行政部门、体育总局运动项目管理中心、全国性体育社会组织、省级招生考试机构等审核，获得被保送的推荐资格。其中，北京体育大学录取250

人，上海体育大学录取 66 人，成都体育学院录取 49 人。

⑥保送项目和比赛

体育单招的绝大多数项目是可以参与保送的，还包括一些非体育单招非高水平运动队的项目，如冲浪、雪车、滑板等。

各高校可以报考的项目需要查看其最新发布的招生简章，并不是所有项目都可报考。一般体育单招院校以本校体育单招具体招收的项目为主，其他高校会有别的规定。

3. 保送录取程序

具备保送资格的考生应向有关高校或部门提出保送申请，提交高中学业水平考试成绩和综合素质档案，经生源所在地省级教育行政部门、招生考试机构、其他有关部门及考生所在中学审核确认并通过多级公示后，参加有关高校组织的保送生综合考核。

高校根据综合考核成绩和高校选拔要求，确定拟录取保送生名单并进行公示，未经公示的考生不得被录取。各省级教育行政部门及有关部门应按照相关职责分工，严格执行不同类型保送工作文件要求，进一步加强对保送资格名单的审核并公示，对审核结果负责。按照有关文件要求，及时规范信息公示公开，主动接受社会监督。省级招生考试机构应于高考前，对拟录取保送生信息进行审核确认，办理录取手续。

（1）考生提出保送申请

考生需进行网上报名，在报名系统中填写申请表，经所在中学核实加盖中学公章后提交。考生申请材料应当清晰、真实、完整。

（2）审核后公示，参加考核（初审）

对于在规定期限内寄达且内容和形式符合要求的申请材料，学校将组织专家组对申请学生的资料进行综合评价和书面评审，确定通过初审参加保送生选拔测试的名单，择优认定为保送生候选人，认定结果按照教育部规定予以公示后生效。选拔测试分为笔试（初试）和面试（复试）。

（3）高校公示、认定（确定资格）

高校将根据考生校考成绩确定预录名单。校考成绩＝初试成绩＋复试成绩。

（4）办理录取手续（复审）

高校将在教育部公示的保送生资格名单中复审预录考生的保送资格，未在公示名单内的考生不予录取。

保送名单将根据笔试和面试的综合成绩择优确定，认定结果由高校招生领导小组讨论通过，并按照教育部规定予以公示后生效。

需要特别说明的是，已确认保送录取的学生不再参加普通高等学校招生全国统一考试。

六　三大招飞

1. 三大招飞概述

空军飞行员、海军飞行员、民航飞行员一直是众多年轻人的梦想。这些职业不仅体现了年轻人的理想和追求，而且能为国家安全和发展做出重要贡献。

空军招飞和海军招飞是培养国家飞行人才的重要途径，也是保卫国家安全和维护国际和平的重要手段。飞行员们肩负着特殊的荣誉感和使命感，需要接受严格的训练和考核，以应对各种复杂的情况和挑战。

民航招飞是随着民用航空市场的快速发展而逐渐崛起的。随着国内外旅游和商务往来的增多，民航市场呈现出快速发展的趋势，对民航飞行员的需求量也在持续增加。成为民航飞行员，不仅能在事业上获得成就感和满足感，还可以享受较高的薪资待遇和福利待遇。

不同招飞单位对报考者的要求各有侧重。一般来说，报考者需要具备良好的身体素质、心理素质和文化素质等。此外，报考者还需要有较高的英语水平和良好的团队合作精神等能力。

（1）培养模式

以中国人民解放军空军航空大学和中国人民解放军海军航空大学为例。

①空军

招收的高中生飞行学员进入中国人民解放军空军航空大学后，考察期为 3 个月，合格者取得学籍、军籍。具体采取两种培养模式。

➢ 军事高等教育模式

在中国人民解放军空军航空大学和中国民用航空飞行学院培养 4 年，主要进行本科基础教育和教练机飞行训练，其间除享受军校学员的待遇外，还享受飞行津贴、空勤伙食、特种装具等待遇。达到培训要求的学生，获得大学本科学历和学士学位，授予空军少尉军衔。如因身体或技术原因不适合继续学习飞行的，转入其他军队院校学习航空管制、航空兵参谋等地面本科专业，总学制 4 年。

➢ "3+1"军地联合培养模式

在北京大学、清华大学、北京航空航天大学学习 3 年，在中国人民解放军空军航空大学学习 1 年。

• 选拔程序。根据教育部、公安部、军委政治工作部下达的联合培养计划，空军从招收的理科类（或选考物理）高中生飞行学员中遴选确定预选对象，组织到中国人民解放军空军航空大学进行军政训练和体验飞行，综合择优录取高考成绩优异、体验飞行合格的学员，进入北京大学、清华大学、北京航空航天大学联合培养。

· 相关待遇。联合培养飞行学员注册中国人民解放军空军航空大学和地方高校"双学籍"，学历本科。在地方高校学习期间，学生享受军队院校飞行学员相关待遇。毕业考核合格的学生，颁发中国人民解放军空军航空大学和地方高校同时具印的大学本科毕业证书，并按规定分别授予相应的学士学位。

➤ 考查内容

身体素质是否符合空军的标准，能否适应高强度的军事训练；政治素质，包括个人的政治关系，以及是否有特殊背景等方面的考察；忠诚度和叛变的可能性，主要考查海外关系；科学文化素质是否达到空军的要求。

②海军

海军飞行学员主要在中国人民解放军海军航空大学接受全日制本科学历教育，入校3个月考察期合格后取得学籍和军籍，前3年主要进行本科基础教育（"双学籍"飞行学员在北京大学、清华大学和北京航空航天大学进行军地联合培养），第4年按照"初级教练机训练、中高级教练机训练、主战机型攻装训练"流程，进行为期3年至4年的航空理论学习和飞行训练。学员本科学业期满合格后，按规定授予少尉军衔。其间，因身体或技术等原因不适合继续飞行的，改训其他专业。

➤ 享受待遇

海军飞行学员在校学习期间的所有学杂费、食宿费、被装费、医疗费等均由国家承担，并按月发放津贴，每年报销1次探亲路费，父母享受军属待遇。海军飞行员享受飞行等级津贴、飞行专业岗位津贴、任务津贴和飞行小时补助，每年安排带薪休假和疗养，并有机会参加海外出访、远洋护航、联合军演等军事活动。海军航空兵部队大多地处沿海一线，学习、工作、生活条件优越，能够为个人发展和家庭生活提供良好保障。

③民航

国内民用航空招飞培养模式分为养成生、大改驾和大毕改，一般依托航空院校和某部航校进行培养，培养时以养成生为主，大改驾和大毕改为辅。

➤ 养成生

养成生是高三学生参加开设有飞行技术专业的院校或航空公司组织的招飞选拔，面试、体检、政审均合格的学生统一参加高考，按照分数从高到低择优录取。养成生的本科专业为飞行技术，飞行训练属于学历教育。养成生有开设飞行技术专业的院校自招的养成学生和航空公司招收委培的养成学生之分。航空公司的委培学生在本科入学前就会签订三方飞行培训合同，完成学业以后即可返回原公司就职；院校自招的养成学生情况则有所不同，以招生规模最大的中国民用航空飞行学院为例，其自招的养成学生在入学以后会随机分配，与校方具有合作关系的航空公司签订培训合同，飞行学院也会吸纳部分养成生留校，担任飞行教员。

需要注意的是，部分航空公司会把招生委托给航校举办，由航校来全权负责招生，招收的飞行学生仍然属于航空公司委培性质。

养成生是民航招飞数量最多、应用最为广泛的模式，国内绝大多数航空公司都招收养成生。对于学生个人来说，建议参加公费培养模式，飞行训练整体课程费用在70万元左右，即使中途由于身体原因或技术原因停飞，也无须赔付培养单位培训费用；学生整体课程毕业以后即可到某部航空公司就职，顺利成为民航飞行员。而自费养成模式前期投入较大，且存在一定风险性，在此不做推荐。

目前开设飞行技术专业的高校有中国民用航空飞行学院、沈阳航空航天大学、北京航空航天大学、南京航空航天大学、中国民航大学、昆明理工大学、黑龙江八一农垦大学、山东航空学院（原滨州学院）、上海工程技术大学、太原理工大学、南京航空航天大学金城学院、南昌航空大学、安阳工学院、郑州航空工业管理学院、山东交通学院、常州工学院、南昌理工学院、烟台南山学院、西安航空学院、内蒙古工业大学、北京理工大学珠海学院。

2023年度招收公费养成生的高校有中国民用航空飞行学院、北京航空航天大学、南京航空航天大学、中国民航大学、山东航空学院（原滨州学院）、上海工程技术大学、太原理工大学、北京理工大学珠海学院、南昌航空大学、安阳工学院、郑州航空工业管理学院、常州工学院、南昌理工学院、昆明理工大学。

2023年度招收自费养成生的高校有黑龙江八一农垦大学、南京航空航天大学金城学院、山东交通学院、西安航空学院。

➢ 大改驾

大改驾全称是大学生改学飞行技术专业，面向全日制统招普通高等院校大二学生，经飞行院校面试、体检、政审合格后，进入大三时转入飞行技术专业接受全日制教育，不延长学制，学生毕业后获得飞行技术专业毕业证书并到航空公司就业。大改驾和养成生的培训进度是一样的，无须等到大学毕业再学习飞行，可以和同级养成生同时毕业、就业。

中国民用航空飞行学院大改驾招飞流程如下。

•学校统一在各院系发布大改驾招生简章，学生统一报名。

•体检带上所有学期的成绩单及英语水平证书，初筛面试（挂科不得超过两门，英语高考成绩在 95 分以上或英语四级在 425 分以上），符合条件的学生进行初检。

•初检通过，参加复检（逐项淘汰制），复检通过名单上的学生参加面试（面试分为航司面试和学校面试，航司面试指航司指定招生，学校面试指校招大改驾，通过的学生统一分配航司）。

•面试通过后，学校统一安排学生转到飞行技术专业，毕业后持飞行技术专业本科毕业证（飞行技术专业学习理论课程，时间为期一年，下飞行训练基地学习飞行技术课程，为期一年半至两年）。

➤ 大毕改

大毕改全称是大学生毕业后改学飞行技术专业，面向全日制普通高等院校本科及以上学历毕业生，或经教育部认证的海外相应学历毕业生，接受应届毕业生及往届毕业生。大毕改招飞分为航空公司招收和飞行院校自招，航空公司招收的大毕改学员通过航空公司组织的招飞面试、空勤体检、背景调查后，由航空公司安排送往指定培训单位完成理论学习和飞行训练；飞行院校自招的大毕改学员则参加院校招飞面试、空勤体检、背景调查，院校安排飞行训练及就业，一般安排至与院校具有合作关系的航空公司进行就业，部分会成为航校的飞行教员。

对于错过高考养成招飞的学生来说，大学毕业以后，大毕改是不可多得的机会，并且有年龄限制，想参加大毕改招飞的学生需要提前做好准备。

（2）飞行员待遇

①空军招飞

学习期间除享受军校学员的待遇，还享受飞行津贴、空勤伙食、特种装具等待遇。达到培训要求，获得大学本科学历和学士学位的学员，定为副连职军官，授予空军中尉军衔。

飞行学员取得学籍后，从开学之日起计算军龄。家庭享受军属待遇，学习期间一切费用由国家提供，同地方院校和部分军队院校相比，家庭可节省不少费用；飞行学员在校学习期间的第二学年安排探亲假。根据个人飞行技能，飞行学员享受飞行等级补助金和飞行小时补助金；飞行人员的行政职系，根据飞行年限一般均可由连职逐级晋升至师职。

为了保证飞行人员有强健的体魄，国家规定飞行人员有较高的伙食标准，学员在校学习期间享受学员津贴，毕业后按任命的职务、级别、军衔发给相应的工资；每年可享受身体健康疗养一个月；飞行人员结婚后，配偶可随军，随军后优先安排住房和工作，没有随军的每年安排探亲休假一次；单身的飞行员住飞行员公寓，房间设备齐全；飞行人员的子女参加地方中考、高考，凡符合空军院校招生条件的，优先录入空军院校学习。

空军飞行学员毕业后等待分配，主要依据所学机型和实际表现，结合组织需要和个人志愿，分配到空军航空兵部队。

空军招飞前两年主要在基础训练基地完成基础培训，之后会分流，根据学员不同的特点分为学习歼击机、轰炸机、运输机、陆航武装直升机和运输机等。学员会分到中国民航大学、各个飞行学院和陆航学院学习。

②海军招飞

在校学习期间，飞行学员自取得学籍之日起计算军龄，家庭享受军属待遇；在校学习期间发学员津贴，学员着海军学员制服，飞行训练时穿专用飞行服装；学员在第一学程期间和其他学员一样享受探亲假；为了保证飞行学员有强健的体魄，国家规定有较高的伙食标准，学员在空勤灶集体就餐；学员毕业后即为海军军官，按军衔、职务和军龄补贴等发给薪金；学员在飞行期间，享受飞行小时补助金；学员出现伤病后能够及时得到良好的治疗。

毕业后，根据需要，大部分学员会被分配到航空兵飞行部队任职，少量学员留在学院担任教学工作；享受飞行专业岗位津贴、飞行等级津贴、飞行任务津贴和飞行小时补助金；行政职务可逐级晋升至副师职，有的将成为高级指挥员；飞行人员享受每年一次 30 天的疗养；婚后配偶可随军，优先安排工作、分配住房；未办理随军的学员，每年享受一次探亲假；配偶符合条件的可特招入伍；子女参加地方高考，符合海军院校招生条件的，优先录取。

③民航招飞

飞行员具有丰厚的福利待遇、良好的职业生涯。飞行员的待遇一般包括基本工资、飞行补贴等。

飞行员职业发展路线是飞行学员→副驾驶员→机长→飞行教员。

民航飞行学员毕业后，将被分配到航空公司所属的各分公司当客机驾驶员。在正式执机前，学员还要参加数月的模拟训练，全部考试合格后，就可以成为一名副驾驶员。飞行员待遇根据其级别和所飞机型的不同会有所差别，总体上薪资丰厚，副驾驶员成为正驾驶员后，或者飞国际航班，收入会成倍增长。副驾驶员分为第一副驾驶、第二副驾驶和副驾驶，根据飞行经历及技术考核逐步晋升。副驾驶员飞行经历及飞行技术达到标准，通过相应考核、面试后可聘任为机长。机长经过相应程序选拔和训练，可聘任飞行教员。另外，还有一些飞行人员进入公司飞行技术管理和企业管理岗位。

（3）三大招飞怎么选择

空军、海军、民航的招飞计划，公布时间一般都在9—10月，同时面对三大招飞，家长该如何选择？

空军、海军、民航招飞，分别由空军招飞局、海军招飞局、中国民用航空飞行学院组织。它们分属三家完全独立的机构，除了体检标准和流程有些相似，三家机构几乎没有任何联系，招飞结论也不共享，所以学生可以同时报名参加空军、海军、民航的招飞。

①空军招飞

优点：组织方便，初筛在当地地级市，各个省定点组织复检，节约时间。

缺点：定选淘汰率相对于海军招飞来说要高，对文科生不够友好。

②海军招生

优点：高考成绩超过一本线，考生基本就能被录取，而且定选合格率相对于空军招飞来说要高，且文理皆收。

缺点：部分地区没有初选点，需要学生自己去医院进行相关检查，另外需要跨区域复选，交通相对麻烦。

③民航招飞

优点：视力要求相对较低，包容450度以内屈光；录取成绩大概在500分，对文科生友好，工资福利较高。

缺点：初筛由非专业医生进行，存在误淘汰现象，个人命运会受公司发展影响。身高、体重要求高于空军招飞和海军招飞，身体质量指数限定在18.5（含）—24.0（含）。

2. 招收院校

（1）空军招飞

空军招飞的院校有中国人民解放军空军航空大学和清华大学、北京大学、北京航空航天大学"双学籍"飞行员班。

中国人民解放军空军航空大学是中国唯一一所以培养飞行人才为主体，飞行和航空工程专业兼容的综合性高等军事学府，属副军级建制。其前身为1946年中国共产党创办的东北民主联军航空学校，2004年由原空军长春飞行学院、第七飞行学院和第二航空学院合并组建。该校主校区位于吉林长春，为国家和军队建设输送了12万余名各类军事人才，培训外国军事留学生千余名，涌现出多位英雄模范人物，被誉为"飞行员的摇篮""英雄的摇篮""将军的摇篮"。

该校现有军事学、工学两大学科门类，设有1个博士后科研工作站、6个硕士学位一级学科授权点，飞行技术、侦察情报、目标工程等本科专业面向高中毕业生招生。

（2）海军招飞

海军飞行学员主要在海军航空大学接受全日制本科学历教育，高考成绩优异且符合相关条件者，推荐至北京大学、清华大学和北京航空航天大学进行"双学籍"军地联合培养。

中国人民解放军海军航空大学是培养海军初级指挥军官和航空航天工程技术军官的高等军事院校，是海军指挥与工程技术人才培养的主要基地和航空领域的科研中心之一。该校创建于1950年，是新中国首批组建的军事院校之一，被国防科学技术工业委员会确定为重点院校，被国务院列入全国重点高等院校，获硕士学位授予权和博士学位授予权，被总部列为全军22所学历教育院校之一。

该校设有多个教学管理单位，拥有多个博士后科研流动站、博士学位授权一级学科、硕士学位授权一级学科、工程硕士授权领域和本科专业，学科领域涉及工学、军事学、理学和管理学4个学科门类。

该校师资力量雄厚，拥有中国工程院院士、教授等高水平教师。学院科研成果丰硕，承担众多国家和军队科研项目，获国家和军队科技进步奖等多项奖励。

该校本部驻山东烟台市区，在青岛设校区和航空训练基地，占地总面积5300余亩。学院拥有教研、训练、生活保障设施，以及便利的交通条件和幽静的环境。

面向全国招收的应届高中毕业生均在海军航空大学本部全程组织实施教学。学校与众多全国性学术团体和情报网建立了联系，并拥有国家一、二级学会会士、理事和委员等众多专家学者。

（3）民航招飞

截至2025年，经教育部批准开设飞行技术专业（本科），并已在民航招飞系统开通账号的招飞院校详见下表。

地区	院校名称
北京	北京航空航天大学
江苏	南京航空航天大学、南京航空航天大学金城学院、常州工学院
上海	上海工程技术大学
江西	南昌理工学院、南昌航空大学
山东	山东交通学院、山东航空学院（原滨州学院）、烟台南山学院
云南	昆明理工大学
陕西	西安航空学院
山西	太原理工大学
河南	郑州航空工业管理学院、安阳工学院
四川	中国民用航空飞行学院
天津	中国民航大学
辽宁	沈阳航空航天大学
黑龙江	黑龙江八一农垦大学
广东	北京理工大学珠海学院
内蒙古	内蒙古工业大学

各招飞院校当年招飞的地区可能不同，具体请咨询当地教育考试院或联系各招飞院校。

3.　招飞流程及条件

（1）招飞流程

①报名：9—10月；

②面试：10—11月；

③体检初检：11—12月；

④背景调查：2—5月；

⑤高考：6月；

⑥体检复检：高考后；

⑦录取：7月。

(2) 招飞条件

招飞条件严苛，下表内容仅供参考。

	空军飞行员	海军飞行员	民航飞行员
性别	男性	男性	男性
年龄	17—20 周岁	16—19 周岁	16—20 周岁
身高	164—185 厘米	165—185 厘米	168—185 厘米
体重	不低于标准体重的 80%，不高于标准体重的 130%	体态匀称，52 公斤以上；未满 18 周岁，体重大于 50 公斤	BMI 18.5(含)—24(含)
裸眼视力	双眼裸眼视力 C 字表均在 0.8 以上	双眼裸眼视力 C 字表均在 0.8 以上	双眼裸眼视力 C 字表均在 0.1 以上
矫正视力	不能做过视力矫正手术	不能做过视力矫正手术	接受角膜屈光手术者，须满足局方规定
其他要求	反应灵活，动作协调	静息血压值不超过 138/88，不低于 100/60 mmHg，脉压差不小于 30 mmHg，脉搏 56—100 次/分	无 "O" "X" 型腿，无传染病史和精神病家史，无特定皮肤病
心理素质	对飞行有较强的兴趣和愿望，性格开朗，情绪稳定，有敢为精神，形象气质好	独立完成任务能力强，记忆能力和理解能力强，团队意识强，模仿能力强	具有高度的责任心、良好的工作态度、服务社会的意识以及团结协作的精神，具有良好的道德修养，品行端正
高考成绩	统招一本线以上	预估一本线以上，外语限英语，数学和英语单科成绩不能过低	最低线按当年高考文化课总分的 60% 执行，英语单科成绩须达到 60%

4. 常见问题

(1) 空军

①空军招飞属于军校招生吗？

属于。

空军招飞属于全国普通高校招生体系，是军队院校招生工作的重要组成部分，招收的飞行学员进入中国人民解放军空军航空大学和清华大学、北京大学、北京航空航天大学"双学籍"飞行员班学习。

②如何报考空军飞行员？

符合报考条件的学生在所在学校报名，报名截止时间为初选检测时间。学生报名以自愿为前提，并且应该得到家长或监护人的同意与支持。

③初选检测哪些内容？

为了方便学生参选，初选由空军在各地市设置的初选站进行检测，主要包括外科（身高、体重、坐高、臂长、体形）、眼科（视力、色觉、外眼）、耳鼻喉科（耳、鼻、口腔）等的检测。

④医院常规体检健康是否表明招飞体检一定会合格？

招飞体检不仅要检查学生平时的身体健康水平，还要关注在高空高速等特定环境下是否存在威胁飞行安全的身体隐患，因此选拔标准较普通体检要严格一些，所以医院常规体检健康不一定表明招飞体检一定会合格；反过来说，招飞体检不合标也不代表学生身体患有疾病或需要医学治疗。

⑤面部有痤疮或身上有瘢痕是否符合体检标准？

对于痤疮或瘢痕，需要依据位置和大小来评定。一般而言，只要不影响功能或容貌，不影响军容，即符合招飞医学选拔条件。其他特殊情况，待参加初选时由相关科室医生检查把关。

⑥只有某一项不合格，其他科都检测合格，是否能通过招飞体？

招飞体检实行单科淘汰，某一项不合格，体检结论即为不合格。但是，为了科学衡量学生的身体状况，在确定休检结论时，工检会对不合格学生的情况进行审查把关，如果认为不影响整体身体状况的，将允许学生继续进行体检。最后，体检专家组将通过集体研究，综合评定学生的体检结果。

⑦空军招收飞行学员为什么要进行心理选拔？

飞行员是脑力劳动与体力劳动高度统一的特殊职业，飞行员独自驾驶价格昂贵、集时代高科技于一身的现代化飞机在三维空间进行作战、训练，设备使用复杂，动作时限严格，程序要求规范，行为决策独立，心理品质的优劣对于飞行人员的成才和飞行安全至关重要。

⑧做过视力矫正手术后，视力恢复正常是否符合招飞条件？

由于角膜手术在高空高速环境下对飞行的影响在目前还存在很多不确定性，出于飞行安全考虑，目前空军招飞体检标准中明确规定：有角膜屈光矫正手术史或角膜塑形治疗史为不合格。在体检过程中对此也有特定的检测项目，能够准确鉴别和判定。

⑨招飞体检对视力有何要求？常见的 E 字视力表与招飞用的 C 字视力表有何差别？

空军招飞使用 C 字视力表，双眼裸眼远视力均在 0.8 以上合格。常见的 E 字视力表与招飞用的 C 字视力表其原理是一样的，由于 C 字视力表受主观因素影响较小，检测结果较准确，因此在招飞体检中被普遍采用。一般情况下，E 字视力表 5.0 大致相当于 C 字视力表 0.8 的水平。

⑩报考空军飞行学员未被录取的话，会影响报考其他普通高校吗？

不会。中国人民解放军空军航空大学是提前批单独录取（比提前批录取还要早），不影响其他高校录取。

⑪参加空军招飞是否收取报名、检测费用？

空军招飞不收取任何报名和检测费用，复选、定选期间免费安排学生食宿，并按规定报销路费。

（2）海军

①海军飞行学员在填报志愿时需要注意什么？

招飞检测合格且综合评定成绩符合录取条件的考生，须将中国人民解放军海军航空大学飞行技术（航空飞行与指挥）专业填报为高考提前批第一志愿，不得兼报其他军队飞行院校。

②报考海军飞行学员的考生还能报其他院校吗？

可以报考其他院校。中国人民解放军海军航空大学属提前批次录取院校，未被录取者还可以填报其他批次的院校志愿。

③招飞体检合格的学生应如何进行自我保健？

即使招飞体检合格了，同学们也要注意自我保健。一要保护视力，注意用眼卫生，避免疲劳用眼，避免在光线过暗处读书；二要保护听力，避免长时间使用耳机；三要注意饮食卫生，预防传染性疾病；四要防止意外伤害，避免剧烈或对抗性体育运动，远离烟花爆竹等。

（3）民航

①什么是民航招飞？

民航招飞是指普通高校飞行技术专业（本科）通过高考招收飞行学生。

②谁能参加民航招飞？

广大热爱并有志从事祖国民航事业的应届普通高中毕业生可以参加民航招飞，但还需要符合高考报考条件、招飞体检鉴定标准和民用航空背景调查要求等。

③民航招飞包括哪些环节？

考生在中国民用航空招飞信息系统注册报名后，按照通知要求参加预选初检、民航招飞体检鉴定、飞行职业心理学检测，确认招飞申请有效，参加民用航空背景调查等选拔流程。考生还需要参加高考，并根据自己在招飞信息系统上的有效招飞申请，正式填报飞行技术专业为高考志愿。

对高考成绩达到招飞录取分数线的考生，按其高考志愿和高考成绩，由招飞院校根据招生计划，择优录取。当考生入校报到后，还需要参加招飞体检入校复查，合格的方可注册获得学籍，并继续参加飞行技术专业的学习与训练。

目前，招飞信息系统将记录考生的个人信息，以及考生参加预选初检、体检鉴定、心理学检测、背景调查的选拔情况，并最终形成考生的有效招飞申请。

④什么是招飞申请组合？如何填报？

考生可选择填报的"招飞院校＋送培单位"申请组合形式和数量，由在当地安排招飞计划的招飞院校，以及参与合作招飞的送培单位数量确定。例如，在考生的生源地招飞的有院校 A、B，送培单位有 A、B、C、D〔C、D 为送培单位（合作）〕，则考生可填报的申请组合为"A＋A""A＋C""A＋D""B＋B""B＋C""B＋D"中的若干或全部。招飞申请组合在考生有效申请达到 2 个之前，或心理测试复测不合格之前均可增加。请注意，同样的申请组合能且仅能填报一次，如考生之前填报了某一申请组合，无论该申请组合在哪一阶段、是否合格、是否成为有效招飞申请，都不能再次添加。考生可以取消处于报名状态（未进行初检）的申请组合，但显示"合格""不合格""审核中"的申请组合不得取消。

⑤飞行职业心理学检测（心理测试）需要注意什么事项？

招飞心理测试一般与体检同步进行，如考生初次参加心理测试通过，则不需要再参加，所有志愿组合的心理测试全部共享合格结果。如心理测试不通过，经招飞单位同意，考生还有一次复测机会，复测合格，则所有申请组合的心理测试全部共享合格结果；复测不合格，说明考生不适合从事飞行职业，考生的招飞选拔所有流程终止，所有招飞申请组合均不合格，也无法增加其他申请组合。

⑥如何根据有效招飞申请填报高考志愿？

有效招飞申请是考生填报招飞院校飞行技术专业高考志愿的依据。如果考生所填报飞行技术专业高考志愿中的招飞院校不在有效招飞申请范围内，那么招飞院校将不予录取。招飞系统中的2个有效招飞申请没有先后、主次之分，具有同等效力。这意味着，如果考生有2个有效招飞申请，包含2所不同的招飞贵校，那么能否被录取，被这2所院校中的哪所录取，取决于考生在高考飞行技术专业志愿中填报的是这2所院校中的哪所、填报的顺序，以及高考成绩。

⑦自费生是什么意思？

飞行技术专业有别于其他专业，在学习期间，除了在学校完成理论学习，还要到民航局认定的飞行训练机构进行飞行实际训练，获得相应执照。因飞行训练实际成本费用高昂，我国民航飞行员培养一般由送培单位（航空公司等）支付学生的飞行训练费用。自费生指有关招飞院校和送培单位协商确定，招收学生的飞行训练相关费用，由学生自行承担。具体招飞申请组合自费方式可通过有关招飞院校的招飞简章和协议文本了解，也可向有关招飞院校咨询。

升 学 案 例

★"雏鹰"已入列，逐梦少年从这里飞向蓝天

少年心，逐梦蓝天

在天真稚嫩的孩童梦想中，翱翔蓝天是很多男孩子的憧憬，李翔（化名）也是其中的一个。

李翔成长在江苏省一个普通的城市家庭。第一次知道飞行员，还是五岁那年，邻居家的大哥哥成为空军飞行员。看着大哥哥寄回来在战斗机旁英姿飒爽的照片，街坊们纷纷赞叹，李翔也美慕不已，暗自决定长大以后也要飞上蓝天，成为全家人的骄傲。从此以后，每次看到飞机的模型和海报，李翔都会驻足良久，脑海中幻想着自己身在其中的画面。

虽然母亲觉得当兵苦，但父亲却非常支持李翔稚嫩却炽热的飞行员梦想。每当李翔手持飞机模型在客厅欢快玩耍时，父亲总会主动参与到"战局"中。有一次几个回合的"空战"过后，父亲把李翔抱在怀里对他说："翔子，以后一定要飞上蓝天，去实现爸爸没有实现的梦想！"李翔在爸爸的眼睛中，看到了曾经翱翔蓝天的愿望。于是在他小小的决心上，又增加一份沉甸甸的帮助父亲实现梦想的责任。

14岁那年，正值新中国成立70周年，李翔早早地坐在电视前等着国庆阅兵礼的开始。当看到各种战机编队呼啸而过天安门广场的震撼场景时，李翔的目光被牢

牢吸引住。他多么渴望自己也能亲自掌控这些神奇的飞行器，翱翔在祖国的蓝天上！

上了高中以后，李翔感到梦想离自己越来越近，他开始收集各种关于参军当飞行员的信息。在做了详细比对后，他决定直接报考军校，让学习科学文化知识和实现军旅梦并肩齐行。有了明确的方向，李翔在学习方面更加专注和努力，甚至经常熬夜读书，争取每一分每一秒来提升成绩。

逐梦路，遭遇坎坷

勤奋不负有心人，李翔的成绩一直名列前茅。高二摸底考试的时候，李翔的成绩已经超过了中国人民解放军空军航空大学的分数线，这让李翔信心倍增，感觉自己离翱翔蓝天又进了一步。

然而，高三上学期的一次视力检查，却给李翔的梦想之路蒙上了阴影。医生告诉他，由于长时间的熬夜学习和不良用眼习惯，他的视力出现了严重下降，已经不符合空军招飞的视力要求。这个消息对李翔来说无疑是晴天霹雳，他感到前所未有的失落和绝望。

"难道我的飞行梦就要这样破碎了吗？"李翔陷入了深深的痛苦和迷茫之中。他开始疯狂地寻找各种恢复视力的方法，尝试各种眼保健操、眼药水，在网上买了各种理疗仪，但视力的恢复却异常缓慢。随着空军招飞的时间越来越近，李翔却感觉梦想离自己越来越远。

那段日子，李翔仿佛失去了方向，每天都沉浸在痛苦和迷茫之中。他无法接受自己多年的梦想就这样破灭，连学习成绩也出现了明显下滑。父母亲看在眼里，急在心里，却不知道该怎么做。

逆境中，转折抉择

一次朋友聚餐时，李翔的母亲说出了孩子的困扰，在座的刚好有一位朋友对学业规划颇有心得，对高校政策、升学路径都很了解。她详细了解了孩子的情况，建议李翔放弃空军、海军类的招飞，选择民航招飞。因为相比较军队招飞对身体条件极高的要求，民航招飞的标准相对宽松，分数线也低一些。因此，对李翔来说，只要他注意用眼，保护好视力，同时积极复习，稳定成绩，还是有很大机会的。这就是教育的信息差，掌握升学信息，也能条条大路通罗马。

听到母亲转述朋友的这番话，如同一剂强心针，让李翔重新燃起了希望的火花。他开始上网详细了解民航招飞的条件，积极调整自己的心态和状态。经过这次波折，让他意识到，身体与学习是需要同时兼顾的，缺一不可。因此他一边努力学习提高成绩，一边利用休息时间来锻炼身体，矫正视力，每天坚持做眼保健操和远眺训练。他还咨询了专业的眼科医生，制定了科学的视力矫正方案，视力稳定在民航招飞的要求之上。

心若在，梦想就在

当李翔全身心投入民航招飞的准备时，新的挑战出现了。有许多像李翔一样怀揣蓝天梦想的男孩子，使得民航招飞的竞争同样激烈，除了视力和身体素质，对英语等学科成绩也有较高要求。英语一直是李翔的薄弱科目，尽管他每天花费大量的时间背单词、做练习题。但每次模拟考试的成绩都不尽如人意，这让他非常沮丧。

随着高考时间越来越近，李翔的英语仍然徘徊在及格线上下，这让父母也开始有些担心。一次父母亲在饭桌上试探着问了一句："翔子，就算咱没当上飞行员，以后上个普通大学，找个稳定的工作也不错，是吧？"李翔没有作声，自顾低着头吃饭，但父母的话像一根根针刺痛着他的心。

在李翔的请求下，母亲再次找到了聚会上的朋友，希望她对李翔的英语学习有一些指点和帮助。母亲的朋友还给李翔介绍了一位资深的语培专家，他有二十几年的英语教学经验，很快就找到了李翔的问题所在。老师在电话中跟李翔说："英语不是科学，是工具。你想一下怎样才能熟练使用工具？"这句话让李翔茅塞顿开：英语好不是学出来的，而是练出来的！很快，在大量练习中，李翔的英语成绩有了明显起色。他开始重拾信心，相信自己一定能够克服困难。

决胜高考，雏鹰起飞

在高三上半年，目标院校陆续发布了招飞的通知。李翔毫不犹豫地报了名，并开始了忙碌的备考生活。那段日子对他来说既充实又紧张，但他却从未有过丝毫的懈怠和放松。

经过几个月的艰苦努力和准备后，李翔终于迎来了民航招飞的初选和复选环节。当时一起参加体检的同学也是卧虎藏龙，有在空军青少年航空学校已经积累了一定飞行小时数的"老飞"，也有模考分数远超一本线的"学霸"，但李翔仍凭借着扎实的学科知识和出色的综合素质顺利地通过了这两个环节的选拔，只待年后的定选和投档录取环节，学科成绩不拖后腿。

时间过得飞快，2023年高考终于到来。李翔怀着紧张而又期待的心情走进考场。他知道，这是他实现飞行梦想的关键一战。考试期间，他沉着应对，发挥出了自己的最佳水平。终于，高考成绩公布了，李翔以555分的成绩顺利被南京航空航天大学提前批录取，成为一名民航飞行学员。当收到录取通知书的那一刻，李翔激动得热泪盈眶。他知道，自己多年的努力终于得到了回报，他的飞行梦想即将启航。

　　"学飞不惧云端远，愈是艰难愈向前"，肩章上专业、知识、技术、责任，是千千万万个如同李翔一般的民航人终生如一的追求。他们用勤学苦练为梦想插上腾飞的翅膀，与祖国的万里蓝天赴约，去看三万英尺的风景——日出日落，烟云流星。

专家点评

　　翱翔蓝天是许多人梦想，三大招飞机构——民航、空军和海军招飞，设定了各自的选拔标准和培养路径。民航招飞侧重于考生的身体素质、文化成绩和心理素质；空军招飞更注重考生的综合素质和军事素养，特别看重反应速度、协调能力和心理承受能力；海军招飞则强调适应能力和心理素质。尽管各有特色，但都为有志于飞行的青年提供了实现梦想的机会。飞行梦想的实现需要严格的选拔和艰苦的训练，只有不懈努力，才能在蓝天中创造自己的辉煌。

七　航海方向

1. 航海方向概述

航海类院校与专业属于高考提前批招录。目前，航海类提前批主要招收航海技术、轮机工程、船舶电子电气三个专业。

2. 专业及就业方向

(1) 三大专业

①轮机工程主要学习与船舶轮机相关的生产制造、操作与维护、运营管理以及科技开发等方面的内容。从各高校招生说明来看，该专业主要是偏向于操作维护和运营管理。

②航海技术主要学习航海基本理论，掌握船舶航行、货物积载与装卸、船舶操作等方面的知识和技能，偏向于船舶驾驶技术（航海技术专业排名前5的院校分别为：大连海事大学、武汉理工大学、上海海事大学、宁波大学、集美大学）。

③船舶电子电气主要学习船舶电子电气设备与系统的管理、维护和修理等，培养产品研发、工程设计、监造、技术支持等工程技术类人才。

(2) 就业方向

①航运公司、船舶公司、船厂、船舶设备生产服务公司、国家海事局、船舶租赁公司等，从事海洋船舶驾驶及营运管理工作。

②进入船舶制造企业、航运基地管理、船舶代理等企业工作。

③参加事业招聘及公务员考试进入相关单位工作。

3. 填报要求及招生数据

(1) 志愿填报要求

①在各省份的提前批填报志愿。

②考生成绩须达到一段线（即本科线），部分高校要求达到特殊类型招生控制线（如大连海事大学、武汉理工大学）。

③体检要求：报考考生须符合海船船员体检要求，考生仅参加普通高考统一组织的体检，不单独组织体检。但是该类专业不同高校对身高、视力等方面有特殊要求，

考生需登录各招生院校网站查看，以免因不符合要求而滑档。

（2）注意事项

①有些院校和专业不招收女生。

②一般会实行半军事化管理。

③收入不错，但工作比较辛苦，船上生活枯燥。

（3）招生数据

结合 2024 年各省提前批航海类院校招生专业的录取数据来看，近两年，航海类提前批院校的录取分数大概在 480—570 分，分数差距不大。已有数据中，排名最靠前的院校为大连海事大学。

大连海事大学为"双一流"院校，我们结合 2024 年普通类常规批第一次志愿投档表的数据来看，航海类专业明显低于普通类常规批专业的最低投档分数。对于想要就读"双一流"但分数没有那么高的考生来说，航海类提前批是一个不错的选择。

升学案例

★航向梦想的彼岸：我的征途是星辰大海

江城之子，梦想启航

李海明（化名）出生在湖北宜昌，这座伴江而生的城市，孕育着无数孩子对水的亲近与向往。自小，海明便对江河湖海怀有一种说不清道不明的亲切感。李海明这个名字取自唐代诗人张九龄的"海上生明月，天涯共此时"，父亲希望他像那明月一样，光辉洒遍天涯海角，也希望他能有大海般宽广的胸怀。

李海明的父亲是个热爱自然的人，常常带着年少的海明在长江边散步，讲述水流的知识；周末的时候，父亲也会带着他去看三峡大坝，看着江河奔腾，李海明心中有了一种愿望——长大以后要到海洋去，探索那更广阔的世界。

逆流而上，痛中前行

然而，命运的河流总是充满变数。在李海明小学五年级的时候，父亲突然因病去世，整个家庭陷入了巨大的悲痛之中。父亲是他生活中的灯塔，父亲的离去让李海明仿佛失去了方向，沉浸在巨大悲伤中。

那段日子里，他时常独自来到水边，望着静静流淌的长江出神。有一天，他在一条溪流边看到了一群逆流而上的小鱼顽强地游动着，争先恐后地向上游前进。这一幕深深地震撼了他。他想起父亲常说的话："水的流动象征着生命的力量，它永不止息，总是往前。"这使得他突然意识到，虽然失去了父亲，但他不能就此停下自己的脚步。李海明决定将悲痛转化为前进的力量，继续追逐他从小的梦想——探索海洋的奥秘。

父亲的离世带给他痛苦，但这份痛苦也让他学会了坚强。在学校里，李海明表现出超乎寻常的毅力。他将所有的时间和精力都投入学习中，尤其是地理和自然科学，这些科目让他更加了解水的流动、地球的构造以及海洋的奥秘。他给自己定了一个目标：中国海洋大学。海明相信，在这所中国海洋科学的顶尖 985 名校，他一定可以实现自己儿时的梦想，走进海洋的世界，去探索更多的未知。

风雨未歇，乘风破浪

高中的三年里，李海明成绩优异，每次模拟考试都名列前茅，高三的三次模考，他的成绩都超过了中国海洋大学的录取分数线，这让他信心倍增。学习之余，他翻看着往年的招生简章，对海洋科学和船舶工程最为向往。

然而，高考前的一次意外再次给他的人生带来挑战。就在高考的前几天，他突然感到剧烈的腹痛，被送往医院后确诊为急性肠胃炎。这次生病让他的身体和精神都受到了巨大的打击，虽然得到了及时的治疗，但病来如山倒，连续几天的腹泻、绞痛、失眠，让他的身体与精神状态远不如平时，但他依然坚持参加了高考。

半个月后，高考成绩出来了，587 分，比他平时的模考成绩低了整整 40 分，这个分数对于报考中国海洋大学来说几乎是不可能的。当他得知自己的成绩后，李海明感到前所未有的失落与绝望。他曾经为梦想拼尽全力，但命运似乎又一次无情地打击了他。

志愿填报日期越来越近，复读还是改变志愿的选择困境摆在了李海明的面前。在难以抉择的时刻，一位学业规划专家的建议，给了他新的方向。薛老师是学校请来指导学生填报志愿的专家，在深入了解了海明的情况后，她根据海明的兴趣和未来规划，给出了一个让他喜出望外的建议："海明，你一直向往海洋，想要探索它的奥秘，但进入中国海洋大学并不是你唯一的选择。武汉理工大学有一个航海方向，提前批录取，不妨试试。航海学同样是探索海洋的一个途径，海洋的奥秘并不仅仅局限在书本和实验室里，更多的是在那无尽的远航之中。"

别样航道，驶向未来

在李海明的印象中，武汉理工大学仿佛跟浩瀚的大海没有一点关系，薛老师建议他好好了解一下这所理工类 211 大学及其航海专业。于是海明打开互联网，开始详细研究武汉理工大学的航海专业，意外地发现这个专业竟然是首批国家级一流本科专业建设点。通过深入了解，李海明发现航海不仅是掌握技术，更是通过与大自然的亲密接触，探索海洋深处的奥秘。这个过程，与他儿时的记忆何其相似！他意识到，或许命运并不是要把他从海洋的世界中推走，而是通过另一条路径，将他引向更广阔的航道。

在薛老师的指导下，海明顺利通过了武汉理工大学航海方向的提前批录取，正式踏上了他人生的新旅程。他清楚地知道，自己探索海洋的梦想并未结束，反而刚刚开始。每一次远航，都是向着更远的海平面前进，那里有无尽的风景和未知的挑战，等待着他去发现。

专家点评

航海专业为热爱航海事业的学生提供了更适合的进名校的机会，在充分了解信息、评估自身条件的基础上选择航海专业，可以提高被重点高校录取的机会。航海专业的课程涵盖航海技术、船舶驾驶等，结合理论与实践操作，毕业生就业竞争力强，可从事多种海事工作。然而，航海专业需面对长时间海上工作和应对复杂环境的挑战，因此在选择这一专业之前，学生需要对自己的身体状况和心理素质进行细致的评估。

校 军 八

1. 军校生概述

军校生，亦称军校学员。不论是在解放军军事院校还是武警军事院校中学习的学员，皆称军校生。军校生根据军队建设需要，由军队院校从参加国家统一招生考试或保送入学的学生中录取，且毕业后由军队统一分配。

(1) 学员待遇

经高考录取的本科学员，复审合格后，按有关规定办理入伍手续，即为现役军人，享受供给制军校学员待遇：

①学习费用由军队承担，衣食住行和医疗费用按标准供给；

②在校期间，统一着军装，佩戴学员肩章；

③按月发放学员津贴和伙食费，津贴费标准（2024 年）入伍后 1250 元/月，以后每年递增 100 元；

④每年按规定报销一次探亲路费；

⑤家庭享受军属待遇；

⑥毕业后由军队统一分配工作。

(2) 毕业后的授衔定级

①本科毕业，取得学士学位的通常授予少尉，待遇级别定位十八级；

②研究生毕业，取得硕士学位的通常授予中尉，待遇级别定位十七级；

③取得博士学位的通常授予上尉，待遇级别定位十五级。

2. 27 所招生院校名单

目前军队院校有 44 所，面向地方招收青年学生的军校有 27 所，具体招生院校如下：

国防科技大学	陆军工程大学	陆军步兵学院	陆军装甲兵学院
陆军炮兵防空兵学院	陆军特种作战学院	陆军边海防学院	陆军防化学院
陆军军医大学（第三军医大学）	陆军军事交通学院	陆军勤务学院	海军工程大学
海军大连舰艇学院	海军潜艇学院	海军航空大学	海军军医大学（第二军医大学）

空军工程大学	空军航空大学	空军预警学院	空军军医大学 （第四军医大学）
火箭军工程大学	航天工程大学	信息工程大学	武警工程大学
武警警官学院	武警特种警察学院	武警海警学院	

不同省份招生情况不同，具体可查询本省当年招生计划。

3. 报考条件及考试流程

（1）报考条件

根据 2023 年 12 月颁发的《军队院校招收普通高中毕业生工作办法》，须符合以下条件。

①招生对象为参加当年高考的普通高中毕业生，应届、往届毕业生均可报考，高考成绩需要达到本省一本线，合并批次省份须达到特殊类型招生控制线。

②符合军校招收学员政治条件，志愿为国防事业服务。

③年龄不低于 16 周岁，不超过 20 周岁。

④身体和心理健康，符合军校招收学员体格检查标准，未婚。

（2）考试流程（体检与政审）

①考试（每年 6 月 7 日—9 日）

学生先参加全国统一高考。

②政治考核（每年 6 月中旬）

考生于高考结束 5 日内向其就读的中学提交政治考核登记表。

③填志愿（每年 6 月底）

考生填报提前批志愿。

④面试与体格检查

考生去参加面试与体格检查，由当地武装部通知。

⑤录取

体检、面试、体测、政审都合格后即可录取，有任何一项不合格均会被退档。

⑥复审复查

军校在新生入学 1 个月内，按照有关规定会再次组织检查，合格的予以注册学籍，不合格的则取消入学资格。

政治考核、面试和体格检查由各个省份分别组织（具体安排可能不同），考生应注意浏览本省高考招办、教育考试院和省军区官方渠道发布的信息。

4. 体检与政审

（1）体检内容

①视力：任何一眼的裸眼视力低于 4.5，不合格。任何一眼的裸眼视力低于 4.8，需进行矫正视力检查，任何一眼矫正视力低于 4.8 或矫正度数超过 600 度，均为不合格。屈光不正，经准分子激光手术（不含有晶体眼、人工晶体植入术等其他术式）后半年以上，无并发症，任何一眼的裸眼视力达到 4.8，眼底检查正常，除条件兵外合格。条件兵视力合格条件按有关标准执行。

②身高：男生 162 厘米以上，女生 158 厘米以上。其中，装甲专业要求身高为162—178 厘米；水面舰艇、潜艇专业要求男生身高为 162—182 厘米，女生身高为160—182 厘米；潜水专业要求身高为 168—185 厘米；空降专业要求身高为 168 厘米以上；特种作战专业要求男生身高为 170 厘米以上（体格条件优秀的放宽至 165 厘米以上），女生身高为 165 厘米以上。

③体重：男生体重指数在 17.5—30，女生体重指数在 17—24。

④文身：不能有面颈部文身。

⑤颅脑外伤：不能有颅脑外伤、颅骨畸形、颅脑手术史、脑外伤后综合征。

⑥颈部运动功能受限：斜颈、Ⅲ度单纯性甲状腺肿的为不合格。

⑦乳腺肿瘤：重度男性乳房发育征、重度女性乳腺增生的为不合格。

具体要求可查看高校当年招生简章。

（2）政审流程

军事院校的政治审查工作由各省军区（警备区）开展，驻军区招生办公室（以下简称"省军区招生办"）组织，省教育考试院援助，县（市、区）人民武装部（以下简称"人武部"）会同同级招生办公室、考生所在高中、考生户口所在地派出所组织实施。

异地报考军校考生，政审由考生报考的人武部负责，与居住地人武部合作。军校政审的具体流程如下所述：

①高考后，符合军校政治审查基本条件的考生，可到报考所在地人武部领取，或登录招生考试信息网下载军队院校招收普通高中毕业生政治考核表（以下简称"政治考核表"），正反面印刷，然后填写个人信息；

②政治考核表由报考军校考生所在中学校长签字，并加盖学校公章。如果是以前的学生，还需要教育机构、雇主、候选人所在村（居）委会签署意见；

③应征军校考生户籍所在地的乡（镇）、街道人武部与村（居）委会签署意见；

④军校考生户口所在派出所签署意见，并盖上派出所公章；

⑤按规定时间向学校所在县（市、区）人武部军事科提交申请。

应用程序机密、技术调查等特殊军事院校的候选人，还需其他必要的政治审查。

（3）政审标准

军校政治审查主要审查直系亲属的社会关系和家庭出身。三代政审的审查对象通常是祖父母、父母、兄弟姐妹和自己，主要是父母。军校政审内容包括入伍公民年龄、户籍、职业、政治地位、宗教信仰、受教育程度、家庭关键成员和关键社会关系成员的现实表现和政治状况。

与家庭有关的政治条件如下所述：

①家庭主要成员、直接照顾者、对本人有较大影响的主要社会关系成员或者其他亲属对党和国家的路线、对政策和社会主义制度有不满言行，军校政审失败；

②家庭主要成员、直接照顾者、对本人有较大影响的主要社会关系成员或者其他亲属受到刑事处罚或者开除党籍、被免职，军校政审失败；

③家庭主要成员、直接照顾者、对本人影响较大的主要社会关系成员或其他亲属因涉嫌违法犯罪正在被查处，或正在调查、起诉或审判中，军校政审失败；

④主要家庭成员、直接照顾者、对本人影响较大的主要社会关系成员或其他亲属参与民族分裂、暴力恐怖、宗教极端主义和其他非法组织、黑社会犯罪团伙或活动，军校政审失败；

⑤家庭主要成员、直接照顾者、对本人影响较大的主要社会关系成员或其他亲属为邪教、有害气功组织骨干成员或顽固人员，军校政审失败；

⑥家庭主要成员、直接照顾者、对本人有较大影响的主要社会关系成员或者其他亲属存在危害国家安全或重大政治问题，军校政审失败。

5. 常见问题

报考军校时，指挥类专业与非指挥类专业是什么意思？区别又是什么？

(1) 培养目的不同

军校指挥类专业主要是为军队培养基层指挥军官，以步兵、炮兵、工兵、防化兵等兵种学院为主。学员毕业后，绝大多数是被分配到各战区、各军种部队的基层单位，担任排长、连长、指导员、参谋等职，并授予中尉军衔。

军校非指挥类专业通常被称为技术专业，主要为军队培养初级专业技术人员，比如军医、军械、通信、计算机、军事交通等专业。学员毕业后，基本被分配到科研院所、军事院校、部队医疗单位、部队技术保障部门，身份为专业技术军官或军队文职干部，也是授予中尉军衔。

(2) 培养要求不同

指挥类专业学员的训练强度远高于非指挥类专业。俗话说"不想当将军的士兵不是好士兵"，指挥类专业的学员就是选择了当"将军"这条路，对学员的身体素质、个人能力、政治素养等各个方面提出了较高的要求。学员不仅要了解基本武器和装备的使用，还要知道怎么带兵、怎么管理、怎么指挥；而非指挥类专业学员需要具备扎实的文化基础和较强的科研能力。

(3) 发展前途不同

指挥类军官的职业发展历程具有显著的金字塔特征，即层级越高，竞争密度越大，淘汰率自然大大增加。因此，这一结构特性也使指挥类军官在部队里谋求长远发展成为大难题。虽然其在职业初期可能顺利得到了提升，但是随着后期晋升空间的不断挤压，这一势头恐怕难以为继。与之相比，专业技术人员的职业发展就显现出了完全不同的特征。因为其主要致力于各自的专业领域，所以人员流动性较小，加上按照既定的晋升规则稳步发展，这就导致了其在职业发展初期可能晋升得较为缓慢。当然发展空间会更加广阔，并且能够维持稳定的职业发展态势。

升 学 案 例

★铁血军魂少年梦

浓浓军旅情：青春当燃

粟宇（化名）出生在江苏南京的一个军人世家，他的家族中弥漫着浓厚的军队气息。粟宇的姥爷是抗美援朝的老兵，曾在战火纷飞的年代用生命和信念保家卫国。父亲是一名武警，曾参与过 2008 年汶川地震的救援行动，那一幕幕的危险和壮烈让粟宇深刻感受到军人的责任与担当。成长在这样一个家庭中，粟宇从小就耳濡目染，崇尚军人精神，梦想着有一天自己也能披上军装，为国效力。

从孩童时代开始，粟宇便对军事表现出极大的兴趣。虽然同龄的男孩子也都喜欢军事，但不同的是，粟宇更喜欢看战争纪录片，熟读各种军事题材的小说和人物传记，对很多战争战场了如指掌。每当看到战争电影中英雄们英勇无畏地冲锋陷阵，或者小说里智勇双全的指挥官带领军队获得胜利时，粟宇的内心总是澎湃不已。他的梦想是，长大后能指挥自己的军队，保卫祖国的边疆和领土。

有了梦想，就有了前进的动力！粟宇的在校成绩一直很优秀，身体素质也特别出色。每个清晨，他都会跟着父亲跑步锻炼，晚上则会在家中做力量训练。父亲用军人的训练方式来锻炼粟宇的体能。粟宇迫不及待地期盼 18 岁快快到来，自己一定会第一个报名参军，先从普通士兵做起，一步步磨炼自己，最终一定会成为一名了不起的将军！

梦想加速时：名师指路

就在粟宇年满 18 岁前夕，一次对话改变了他的人生。那天，粟宇妈妈和她的一位朋友李老师聊起了粟宇的梦想与规划。李老师是一名资深学业规划师，对于各类升学途径有着深刻的理解和丰富的经验。她听了粟宇妈妈的描述后，笑着问："孩子成绩这么好，又想当军官，为什么不试试考军校呢？"就这一句话，打开了粟宇妈妈的思路。她原本只知道粟宇一心想入伍当兵，却忽略了还有军校这条也许更加适合他的道路。

第二天，妈妈带着粟宇再次找到李老师，进行了一次深入的谈话。李老师从读军校和普通参军的区别讲起，向他们详细分析了两者的优劣。她解释说："如果直接参军，粟宇只能从基层士兵做起。虽然这也是一种磨炼，但晋升速度较慢，想要实现指挥军队的梦想，可能需要经过很多年的积累和努力。而如果考上军校，学习的就是军事知识和技能，毕业后将直接以军官的身份进入部队，有机会更快接触到军事指挥岗位。特别是某些高级军事院校，更是培养指挥官的摇篮，有可能直接进入到更高层次的军事指挥体系中。"

这一分析让粟宇眼前一亮。他虽然很早就听说过军校，但从未真正考虑过这条升学路径。因为在他心中，入伍当兵是最直接的梦想实现方式，现在看来，这明显就是一种认知差。李老师的分析让他明白了军校其实是一条更加符合自己长远目标的道路。成为一名军校毕业生，意味着他可以在学习中掌握更多现代军事科技和战略知识，提前进入军事指挥领域，这与他憧憬的智勇双全指挥官形象更加贴近。

粟宇对李老师的建议非常认同，当即表示要选择军校。李老师带着他梳理了在全国范围内进行招生的 27 所军校名单，并且按照军种的不同和招生专业，做了针对性的介绍。通过对粟宇的学习成绩的详细评估，李老师还帮助他制定了升学目标和学习计划。

此后，每学期的大考结束，李老师还会根据粟宇的成绩表现，针对薄弱学科提出建议，并帮助他不断调整复习策略。在这一过程中，粟宇的成绩稳步提升，尤其是在数学、物理等理科方面，他表现得尤为出色。这些科目在军校考试中至关重要，而他的优异表现也为他考取军校奠定了坚实的基础。

踏上从军路：圆梦军校

在备考的那段日子里，粟宇变得更加自律和专注。早上，他依然保持着跑步和体能训练的习惯，训练结束后，他马上投入学习。无论是数学题的推理，还是物理实验的分析，他都充满了激情。每当遇到困难，他会想象自己未来在战场上指挥千军万马时，必须具备冷静的头脑和果断决策，这种想象成为他克服学习障碍的动力。

2023 年，粟宇终于迎来了高考。他以 620 分的优异成绩超越了自己的预期，尤其是在数学和物理科目上，他几乎拿到了满分。这份成绩不仅令他自己满意，也让他的父母感到无比自豪。凭借这一成绩，粟宇在提前批次顺利被陆军工程大学录取，成为一名准军校生。陆军工程大学是国内著名的军事院校之一，培养的正是未来的指挥官。能够进入这样的学校，意味着粟宇朝着梦想迈出了一大步。

拿到录取通知书的那一天，粟宇心中充满了激动和期待。他知道，军校的生活不会轻松，未来的挑战只会更加艰巨，但他已经做好了迎接一切的准备。他梦想着有朝一日，自己能成为一名真正的军事指挥官，带领中国军队捍卫祖国的尊严和安全。

专家点评

在充分了解自身优势、明确目标的基础上，对于立志从军且条件优越的考生，提前批军校是实现梦想的绝佳途径。军校招生要求严格，涵盖身体素质、思想品德、高考成绩等多方面。考生在决定报考前需全面评估自身情况，做好充分准备。军校生活充满挑战，但也为有志青年提供了广阔的发展空间和宝贵的成长机遇。

九 警 校

1. 警校生概述

(1) 什么是警校生

为了适应公安系统培养专业人才的需要，由公安院校招收高中毕业生，进行本科层次培养。新生入校后，着人民警察制式服装，佩戴学员标识，实行警务化管理。毕业时，学生参加公务员主管部门和公安部门面向公安院校毕业生单独组织的录用考试（公安联考），还有面向司法类院校毕业生单独组织的录用考试（司法联考），合格者录用到当地机关工作。

(2) 各警种的区别

①公安警察常见警种

➤ 公安机关管理的人民警察警种

• 刑事侦查警察：简称"刑警"，负责进行刑事侦查，预防刑事案件发生。管理刑事侦查警察的全国性机关是公安部刑事侦查局（公安部五局）。

• 经济犯罪侦查警察：简称"经警"，负责进行经济犯罪侦查，预防经济案件发生。管理经济犯罪侦查警察的全国性机关是公安部经济犯罪侦查局（公安部二局）。

• 治安警察：负责预防、发现和制止一般违法犯罪，处理集会、游行、示威等群体性事件，维护公共场所的治安秩序，管理特种行业和危险品，依《中华人民共和国治安管理处罚法》处置治安行政执法案件。管理治安警察的全国性机关是公安部治安管理局（公安部三局）。

• 食品药品侦查警察：负责处理食品药品、知识产权、生态环境、森林草原、生物安全案件。管理食品药品侦查警察的全国性机关是公安部食品药品犯罪侦查局（公安部七局）。

• 特勤警察：简称"特勤"，是特种警察的一种。负责党和国家领导人、省级主要领导人及重要来访外宾警卫任务。管理特勤警察的全国性机关是公安部特勤局（公安部八局）。

• 铁路警察：负责处理铁路行政执法案件和铁路运输的其他违法犯罪。管理铁路警察的全国性机关是公安部铁路公安局（公安部十局）。

• 公共信息网络安全监察警察：简称"网警"，负责监察公共互联网网站内容、电子邮件、聊天信息和访问记录。依照《中华人民共和国网络安全法》处置互联网行政执法案件，可以使用域名劫持、关键字过滤、网络嗅探、网关 IP 封锁、电子数据取证等技术来过滤、获取有关情报信息；查禁、封堵和阻断可能会破坏民族和国家统一、颠覆国家政权、危害国家安全、色情淫秽类等有害信息；查处网络和计算机违法犯罪；备份、调取有关电子证据等。管理公共信息网络安全监察警察的全国性机关是公安部网络安全保卫局（公安部十一局）。

• 监所警察：负责管理公安机关下属的看守所，依照《中华人民共和国看守所条例》处置出入境行政执法案件。管理监所警察的全国性机关是公安部监所管理局（公安部十三局）。

• 交通警察：简称"交警"，负责指挥道路交通，依照《中华人民共和国道路交通安全法》处置交通行政执法案件，依法查处道路交通违法行为和交通事故；维护城乡道路交通秩序和公路治安秩序；开展机动车辆安全检验、牌证发放和驾驶员考核发证工作；开展道路交通安全宣传教育活动；开展道路交通管理科研工作；参与城市建设、道路交通和安全设施的规划；组织宣传交通法规，依法管理道路交通秩序，管理车辆、驾驶员和行人，教育交通违章者，勘查处理交通事故，以维护正常的交通秩序，保证交通运输的畅通与安全。但其职责并不包括铁路、港航、民航的交通管理。管理交通警察的全国性机关是公安部交通管理局（公安部十七局）。

• 外事警察：负责外国驻华使馆的安全，或者常驻中国驻外使馆进行警务联络工作。管理外事警察的全国性机关是公安部国际合作局（公安部十九局）。

• 禁毒警察：负责涉毒犯罪的侦查。管理禁毒警察的全国性机关是公安部禁毒局（公安部二十一局）。

• 政治安全保卫警察：负责维护国家安全和社会政治稳定，依法处置违反民族团结和国家统一的案件，维护宪法确立的基本政治原则。管理政治安全保卫警察的全国性机关是公安部国内安全保卫局（公安部一局）、公安部反邪教局（公安部四局）。

• 户籍警察：负责办理户籍管理事务。管理户籍警察的全国性机关是公安部治安管理局户籍管理处（公安部三局四处）。

• 巡逻警察：简称"巡警"，负责在巡逻中预防、发现和制止一般违法犯罪行为，处理集会、游行、示威等群体性事件，维护公共场所的治安秩序，管理特种行业和危险品，依照《中华人民共和国治安管理处罚法》处置治安行政执法案件。这是地方公安机关设立的一类警种，在部分地区与交通警察合并为交巡警。

• 航运港口警察：负责处理水上行政执法案件和水路航运的其他违法犯罪。这是地方公安机关设立的一类警种。

·移民警察：中国边检，负责办理移民管理事务、执行出入境边防检查任务，依照《中华人民共和国出境入境管理法》和《中华人民共和国外国人入境出境管理条例》处置出入境行政执法案件。管理移民警察的全国性机关是国家移民管理局。

·警务督察：负责监督公安机关人民警察的行政执法行为，依照《中华人民共和国人民警察法》处置人民警察行政执法中的违法案件。管理警务督察的全国性机关是公安部督察审计局。

➢ 公安部门与其他政府部门双重领导的行业警察警种

·海关缉私警察：负责处理海关走私案件。管理海关缉私警察的全国性机关是海关总署缉私局（公安部十四局）。

·民航警察：负责处置空中和机场内的行政执法案件、进行民航飞行安全维护和处理劫机等突发空中安全情态。管理民航警察的全国性机关是中国民用航空局公安局（公安部十五局），下设中国民航空中警察总队。

➢ 国家安全部管理及领导的警察警种

该警种简称"国安民警"，负责情报收集分析、反间谍、政治保卫等工作，也参与部分国内安全事务。

②司法警察常见警种

由中华人民共和国司法部管理及领导的人民警察是司法行政机关人民警察，简称"司法警察"。

➢ 司法行政机关管理的人民警察警种有以下几种。

·监狱机关人民警察：简称"监狱民警"或"狱警"，负责管理司法行政机关下属的监狱，拥有监狱内侦查权和对逃犯的追捕权。管理监狱机关人民警察的全国性机关是司法部监狱管理局。

·戒毒机关人民警察：简称"戒毒民警"，负责管理司法行政机关下属的戒毒所，并负责强制隔离戒毒、戒毒康复、轻刑罪犯教育矫治工作。管理戒毒机关人民警察的全国性机关是司法部戒毒管理局。

·人民法院司法警察：简称"法院法警"，由中华人民共和国最高人民法院管理和领导的人民警察，其工作是维持法庭秩序和协助调查取证与判决执行。

·人民检察院司法警察：简称"检察院法警"，由中华人民共和国最高人民检察院管理和领导的人民警察。

2. 可参加公安联考的招生院校

(1) 部属警校（5 所）

中国人民公安大学、中国人民警察大学、中国刑事警察学院、南京警察学院（原南京森林警察学院）、郑州警察学院。

(2) 省属警校（23 所）

四川警察学院、云南警察学院、广东警官学院、河南警察学院、湖南警察学院、吉林警察学院、湖北警官学院、上海公安学院、浙江警察学院、江西警察学院、山东警察学院、广西警察学院、北京警察学院、重庆警察学院、贵州警察学院、山西警察学院、云南警官学院、辽宁警察学院、新疆警察学院、福建警察学院、甘肃警察学院、安徽公安学院、陕西警察学院。

(3) 专科警校（7 所）

黑龙江公安警官职业学院、内蒙古警察职业学院、河北公安警察职业学院、宁夏警官职业学院、青海警官职业学院、天津公安警官职业学院、西藏警官高等专科学校。

3. 考试情况介绍及注意事项

(1) 考试情况介绍

①考试、填志愿

考生先参加全国统一高考，出分后在提前批填报志愿。

②政审

考生到户籍所在地或居住地的派出所领取政审表，或在所报考警校官网下载政审表进行政审盖章。

③面试和体检

面试主要考查报考动机、语言表达能力、身体协调能力等。体检项目主要是身高、体重、视力、外表等，同时进行体能测试，包括 50 米短跑、立定跳远、1000 米长跑（男）、800 米长跑（女）、引体向上（男）、仰卧起坐（女）。

④录取

面试、体检、体测、政审都合格后即可录取，有任何一项不通过，考生均会被退档。

⑤复审复查

警校在新生入学 1 个月内，按照有关规定会再次组织检查，合格的予以注册学籍，不合格的则取消入学资格。

（2）注意事项

①公安联考只有应届毕业生可以参加，只能参加一次，如果不能顺利入编，只能参加普通的公务员考试。

②只有通过提前批报考公安院校的公安专业才能参加公安联考。

③不是所有的公安和警察类学校毕业生都可以参加公安联考。

④报考警校提前批除了高考成绩要过关，还需进行面试、体检、体能测试、政审等。由于公安类专业一般男多少女，所以往往女生的分数线要远超男生，报考难度非常大。

4. 常见问题

（1）进入警校就有编制吗？

不是的，进入警校后通过公安联考的考生才可以有编制。此联考的通过率非常高。考生需要注意是否有资格参加公安联考，只有通过提前批进入警校且选择公安类专业的考生才有资格参加公安联考。

（2）审查到什么程度？

一般是审三代，即祖父母、外祖父母，父母和他们的亲兄弟姐妹，自己以及亲兄弟姐妹。

要求三代内无违法犯罪记录。理论上无违法犯罪记录即可，但是行政处罚之类的问题，没有最好。

（3）可以报考其他省份的警校吗？

大部分情况下不可以，除了西藏、云南等地。一般来说，考生只能报考本省的警校或部属院校。

举个例子，一名浙江考生想报考警校，除了浙江警察学院和部属院校，他只能去云南和西藏等地的警校，而不能去上海公安学院、江苏警官学院等院校。

警校本科和专科的学生就业差别其实不大，因为工作是参加完公安联考后分配的，所以只要能参加公安联考就行，也不限制专业。

(4) 警校对选科有要求吗？

有！

以南京警察学院为例，2023 年，在实施"3＋3"高考综合改革的省（区、市），报考公安学类专业〔包括治安学、侦查学、公安情报学、公安管理学、警务指挥与战术（特警方向、警犬技术，下同）〕的考生须选考思想政治科目。

报考公安技术类专业〔包括网络安全与执法、数据警务技术、刑事科学技术、刑事科学技术（视听技术方向）、食品药品环境犯罪侦查技术，下同〕的考生须选考物理、化学、生物中的至少 1 个科目。

在实施"3＋1＋2"高考综合改革的省（区、市），报考公安学类专业的考生首选科目为物理或历史，再选科目必须选考思想政治；报考公安技术类专业的考生首选科目必须是物理，再选科目不限。2024 年以后，报考公安技术类专业的考生选科要求很有可能是物理和化学绑定的，具体细节还须留意当年相关院校的招生简章。

(5) 学什么专业就业好？

其实，本科学什么专业不是很重要，因为将来都是通过公安联考之后给考生重新分配工作岗位的。可能考生本科学的是刑侦，结果去做了交警，这主要是看考生户籍所在地的公安机关缺什么岗位。

因此，学生以提前批公安类专业进入警校，拥有公安联考资格即可。

想要参加司法联考的学生需要多加注意专业，如想在中央司法警官学院参加司法联考，需要选择监狱学方向、侦查学、法律硕士（监所管理方向）以及新增的司法警察学、禁毒学、数据警务技术等专业，其他专业的学生不能参加司法联考。学生想在专科院校参加司法联考，则需要选择司法行政警察类专业，具体情况需参考相关院校当年的招生简章。

⭐ 以终为始，"110"胜过了"985"

尖子生的高考风波

叶豪（化名）是来自山东聊城的一名优秀高中生，他聪明勤奋，几乎每次大考的成绩都在全校名列前茅。在高三的模拟考试中，他分数远超一本线，老师们纷纷称赞他，认为他肯定能考上985高校，未来前途一片光明。家人也对他寄予厚望，常常以他的成绩为荣，叶豪的心中充满了自信与期待。

然而，就在高考前的关键时刻，命运却给了他一记重击。某个阴雨绵绵的周末，叶豪在参加学校组织的课外活动后，突然感到身体不适。最初他以为只是普通的感冒，但第二天开始出现高热、咳嗽等症状，父母赶紧把他送去医院，最终被确诊为新冠病毒感染（轻症）。好在送医及时，通过半个月的积极治疗，叶豪的身体状况逐渐好转，经过医生的许可，叶豪可以离开医院，回家隔离观察。虽然能够在家上网课，复习准备高考，但叶豪的身体仍然比较虚弱，偶尔也会出现咳嗽、胸闷等症状，这对他的学习和心态产生了很大的影响。

随着高考的日子逐渐逼近，叶豪的身体状况却恢复得不尽如人意。每当他打开书本，复习功课时，时常感到昏沉，思维也变得迟钝。12年的学生生涯中，叶豪第一次感到不安和缺乏信心，心中充满了焦虑。这种状态一直延续到高考，虽然叶豪尽了自己的最大努力，但结果却比预期成绩低了近50分。以这个成绩，只能选择排名靠后的985高校，而且是相对冷门的专业。

改变目标，再出发

面对这一现实，叶豪感到无比失落。过去他自认为可以信手拈来的那些985高校，如今变成了远去的幻想。他原本渴望的是更高的学术殿堂，如今却不得不面对这样的局面。老师和父母对他的期望仿佛在瞬间化为泡影，沮丧的情绪如影随形，尤其是在同学们纷纷讨论着各自的理想和未来时，他的内心充满了迷茫。

然而，无意中从电视里听到一位学业规划专家胡老师的一句话，深深触动了叶豪的内心："学业规划要做到'以终为始'，从就业往前看，来选择自己的大学和专业。"这句话让叶豪如梦初醒，他开始畅想自己的未来，脑海中出现了未来人生的无数种可能，眼前的迷雾一扫而空。叶豪意识到，不理想的高考成绩并不能定义他的未来，他应该像这位专家说的一样，从自己理想的职业倒推大学和专业选择。

从小，叶豪就对人民警察充满着敬畏和崇拜。身着笔挺帅气的制服，英勇地与罪恶进行斗争，捍卫国家和人民的生命和财产安全，在叶豪的心目中简直"帅呆了"！通过调研，叶豪发现，公务员单位，尤其是公安系统仍然是理想的就业方向。他经过几天的调查与思考，中国刑事警察学院作为全国知名的法学与警务人才培养基地，成为他的理想院校。他对这个学校的课程设置、实习机会以及未来职业的前景都有了更深入的了解，更加明确了自己的职业目标。

叶豪的想法也得到了父母的大力支持。哪个父母不希望自己的孩子未来工作稳定、衣食无忧呢？于是，叶豪坚定地选择中国刑事警察学院，并被顺利录取。拿到录取通知书的那一刻，他心中的喜悦与激动无以言表。叶豪知道，未来已经掌握在自己手中了！

汗与泪让警徽闪耀

进入大学后，叶豪迅速调整好心态，专注于自己的学习与实践。他学会了将理论与实践相结合，积极参与各种实习和实践活动，不断提升自己的专业素养。他参加了模拟法庭、刑侦实训等活动，每一次实践都让他更加坚定自己的职业选择。课堂上，他认真听讲，及时复习；课外，他积极参加学术讨论，向老师和学长请教，努力让自己在专业知识上不断精进。

大学生活充满了挑战和压力，有时叶豪也会感到迷茫，但他始终铭记着"以终为始"的信念。无论是在课上还是在实习中，他都努力将未来的职业目标与当前的学习任务结合在一起。叶豪深知，只有通过扎实的知识与技能，才能在未来的职业生涯中立于不败之地。

4年的大学生涯飞快而过，叶豪以优异的成绩顺利毕业，并通过了公安联考。在接受山东省某市公安局经侦处面试时，被问到自己未来的人生规划时，叶豪说出了这样的一番话："人生的路途并非一帆风顺，挫折与挑战是常态，但只要我们坚守初心，以终为始，终会迎来属于自己的光辉时刻。"

专家点评

在文科领域，男生的专业选择相对较窄，就业面也不如理工科广。对于追求稳定工作，尤其是希望成为公务员的考生来说，提前批警校是一个极具吸引力的选择。提前批的公安类专业，毕业后可参加公安联考，90%以上的入警率能够一次性解决就业问题，而且公务员的稳定待遇和工作环境能满足一般家庭的需求。需要注意的是，报考警校不仅需要出色的文化成绩，还对身体素质有严格要求。

十　定向培养

1. 定向培养概述

定向培养是指为了帮助边远地区、少数民族地区和工作环境比较艰苦的行业培养人才，保证他们得到一定数量的毕业生而制定的一项政策。考生自愿填报有关高等学校定向就业招生志愿并按有关政策一旦被录取为定向生，须在入学注册前与高校及定向就业单位签订有关定向就业协议。

录取定向生，一般与非定向生执行同一录取分数标准，在院校录取控制分数线以上，如果不能完成定向招生来源计划，可在该院校录取分数线以下 20 分以内择优录取。

定向生除享受国家规定的普通全日制高等学校在校生的待遇外，还可根据学习成绩和表现享受定向奖学金。学习成绩优秀的定向生经所在单位同意可以报考研究生，毕业后仍回原定向地区或部门就业。

定向生毕业后，依招生时确定的地区或部门范围实行"双向选择"就业。如定向地区或部门因情况变化不再需要，定向生可按国家任务招收的学生的方式就业。经教育拒不去定向地区或单位工作的毕业生，须退还所得全部奖学金，补交学杂费用，并向学校缴纳部分培养费。定向生的服务期限，一般不应超过 6 年（含见习期 1 年），服务期满，允许其流动。

2. 招生政策

为了保证工作环境比较艰苦的地区和行业能得到一定数量的毕业生，高等学校按国家招生计划的一定比例实行"定向招生，定向就业"。定向的地区为内蒙古、广西、贵州、云南、西藏、甘肃、青海、宁夏、新疆等 9 个省（自治区），国家重点建设项目中工作环境比较艰苦的单位也可定向。教育部所属院校还可面向农业、林业、地质、能源、建材、气象、国防军工、解放军等部门定向招生。选报定向志愿的考生，应填写定向生志愿表。

高等学校应根据考生填写的定向志愿录取定向生，并在录取通知中注明定向地区或部门。定向就业招生与非定向招生应同时进行投档录取。录取定向生，一般与非定向生执行同一录取分数标准。高等学校定向就业招生计划在该校调档分数线上不能完成的，可在该校调档分数线下 20 分以内、同批录取控制分数线以上，由省级招办补充投档，学校根据考生定向志愿择优录取，若仍完不成定向就业招生计划，则就地转为非定向计划执行。

十一　免费医学定向

1. 免费医学定向概述

免费医学定向是国家发展改革委、教育部、国家卫生健康委等 5 部门决定，从 2010 年起，连续 3 年在高等医学院校开展免费医学生培养工作，重点为乡镇卫生院以下的医疗卫生机构培养从事全科医疗的卫生人才的计划。

2. 报考及限制条件

（1）报考条件

①符合全国统一高考报名条件。

②本人及父亲或母亲或法定监护人户籍地须在农村，本人具有当地连续 3 年以上户籍。

③本省份规定的其他条件。采取以县为单位定向招生的地方，报考学生除同时具备上述条件外，本人及父亲或母亲或法定监护人户籍地须在定岗单位所在县农村。

④自愿申报定向免费医学生计划的考生，需在高考报名后，根据所在省市相关要求，在规定时间内提交资格申报相关资料。经所在省市相关部门资格审核后，符合条件的考生均须参加当年全国统一高考，在提前批次免费医学生单设志愿栏内填报志愿。免费定向本科医学生录取后、获得入学通知书前，须与培养高校和定向就业所在地的县级卫生健康、人力资源社会保障行政部门签署定向培养和就业协议，一般需承诺毕业后在农村基层医疗卫生服务机构履约服务 6 年。

（2）报告流程

报考流程为资格申报→参加高考→填报志愿→提前批录取→签订就业协议→入校学习。

（3）限制条件

①免费医学毕业生在服务期内，医师执业证书注明执业地点限乡镇卫生院和村卫生室，且必须在农村服务 6 年。

②毕业后学生需要履行协议规定的义务，若是违约则要支付一笔不菲的违约金，同时还会被记入诚信档案。

③不能毕业的免费医学生，要按规定退还已享受的减免教育费用和生活补助；延

期毕业的，延续学年内的相关培养费用由学生本人承担。

3. 优势政策

优势一：免除学生在校期间的学费、住宿费，并发放生活补贴。

优势二：经招收录取纳入住院医师规范化培训或助理全科医生培训，并取得住院医师规范化培训合格证书或助理全科医生培训合格证书者，3 年住院医师规范化培训时间或 2 年助理全科医生培训时间计入 6 年服务期内。

升 学 案 例

★ 农村孩子的名校医学梦

命运转折：中医梦萌芽

李蒙（化名）出生在河南省洛阳市的一个小村庄，家境并不富裕。村子里的人大多以农耕为生，李蒙的家庭也不例外。父母都是地道的农民，靠着一片薄田，养活了一家四口。虽然日子过得清贫，但李蒙的童年并不缺少温暖，特别是来自爷爷的那份关爱。

然而八岁那年的夏天，李蒙的爷爷突发中风导致半身瘫痪，无法行动，连说话都很艰难。李蒙当时年纪虽小，但他清楚地感受到了家中的紧张气氛。全家人都非常焦虑，村卫生所的医生也束手无策，建议家人把爷爷送到城里的大医院去治疗。然而，家里的经济状况无法承担大医院高昂的医疗费用。就在家人们焦急万分的时候，一位邻居提议让邻村的老中医为爷爷进行针灸治疗。这是一位来自针灸世家的远近闻名的老中医，他跟爷爷简单地交流了几句病情后，就开始果断施针。只用了不到半个小时，爷爷竟然能勉强站起来，慢慢恢复了行动能力。虽然还需要继续治疗，但爷爷的变化令李蒙一家人惊叹不已。这件事对年幼的李蒙影响深远，也让他对中医产生了浓厚的兴趣。

然而，李蒙的学习成绩并不突出，尤其是在高考竞争尤为激烈的河南省，他的模考成绩刚刚能过一本线，并没有考取重点医科大学的把握，这让他在选择大学时面临巨大的压力。理想与现实的差距让他一度感到迷茫，甚至有过放弃学医的念头。

希望之光：定向医学生

就在他为未来忧心忡忡时，一次升学讲座让他看到了希望。讲座中，升学专家王老师提到了农村免费医学定向计划。这是由国家发展改革委、教育部、国家卫生计生委等部门在高等医学院校开展免费医学生培养工作，重点为乡镇卫生院以下的医疗卫生机构培养从事全科医疗的卫生人才的计划。学费、生活费全部由国家承担，分数线也比普通录取线低很多，唯一的要求是毕业后必须回到生源地的乡镇基层医疗单位服务六年。

这个信息像一盏明灯，照亮了李蒙的前路。他知道，这是一个难得的机会，不仅可以实现他的医学生涯梦想，还能减轻家庭的经济负担。经过深思熟虑，李蒙决定报考这个项目。他的决定得到了家人的全力支持，尤其是爷爷，他语重心长地对李蒙说："学医是为民，能为乡亲们解除病痛，就是最大的功德。"

2018年高考，李蒙凭借着稳定的发挥，以超过一本线10分的成绩，通过农村定向医学生免费培养计划，在提前批次被河南中医药大学中医学专业录取。接到录取通知书的那一刻，李蒙长长舒了一口气，因为他知道，以他的高考成绩是没有办法通过常规录取考取的。李蒙常常跟身边人讲："多亏那一场升学讲座，打破了我的升学信息差。"

进入大学后，李蒙深知自己与那些成绩优异的同学相比，还有很大的差距。他将更多的时间投入学习，每天泡在图书馆和实验室里，不断提升自己的专业知识水平。

抗疫担当：责任与成长

2020年1月底，正当李蒙大二寒假的时候，新冠疫情突然暴发，并快速席卷全国。疫情的暴发让全国上下都陷入了紧张的氛围，医护人员成了冲锋在最前线的"战士"。作为一名医学生，李蒙感到自己有责任为抗击疫情出一份力。

他主动联系了当地的防疫部门，申请参与到疫情防控的工作中。在防疫工作中，李蒙不仅帮助社区居民测量体温、发放口罩，还利用自己所学的中医知识，为一些感染轻症的患者提供了康复建议，帮助他们改善呼吸功能，增强抵抗力。这段经历让李蒙感受到了治病救人的使命感，也让他更加坚定了学医的信念。

经过半年的防疫实践，李蒙对医生这个职业有了更深刻的理解和体会。他认识到，医生不仅仅是一种治病救人的职业，更是一种大爱人间的使命。医生的治疗，不仅能缓解患者的病痛，还能让他们感受到关怀和温暖。这段实践经历，也让李蒙的学习态度发生了巨大的变化。

回到校园后，李蒙更加刻苦钻研中医理论和实践。他开始主动参与各类中医科研项目，不断提升自己的临床技能。他的努力没有白费，逐渐在学校里崭露头角，得到了老师们的认可和同学们的尊重。

扎根基层：坚守与奉献

2023 年，李蒙顺利完成了 5 年的大学学业，被分配到洛阳市下面的一所乡镇卫生院，开始履行他在定向培养计划中的 6 年乡镇基层医疗单位服务义务。乡镇卫生院的条件相对简陋，医疗设备也不如大城市的医院那般先进，但李蒙毫不气馁。他深知，乡镇医疗是农村居民健康的第一道防线，自己的工作关系到千家万户的健康福祉。

在乡镇卫生院工作的日子里，李蒙始终记着爷爷对他说过的那句话："学医是为民，能为乡亲们解除病痛，就是最大的功德。"他用心对待每一位病人，无论病情轻重，都尽全力给予最好的治疗。村民们渐渐信任他，亲切地称他为"小李医生"。

工作之余，李蒙没有放松对自己的要求。他深知，医疗行业日新月异，特别是中医领域，不断有新的研究成果问世。他利用闲暇时间继续学习，时常参加线上课程和学术研讨会，充实自己的专业知识。

李蒙知道，自己的医学生涯才刚刚开始。六年的服务承诺，是他对家乡的一份责任和担当，但这并不是终点。他渴望在中医领域做出更多的贡献，帮助更多的人摆脱病痛的困扰。他计划在服务期满后，继续攻读硕士、博士学位，继续深造，成为一名更为优秀的中医医生。

乡镇卫生院每天的就诊量特别大，常常要加班到深夜。对年轻的李蒙来说，工作、学习和家庭的责任并不轻松，未来的道路充满挑战，但他已经准备好了迎接一切困难。李蒙相信，只要心怀梦想，坚持不懈，终将实现自己的人生目标。未来，他将继续在中医的道路上探索前行，为更多的患者带去健康和希望。

专家点评

对于有志于医学行业的农村学生来说，农村免费医学定向计划是一个难得的机会。该计划不仅减轻了学费和生活费用的负担，还有助于他们以较低的分数进入医学领域。同时，定向工作六年也为学生们提供了实践和成长的宝贵经验，为将来进一步发展奠定了坚实的基础。选择这条路，不仅成就个人梦想，也为家乡的医疗事业贡献力量。

十二　定向培养军士

1. 定向培养军士概述

招收定向培养军士，是依托国民教育资源选拔培养军士人才的重要途径，是促进军士队伍现代化的重要举措。定向培养军士学制 3 年，毕业后取得专科学历。前 2.5 学年的培养由定向培养高校负责，招收部队协助完成专业课教学工作；后 0.5 学年组织入伍实习，包括入伍训练和岗前培训，由招收部队负责。

（1）在校学习时间

在高校学习 2.5 年，后 0.5 年到部队实习。

（2）军士与义务兵的区别

①服役年限不同。义务兵通常服役 2 年；军士至少服役至首次授衔后高一个军衔的最高服务年限。

②工资待遇不同。义务兵领取义务兵津贴，军士每月领取军士工资，按级别一般为 5000—9000 元。

③招收对象不同。高中生、职专生均可当义务兵；定向培养军士是经过上级指定的高校培养的专科学历技术兵种。

2. 定向培养军士可以选择哪些学校

以下列举部分定向培养军士的院校，仅供参考。

省（区、市）	定向培养军士院校
辽宁	辽宁省交通高等专科学校、渤海船舶职业学院
江苏	江苏海事职业技术学院、江苏信息职业技术学院、南京信息职业技术学院
浙江	浙江交通职业技术学院、浙江建设职业技术学院
安徽	安徽交通职业技术学院、阜阳职业技术学院
江西	江西航空职业技术学院、江西信息应用职业技术学院、南昌工程学院、东华理工大学
山东	山东交通职业学院、山东信息职业技术学院、潍坊工程职业学院、潍坊科技学院、威海职业学院、滨州职业学院、泰山职业技术学院
河南	河南交通职业技术学院、河南医学高等专科学院

续表

省（区、市）	定向培养军士院校
湖北	湖北交通职业技术学院、武汉交通职业学院、武汉船舶职业技术学院、武昌职业学院
湖南	湖南国防工业职业技术学院、湖南汽车工程职业技术学院、湖南体育职业学院、长沙航空职业技术学院、张家界航空工业职业技术学院
重庆	重庆机电职业技术学院、重庆医学高等专科学院、重庆航天职业技术学院、重庆交通职业学院
四川	四川邮电职业技术学院、成都航空职业技术学院
陕西	西安航空职业技术学院、西安航空学院、延安职业技术学院
甘肃	兰州资源环境职业技术学院
宁夏	宁夏职业技术学院、宁夏工商职业技术学院
北京	北京电子科技职业学院、北京工业职业技术学院
新疆	新疆石河子职业技术学院
西藏	西藏职业技术学院

3. 军士报考条件及流程

（1）报考条件

①应届高中毕业生，有会考成绩，不招三校生（职业中专、职业高中、技工学校毕业生）和社会青年。

②年龄不超过 20 周岁，政审、体检合格，未婚。

③志愿至少服现役满 5 年。

（2）定向培养军士的报考流程

定向培养军士的报考流程为志愿填报、体检、政审和面试、录取。考生只需要填报高考志愿即可报名，属于专业提前批。考生在 6 月会进行相关的报名工作，7 月高校进行体检，录取工作由填报相应高校定向培养军士专业有关部门负责。定向培养军士面试主要是考官根据考生个人情况来交流，对考生的报考动机、心理素质、语言表达、逻辑思维、形象气质、反应能力进行评价，考生无须参加任何培训。

定向培养军士体检、政审、面试在省征兵办公室的统一组织下，由各地市、县（区）征兵办公室在指定地点进行。考生可以从省教育招生考试院查询录取情况。

★ 定向士官直升军营

迷失的青春

在河南省的一个小镇上，王健（化名）童年过得无忧无虑。他天生体格健壮，性格豪爽，自然成了邻里孩子们的"领头羊"，每天带着小伙伴们在田野间奔跑，笑声在空气中回荡。然而，初中时期，他的生活发生了翻天覆地的变化。父母感情破裂，离婚的阴影笼罩着这个曾经幸福的家。父亲放弃了抚养权，王健瞬间变成了"被抛下的孩子"。

尽管母亲对他关怀备至，但年少的王健却陷入了自我封闭。他开始变得沉默寡言，对学习失去了兴趣。渐渐地，他与一些社会青年混在一起，逃课、打台球、泡网吧成了他的日常，那个曾经阳光开朗的孩子，变成了让人头疼的问题少年。

中考时，王健毫无意外地落榜。妈妈不愿放弃，四处打听，想方设法，终于将他送进了一所私立高中。然而，这里宽松的管理并没有改变他的行为，反而让他更加放纵自己，每天除了逃课就是和那些社会上的"兄弟"混在一起。

觉醒的瞬间

一天，王健的母亲突然出现在他常去的网吧。昏暗的灯光下，她脸上满是疲惫和忧虑。她轻声呼唤王健，希望他能跟她回家。然而正值叛逆期的王健觉得这一切都是多余的干涉，拒绝了母亲的请求。一个"兄弟"觉得王健母亲影响了他们打游戏，不耐烦地推搡着王健母亲，还口出恶言。这一幕深深刺痛了王健的心，他意识到自己并不想成为这样的人，更不想让母亲受到这样的对待。

他拉着母亲离开了网吧，路上两人沉默不语。回到家后，看到母亲躲在厨房边做饭边擦拭眼泪，王健终于忍不住，抱住她大哭："妈，我错了，我不想再成为这样的人，我要改变。"母亲没有责备，只是满眼心疼和期待。她告诉王健，无论他选择什么道路，她都会支持，但希望他能为自己的未来负责，不要让自己后悔。

艰难的追赶

从那天起，王健开始重拾书本，回归校园，但长期以来的懈怠，他的学习基础极其薄弱。课堂上的知识对他来说如同天书，作业中的题目让他头疼不已。尽管他每天都是最早到教室、最晚离开的那个，课间，他不断向老师请教问题，努力搞懂每一个知识点，他的学习成绩还是难有起色。

高三的最后一次模拟考试，王健依然没能取得理想成绩，总成绩只有400分，连上个普通本科的机会都没有，这让他备感挫败。但母亲始终在身边鼓励他："儿子，只要你努力，就没有遗憾。"

终于迎来了高考，王健怀着忐忑的心情走进考场，然而每一道题都像是在拷问他过去荒废的日子。薄弱的基础和紧张的心情，使王健的高考成绩最终定格在385分，未能过理科本科线。那些曾经一起混日子的"兄弟"们嘲笑他说："就算你再努力也上不了大学，跟我们一起混社会算了。"王健没有理会他们，心中暗暗发誓，一定不会再重走旧路。但是未来的路该怎么走，王健和妈妈一筹莫展，感到迷茫。

希望的曙光

就在此时，学校组织的一场高考志愿填报讲座让他看到了新的方向。做讲座的孙老师专门提到，即使成绩没有达到本科线，也有很多比上大专好的升学路径，比如报考专科提前批的定向培养军士项目。

军士，也就是军队士官。定向培养军士就是在普通高校中定向培养选拔军队所需的士官人才。一般是在普通高校培养2.5年，再到部队实习半年，合格后由部队下达士官任职命令。这不仅能减轻家庭经济负担，还能为王健提供稳定的职业和发展机会，更重要的是，这是一条通往军营、实现自我价值的道路。

通过进一步了解，王健发现取得士官身份后，服役满2年可以报考军校继续攻读本科以及更高学位。经过深思熟虑，王健和母亲决定抓住这个机会。他们认真准备体检事项，相信这是王健人生的重要转折点。最终，他成功被河南某职业技术学院电子信息工程技术专业录取，并成为"定向培养士官"班的一员。这个专业与中国人民解放军火箭军联合培养，旨在培养技术复杂、成长周期较长的军地通用士官。

开学报到那天，站在校门前的王健心中充满期待。"妈妈，您放心，我一定会在部队里好好表现，成为一个对国家有用的人。"他眼神中闪烁着坚定的光芒，迈着坚定步伐走进校园，开启了追梦军旅的新篇章。

专家点评

对于成绩不太理想但有志于投身军旅的学生来说，定向培养军士项目是一个具有前瞻性和实用性的选择。这不仅能为学生提供稳定的职业发展路径，减轻家庭经济负担，还能培养学生的纪律意识、责任感和团队合作精神。然而，在选择之前，学生和家长需要充分了解定向培养军士的要求和未来发展方向，确保与个人的兴趣和职业规划相契合。

十三　少数民族预科班

1. 少数民族预科班概述

少数民族预科班是指对当年参加普通高等学校招生全国统一考试、适当降分、择优录取的少数民族学生，实施高等学校本、专科（高职）预备性教育的一种办学形式。

（1）招收对象

考生必须是少数民族，新疆等个别省市有汉考民两年制预科，要求汉族用少数民族语言考试。普通高校招生中的预科生，就是指国家指定的普通高校或民族院校，从参加当年全国普通高考的符合特定要求的考生中，低于一定分数，按志愿择优录取。该考生在民族院校或普通院校学习一年后，经考试合格直接入高校的本科或专科学习。高校自己组织预科毕业考试进行专业分配。普通高校或民族院校举办的少数民族预科班，是党和国家为提高少数民族文化水平，加速发展少数民族地区和边远地区社会主义现代化建设，更多地培养少数民族各类专门人才而采取的一项特殊措施，只招收少数民族考生，招生科类主要有文科和理科，录取标准不得低于有关高校在录取省同批次统招最低分数线下 80 分。

（2）预科学习时间及教材

①预科学习时间

预科的学习年限一般为一年。

②预科学什么教材

民族预科开设汉语文、数学、外语、计算机、马克思主义民族理论和思想政治等基础课程的教学计划、教学大纲由国务院教育行政部门统一制定，使用由国务院教育行政部门组织编写的民族预科班统编教材。其他课程教材由预科培养学校自行确定。

（3）如何选专业

少数民族预科班一般有以下方式。

①在读预科班以前就选好专业，在预科结束后直接去这个专业就读。

②在一年的预科班读完后再选专业，一般是学校各个专业会按照预科班的人数分配名额，成绩越好的学生越优先选择专业，也就是按照成绩排名的高低顺序依次挑选专业。

2. 招生院校

民族类大学或者少数民族较多地区的普通大学，少数民族预科班有北京大学、中国政法大学、中国传媒大学、中央戏剧学院、中央民族大学、北京外国语大学、中山大学、中南财经政法大学、东南大学、苏州大学、东北大学、天津大学、中南民族大学、西南民族大学、西北民族大学、广西师范大学、北京师范大学、四川大学、东南大学、吉林大学、华东师范大学、中央财经大学、东北师范大学、江南大学、北京化工大学、上海外国语大学、华南农业大学、中国药科大学、北京中医药大学、内蒙古大学、天津师范大学、天津工业大学、内蒙古农业大学、集美大学、内蒙古工业大学、北京印刷学院、内蒙古师范大学、长春工业大学、云南财经大学、广西民族大学、湖北民族大学、北京服装学院等。

3. 报考注意事项

（1）民族、省份和院校不同，少数民族预科班的政策也不同，需要详细阅读该校的招生简章；

（2）少数民族预科班在相应批次之后录取，如果少数民族预科不录取，不影响下一个批次录取。

升 学 案 例

⭐抓住机会，彝族少女逐梦名校

也曾悲伤：无奈辍学

徐梦洁（化名），一位来自彩云之南——云南的彝族女孩，她的出生地是四季花开不败的乡间小镇。在彝族的传统命名中，她拥有着一个充满民族风情的名字：吉乃·阿衣·依扎嫫。其中，"吉乃"是她的姓，"阿衣"是字，寓意着她是家中长女，而"依扎嫫"则是彝语中对她的美好祝愿，意为水灵纯净、美丽动人的姑娘。然而，命运似乎对这位美丽的彝族女孩并不那么温柔，刚刚以优异的成绩考入高中不久，徐梦洁就因为家庭经济困难而辍学打工。

辍学之前，梦洁对数学有着独特的天赋。虽然数学是不少学生的"噩梦"，但是她认为数学有独特的魅力，那些繁杂的公式与试题非常有趣，如同磁石一般吸引她。每当解出一道难题，她的心中总会被成就感填满。凭借天赋和努力，梦洁以优异的成绩考上了当地的一所重点高中。然而，外出打工的父母无法同时供她和弟弟两个人上学，即使她曾向父母表达过渴望继续读书的想法，但父母仍将上学的机会留给了正在读初一的弟弟。那一刻，梦洁的心中充满了失落和无奈。但看着弟弟清澈的眼神，她努力挤出了一丝微笑，点头同意了父母的决定，跟随父母踏上了打工的艰辛之路。

梦想在怀：重返校园

虽然梦洁在高中仅有数月的学习时间，但她在数学方面的天赋给从上海来云南支教的数学陈老师留下了深刻的印象。在得知梦洁因为家庭困难无奈辍学的故事后，陈老师实在不忍心让她的天赋被白白浪费，主动联系到当地教育主管部门。多方通过努力，终于为梦洁争取到了低保和资助名额，让她得以重返校园。

当陈老师将这个好消息告诉梦洁的时候，她正在餐厅做服务员，一天十多个小时不停歇地端盘子、上菜、招待……除了员工饭点，她几乎连坐下来短暂休息的时间都没有。陈老师的电话让她瞬间热泪盈眶，瘦小的肩膀不停地颤抖着。梦洁深知，命运的转机正在向自己招手。

重返高中校园后，她更加珍惜这来之不易的学习机会，付出了超出常人百倍的努力。她将大部分精力都投入各科学习中，不放过任何一个细节。每当遇到难题时，她都会循着答案一遍遍地回顾，直到完全理解为止。

终于，在2024年的高考中，梦洁考出了620分的成绩，高出一本线100多分。尽管这个分数想要冲刺985院校确实存在一定困难，但她还是坦然接受了这个结果，感谢命运能让她走到这一步，终于圆了自己长久以来的大学梦。

未来可期：圆梦985

当梦洁着手准备志愿填报时，当年帮助她回归校园的陈老师再次给她带来了一个惊喜的好消息。原来，虽然陈老师早已结束支教回到上海，但她仍然一直默默地关注着梦洁的学业。在梦洁高考出分后的第一时间，陈老师就给自己读研时的同学，如今从事学业规划工作的孙老师打了电话，希望能够通过志愿填报让梦洁到更好的高校，让她的数学天赋得到充分发挥。

孙老师在详细了解梦洁艰辛的求学经历后，十分感动，根据她的具体情况，给出了专业且贴心的指导和规划。她提出，梦洁作为少数民族考生，其实有机会通过少数民族班或预科班，降分进入名校，获取更多优质的教育资源和机会。孙老师不仅如此用心地为她出谋划策，还主动提出为她提供志愿填报服务，用实际行动践行

"教育向善"的价值观。

在填报志愿的过程中，孙老师一直耐心地与梦洁沟通交流，了解她的性格特点与未来发展的愿景。通过科学缜密的志愿填报大数据分析，孙老师为梦洁锁定了湖南大学。湖南大学作为具有悠久历史的、文化底蕴深厚的"双一流"高校，其数学专业是全国一流学科专业，可以给梦洁提供广阔发展的机会。但由于梦洁的高考分数与历年湖南大学民族班的录取分数线仍有差距，孙老师也同时指导梦洁填报了少数民族预科班。

少数民族预科班也是国家对少数民族提供的教育扶持政策之一，与少数民族班不同的是，预科班的学员需要多学一年通识课程，并在预科结束后参加院系组织的考核，考核合格后方可进入四年本科学习。对于勤奋好学而又有学科特长的梦洁来说，即使进入预科班学习，也有极大的把握顺利通过考核进入本科学习。在孙老师的鼓励和帮助下，梦洁坚定地填报了湖南大学。终于，好消息传来，她在普通批被湖南大学少数民族预科班成功录取，实现了向985院校的跨越。

专家点评

对于少数民族考生来说，少数民族预科班是一个可以为他们提供更多机会进入理想高校的途径。在充分了解相关政策和自身条件的基础上，合理填报预科班志愿，有可能实现跨越，进入更高层次的学府。然而，在选择预科班时，也需要考虑到预科学习期间可能面临的挑战以及未来专业选择的限制。在做决定之前，学生应全面评估自身的适应能力和未来规划。

十四　少数民族班

1. 少数民族班概述

少数民族班是指对当年参加普通高等学校招生全国统一考试、适当降分、择优录取的少数民族学生，实施高等学校本、专科（高职）教育的一种办学形式。

（1）学制

少数民族班是指导性定向招生，鼓励毕业后回生源地就业，不需要多读一年的预科，学制与普通的本科、专科相同。

（2）专业安排

少数民族班的招生院校在招生计划中会列明招生专业名称，考生填报志愿时就可选择未来要学的专业。

（3）人才培养模式与管理模式

少数民族班考生入学后插班学习，培养模式等与其他考生相同。

2. 降分幅度

少数民族班招生的相关专业，若在相应批次线上完不成招生计划，可接受降分投档，降分幅度一般在 40 分左右。

3. 录取方式

报考少数民族班的考生不需要单独填报志愿，在同批次相关院校中正常录取。

4. 少数民族班和少数民族预科班的区别

（1）学制不同

少数民族班学制与正常的本科、专科相同，少数民族预科班学生在接受正常的本科教学或者专科教学前，要多读一年的预科课程，就读院校一般是被录取院校委托培养的其他院校。

（2）降分幅度不同

少数民族班与预科班招生的相关专业，若在相应批次线上完不成招生计划，可接受降分投档。少数民族班降分幅度一般在 40 分左右，预科班的本科降分幅度在 80 分左右，专科降分幅度在 60 分左右。

（3）填报志愿、录取不同

报考少数民族班的考生不需要单独填报志愿，在同批次相关院校中为正常录取。

少数民族预科班的录取是在相应批次院校录取结束后单独进行的，考生需要在相应批次后面单独填报少数民族预科志愿。

（4）专业安排

少数民族班的招生院校在招生计划中会列明招生专业名称，考生填报志愿时可选择未来要学的专业。

少数民族预科班的专业安排分为两种：

①先不确定专业，在预科阶段结束，升入本（专）科阶段前，由招生院校结合本校本年度招生计划及相关文件，参照考生本人志愿，确定可选择专业范围及各专业计划数。

②考生填报志愿前，招生院校已公布预科阶段结束升入本（专）科阶段可选择专业的范围及具体计划数。

（5）学习过程

考入民族班的考生直接进入本（专）科阶段学习。

民族预科班的学习分为预科和本（专）科两个阶段，预科生先集中进行一年或两年预科阶段的学习，重点学习汉语文、数学、外语等基础课程及其他相关课程。预科结业考核合格后，由预科班招生院校颁发录取通知书，预科生持录取通知书到招生院校报到。

十五　公费师范生

1. 公费师范生概述

公费师范生是指由中央财政负责安排师范类学生在校期间的学费、住宿费，并发放生活补贴，但学生毕业以后一般需要回到生源省份从事至少 6 年的教育工作的师范专业学生。

公费师范生在培养期间报考全日制硕士研究生，报名前需要按照有关程序经定向就业市教育行政部门同意，并签订补充协议，承诺研究生毕业后按期回到定向就业市从事农村教育教学工作不少于 6 年，可保留公费师范生身份至研究生毕业。就读研究生期间，学生不享受公费教育经费补助；读完研究生后，学生还需要继续按期限履行合同。

2. 招生院校

公费师范生主要分为国家公费师范生和省属公费师范生，两者招生院校不同。

（1）招收国家公费师范生的是教育部直属的 6 所师范院校，分别是北京师范大学、华东师范大学、西南大学、华中师范大学、东北师范大学、陕西师范大学等。

（2）招收省属公费师范生的院校以本省师范院校为主，数量较多，可自行查询。

3. 报考及限制条件

（1）报考条件

国家公费师范生和省属公费师范生的报考要求不同，具体如下。

①国家公费师范生

➢ 高考分数：分数要求较高，一般在 600 分以上。

➢ 户籍：不限。

➢ 体检：需符合高考体检的相关要求。

➢ 热爱教育行业：有意愿报考国家公费师范生的学生，一定要热爱教育事业，毕业后需在生源户籍所在地从事教育工作 6 年以上。

➢ 单科成绩：需遵循相关院校的单科成绩要求。

②省属公费师范生

➢ 高考分数：分数需满足地方师范类高校分数要求。

> 户籍：要求定向岗位所在区县的户籍。

> 体检：需符合高考体检的相关要求。

> 热爱教育行业：有意愿报考省属公费师范生的学生，要热爱教育事业，毕业后需在生源户籍所在地从事教育行业（具体年限需遵循省属公费师范生的定向培养要求）。

（2）限制条件

①学生毕业以后必须回到生源省份从事至少6年教育工作。

②本研衔接师范生公费教育面向全国，重点为中西部地区省会城市之外的地（市、州、盟）及以下行政区域培养研究生层次中小学教师，不得定向到直辖市、计划单列市或省会城市主城区任教（五个自治区、陆地边境省份、海南省、贵州省、青海省除外）。接受本研衔接师范生公费教育的学生（以下称公费师范生）由部属师范大学按照《本研衔接师范生公费教育协议》进行教育培养，在校学习期间和毕业后须按照协议约定，履行相应的责任和义务。

③本研衔接师范生公费教育的培养目标为全日制教育硕士专业学位研究生。学校结合本科前三年学业成绩、在校表现等对学生进行推荐免试攻读研究生（以下简称推免）综合考核，取得学校推免资格并达到学校硕士研究生录取标准的可推免录取至本校全日制教育硕士专业学位研究生，并于本科第四年开始硕士课程先修学习，所需推免名额统筹下达至学校总推免名额中。退出公费师范生培养的学生，不再具有申请推免资格。

④未按协议从事中小学教育工作的，须退还已享受的公费教育费用并缴纳违约金，并记入诚信档案。

4. 相关政策须知

（1）优势政策

①中央财政负责安排师范类学生在校期间的学费、住宿费，并发放生活补贴。

②国家公费师范生可免试攻读全日制教育硕士学位再履约任教。

③毕业后生源地教育局负责兜底有编有岗。

（2）国家公费师范生 2024 年最新政策文件

国务院办公厅关于转发教育部等部门《教育部直属师范
大学本研衔接师范生公费教育实施办法》的通知

国办发〔2024〕27 号

各省、自治区、直辖市人民政府，国务院各部委、各直属机构：

教育部、国家发展改革委、财政部、人力资源社会保障部、中国人民银行《教育部直属师范大学本研衔接师范生公费教育实施办法》已经国务院同意，现转发给你们，请认真贯彻执行。2018 年 7 月 30 日经国务院批准、国务院办公厅转发的《教育部直属师范大学师范生公费教育实施办法》同时废止。

国务院办公厅

2024 年 5 月 28 日

（此件公开发布）

教育部直属师范大学本研衔接师范生
公费教育实施办法

教育部国家发展改革委财政部

人力资源社会保障部中国人民银行

第一章　总则

第一条　为优化师范生公费教育制度，加强研究生层次中小学教师培养，以教育家精神为引领，吸引优秀人才从教，进一步形成尊师重教的浓厚氛围，促进教育公平与质量提升，特制定本办法。

第二条　本办法所称本研衔接师范生公费教育是指国家在北京师范大学、华东师范大学、东北师范大学、华中师范大学、陕西师范大学和西南大学六所教育部直属师范大学（以下简称部属师范大学）面向师范专业学生实行的，本科和研究生阶段一体设计、分段考核、有机衔接，由中央财政承担学生在校期间学费、住宿费并给予生活费补助的培养管理制度。

第三条　本研衔接师范生公费教育面向全国，重点为中西部地区省会城市之外的地（市、州、盟）及以下行政区域培养研究生层次中小学教师，不得定向到直辖市、计划单列市或省会城市主城区任教（五个自治区、陆地边境省份、海南省、贵州省、青海省除外）。接受本研衔接师范生公费教育的学生（以下称公费师范生）由部属师范大学按照《本研衔接师范生公费教育协议》进行教育培养，在校学习期间和毕业后须按照协议约定，履行相应的责任和义务。

第二章　选拔录取

第四条　教育部根据各地中小学教师队伍建设实际需要和部属师范大学培养能力，商国家发展改革委、财政部、人力资源社会保障部统筹制定每年公费师范生招生计划，确定分校招生规模与分专业招生数量，确保招生培养与教师岗位需求有效衔接。省级教育行政部门结合本地区人口数量与教育发展水平等制定计划，确定各专业公费师范生履约任教的地（市、州、盟）范围并报教育部审定，倾斜支持欠发达地区教育发展，优化公费师范生在省域内的配置。

第五条　部属师范大学招收公费师范生实行提前批次录取，重点考察学生的综合素质、职业倾向和从教潜质，择优选拔乐教、适教的优秀高中毕业生加入公费师范生队伍。各地、各部属师范大学要加大政策宣传和引导力度，通过发放招生简章、开展政策宣讲等多种方式，为高中毕业生报考公费师范生营造良好环境。

第六条　部属师范大学根据国家相关政策，制定在校期间公费师范生进入、退出的具体办法。有志从教并符合条件的非公费师范生，在入学 2 年内，经生源所在省份省级教育行政部门同意，可在教育部等部门和学校核定的公费师范生招生计划内按照所在学校有关规定转为公费师范生，签订协议并由所在学校按相关标准返还学费、住宿费，补发生活费补助。公费师范生录取后一般不得转专业，经生源所在省份省级教育行政部门同意，可按照所在学校规定的办法和程序，在公费师范专业范围内进行二次专业选择。录取后经考察不适合从教的公费师范生，在入学 1 年内，按照规定退还已享受的公费教育费用，并由所在学校根据当年高考成绩将其调整到符合录取条件的非师范专业。

第三章　分段培养

第七条　本研衔接师范生公费教育的培养目标为全日制教育硕士专业学位研究生。学校结合本科前三年学业成绩、在校表现等对学生进行推荐免试攻读研究生（以下简称推免）综合考核，取得学校推免资格并达到学校硕士研究生录取标准的可推免录取至本校全日制教育硕士专业学位研究生，并于本科第四年开始硕士课程先修学习，所需推免名额统筹下达至学校总推免名额中。退出公费师范生培养的学生，不再具有申请推免资格。

第八条　部属师范大学统筹设计并实施公费师范生本科 4 年及教育硕士研究生 2 年培养方案，实行分流淘汰，切实保障培养质量。完成本科、硕士研究生两个阶段学校规定学业且达到学士、硕士学位授予要求的，分别取得相应学历、学位。

第四章　履约任教

第九条　公费师范生、部属师范大学和生源所在省份省级教育行政部门签订《本研衔接师范生公费教育协议》，明确三方权利和义务。公费师范生毕业后一般回生源所在省份定向地（市、州、盟）中小学任教，并承诺从事中小学教育工作 6 年以上。到城镇学校工作的公费师范生，应到农村义务教育学校任教服务至少 1 年。国家鼓励公费师范生长期从教、终身从教。

第十条　研究生一年级课程学习结束后，部属师范大学根据公费师范生本科以来的综合考核结果进行排序。公费师范生按排序在录取当年公布的生源所在省份相关专业履约任教地（市、州、盟）范围内进行选择，经就读高校确认，在《本研衔接师范生公费教育协议》中补充履约任教地（市、州、盟）信息。部属师范大学要将确认后的公费师范生履约任教地（市、州、盟）信息及时报送生源所在省份省级教育行政部门。

第十一条　公费师范生由于志愿到中西部欠发达地区任教等特殊原因不能回生源所在省份任教的，应届毕业前可申请跨省就业，经所在学校、接收省份和生源所在省份省级教育行政部门审核同意后，按有关规定程序办理跨省就业手续。

第十二条　各地要统筹规划，做好接收公费师范生就业的各项工作。省级教育行政部门会同人力资源社会保障部门按照事业单位新进人员实行公开招聘制度的要求，指导地（市、州、盟）组织用人学校在需求岗位范围内对公费师范生进行专项招聘，通过双向选择等方式切实为每位毕业的公费师范生落实任教学校和岗位。

第十三条　公费师范生毕业后均须履约任教，未履约任教或履约任教期限不足，按《本研衔接师范生公费教育协议》约定承担相应责任，违约行为纳入信用记录，并及时与全国信用信息共享平台共享，违约相关材料归入本人人事档案。履约任务完成前不得到定向地（市、州、盟）之外从教，不得被招录（聘用）为其他公务人员。完成履约任务后即修复相关信用。省级教育行政部门要建立健全公费师范生履约动态跟踪管理机制，建立公费师范生诚信档案，强化履约管理。

第十四条　公费师范生因生病、应征入伍等原因不能履行协议的，须提出中止协议申请，经相关省级教育行政部门同意后，暂缓履约。待情况允许并经省级教育行政部门核实后可继续履行协议。公费师范生如确因身体原因需终止协议的，按协议约定解除协议。经学校考核，因学业水平未达到免试攻读教育硕士研究生条件的，或取得免试攻读教育硕士研究生资格但未达到教育硕士研究生学位授予条件的，经生源所在省份省级教育行政部门认可，按协议约定解除协议，并退还已享受的公费教育费用。

除上述情形外，公费师范生未在学校规定学习年限内取得教育硕士研究生学历学位证书和教师资格证书的，按违约处理，须退还已享受的公费教育费用并缴纳违约金。教育部、财政部结合学生违约退费等情况，确定学校年度补助资金安排。

第十五条　公费师范生在协议规定服务期内，经相关省级教育行政部门同意，可在学校间流动。

第十六条　公费师范生在就业、任教等环节有弄虚作假或其他违规、违纪行为的，依据有关规定处理。

第五章　激励措施

第十七条　国家根据经济发展水平和财力状况，对公费师范生的生活费补助标准进行动态调整。公费师范生不享受国家励志奖学金、国家助学金和研究生学业奖学金，优秀公费师范生可享受国家奖学金。鼓励学校设立公费师范生专项奖学金。支持部属师范大学遴选优秀公费师范生参加国内外交流学习、教学技能比赛等活动。

第十八条　部属师范大学要建立公费师范生职后专业发展跟踪服务机制，持续给予支持。鼓励支持公费师范生在确保履约任教的基础上报考博士研究生，进一步提升专业水平。各地教育行政部门及中小学要创造良好条件，支持公费师范生创新开展教学，制订五年一周期的专业发展支持方案，有计划地培养公费师范生成长为基础教育领军人才、中小学校领导人员，推动地方基础教育改革发展。

第十九条　各地要落实乡村教师生活补助、艰苦边远地区津贴等优惠政策，吸引公费师范生毕业后到农村中小学任教。各地要为公费师范生到农村中小学任教提供办公场所、周转宿舍等必要的工作生活条件。

第二十条　要把培养优秀中小学教师的工作成效作为评价部属师范大学办学水平的关键指标。对在实施本研衔接师范生公费教育工作中作出积极贡献的部属师范大学给予政策倾斜，进一步加大对师范专业的支持力度。

第六章　条件保障

第二十一条　各地要加强组织领导和制度保障，在现有事业编制总量内，妥善解决公费师范生到中小学任教所需编制。

第二十二条　各地、各部门和各有关学校要切实加强协调，建立分工明确的责任管理体系。教育行政部门会同相关部门负责做好公费师范生招生培养、就业落实、履约管理等工作；发展改革部门、中国人民银行分支机构会同教育行政部门负责做好相关领域信用体系建设工作；财政部门负责落实相关经费保障；人力资源社会保障部门负责落实公费师范生专项招聘政策等工作。

第二十三条 各地、各部属师范大学要构建地方政府、中小学与高校共同培养公费师范生的机制。推进部属师范大学统筹各类资源，建设国家师范教育基地，打造公费师范生教育教学技能实训平台，探索优秀教师培养新模式，集中最优质的资源用于公费师范生培养，全面提高公费师范生培养质量。

第二十四条 部属师范大学要根据基础教育发展和课程改革的要求，加强公费师范生师德教育，引导公费师范生树立先进的教育理念，热爱教育事业，坚定长期从教的职业理想，为将来成为优秀教师和教育专家打下牢固根基。要精心制订教育培养方案，实行"双导师"制度，安排中小学名师、高校高水平教师给公费师范生授课。强化实践教学环节，落实本科和教育硕士研究生培养阶段教育实践相关要求。

第二十五条 各地要采取措施，积极引导社会团体、企事业单位、民间组织出资奖励，对毕业后长期从事中小学教育的公费师范生给予鼓励和支持。地方教育行政、机构编制、发展改革、财政、人力资源社会保障、中国人民银行分支机构等部门和单位根据本办法，结合实际需要，制定实施方案，把本研衔接师范生公费教育各环节各方面的工作抓紧抓实抓好。

第二十六条 国家发挥部属师范大学本研衔接师范生公费教育的示范引领作用，优化师范生公费教育政策体系，加强高素质中小学教师定向培养。

第二十七条 各级教育督导部门要将本研衔接师范生公费教育工作纳入督导内容，加强督导检查并通报督导情况。教育部会同相关部门按照国家有关规定，对本研衔接师范生公费教育工作成绩突出的单位予以表彰，并及时总结推广成功经验。对本研衔接师范生公费教育保障不力的省份，将视情削减其公费师范生招生计划。

第七章　附则

第二十八条 本办法自印发之日起施行。本办法印发前已签订《师范生公费教育协议》的部属师范大学本科一年级至三年级在读师范生，在本科三年级结束后，可根据个人意愿提出接受本研衔接公费教育申请，经学校考核通过，报生源所在省份省级教育行政部门同意并签署补充协议，可免试攻读本校全日制教育硕士研究生再履约任教，履约任教的相关要求与本办法相同。其他在本办法印发前已签订《师范生公费教育协议》的师范生，按原协议约定接受公费教育，并承担履约任教责任。违反《师范生公费教育协议》或已经按照规定程序解除协议的，不适用本办法。

十六　优师计划

1. 优师计划概述

（1）什么是优师计划

优师计划即优秀教师定向培养专项计划，旨在为中西部欠发达地区中小学校定向培养一批优秀教师，推动欠发达地区教育优质均衡发展。

优师专项分为国家优师专项和地方优师专项。国家优师专项由6所教育部直属师范大学（北京师范大学、华东师范大学、东北师范大学、华中师范大学、陕西师范大学和西南大学）承担培养任务，面向中西部省份招生。地方优师专项由中西部省级教育行政部门确定的本科层次师范院校承担培养任务。

（2）优师计划和公费师范生的异同

参加优师计划和公费师范生计划的学生都要签订协议书，国家对其实施"两免一补"政策，学生毕业后都入教师编，本科毕业生从事教师工作要满6年，两者的主要区别在于任教区域以及违约时需承担的责任。

①任教区域

国家优师计划是指毕业生到规定县的中小学去任教，这些地方的条件比较艰苦，建议学生在填报时充分考虑。

公费师范生是指毕业生到规定省份的中小学任教，他们与任教学校之间实行双向选择。在这一点上，公费师范生与国家优师计划生相比拥有一定的自主权。同时，公费师范生在6年的协议期内，公费师范生可以在学校之间流动，不用局限在单一学校，但在学校流动方面，实际操作起来难度较大，所以考生报名之前需慎重考虑。

例如，户籍为陕西西安的国家公费师范生，可以在陕西范围内所有提供公费师范生岗位的学校参加笔试和面试。同是公费师范生的情况下，学校会择优录取。

②违约责任

公费师范生毕业后必须按协议规定，前往指定区域的中小学任教，若未能遵守规定，在协议规定的区域外从事教育工作，将被视为违约。

以山东省为例，对于违约的公费师范生，其必须在违约处理决定公布后的一个月内，一次性向当地教育行政主管部门退还所享受的公费教育费用，并缴纳该费用50%的违约金。若超过时限，该生需按每天1%的比例支付滞纳金。

我们来算一下需要赔偿的金额，国家培养一个公费师范生4年的费用，普通类为

6万元左右，艺术类为9万元左右。因此，普通类公费师范生应赔偿的总金额为6＋6×50％＝9万元左右；艺术类公费师范生应赔偿的总金额为9＋9×50％＝13.5万元左右。若学生延迟赔付，还需额外支付滞纳金。

若优师计划生未能履行协议，学生除了要退还教育费用，其违约行为还会被记录到个人诚信档案中，以后考研、考公务员都会受到影响。

2. 招生院校

目前，优师计划分为两类。

第一类是国家优师计划：招生院校包括教育部直属的6所师范大学，即北京师范大学、华中师范大学、东北师范大学、华东师范大学、西南大学、陕西师范大学。这些院校主要培养定向县中学的高中教师。

第二类是地方优师计划：招生院校主要是中西部省级教育行政部门确定的本科层次师范院校，以山西省为例，如山西师范大学、太原师范学院、忻州师范学院。根据定向县的要求，招生院校培养不同类型及不同学段的中小学教师，包括普通教育和职业教育等。

3. 报考条件

优师计划实行单列志愿、单独划线，在本科提前批次录取，而且报考国家优师计划需要考生高考成绩达到本省一本线，在新高考改革省份，成绩需要达到对应特殊类型招生控制分数线；地方优师计划的录取分数线原则上不低于招生学校普通类招生所在批次的录取控制分数线。

优师计划招收的定向就业师范生不办理入学户籍迁移。入学后，优师计划定向就业师范生不得转为非优师计划学生，可按程序在优师计划招生专业内申请转专业。

升学案例

★走出来的"韩娃儿"，走回去的"优师"

贫困山区的"韩娃儿"

韩力（化名）出生在四川省巴中市的一个偏远山区，那里青山环绕，溪水潺潺，但由于交通不便，山区的经济发展相对滞后，人们的生活条件比较艰苦。韩力刚记事起，父母就远赴外省打工，韩力从小便成了吃百家饭的留守儿童，村民们都叫他"韩娃儿"。家里虽然还有爷爷奶奶，但爷爷奶奶都是农民，尽管悉心照顾着韩力，但由于缺乏稳定经济来源，家庭的生活十分拮据。

在这个小村庄里，教育资源极为匮乏。学校的教室陈旧不堪，墙壁上剥落的油漆和漏水的屋顶常常让孩子们在上课时分心。年轻的教师们因为待遇低、条件差，纷纷选择离开，任教的多是附近乡镇的退休教师。韩力回忆说，他小学毕业的时候，校长已经60多岁了，不仅要负责学校的日常管理，还兼任了几个年级的语文、数学和英语的教学，身心俱疲，经常要倚靠着门框才能坚持上完一天的课。

有一天放学后，韩力没有立即回家，而是留在学校帮老校长整理一些教学资料。夕阳透过斑驳的窗户洒在老校长的脸上，映出了他深深的皱纹和眼中的一丝落寞。韩力忍不住问："校长，您为什么一直留在这里呢？"老校长叹了口气，缓缓地说："我年轻时也曾有机会去大城市读书，那时候我被北京师范大学录取了，但家里太穷，根本供不起。所以我只能放弃，留下来教书。这么多年过去了，我也想让我的学生们有机会走出去，看看外面的世界，但条件有限，很多娃儿连初中都读不完就辍学了。"老校长的话语深深触动了韩力，他下定决心，一定要努力学习，考上北京师范大学，不仅为了自己，也为了老校长的梦想，为了能让更多像他一样的孩子看到更广阔的世界。

尽管环境艰苦，韩力却在学习上表现得十分出色。他每天早晨起得很早，借着曙光，认真复习前一天的功课。放学后，他常常跑去找村里的一些老人，让他们给他讲故事，老人们讲述的历史故事让他对历史产生了浓厚的兴趣。韩力的努力没有白费，他的学习成绩在班里名列前茅，成为老师和同学们眼中的"学霸"。

"韩娃儿，以后想去哪里读大学？"村里人经常开玩笑地问年纪尚小的韩力，但是韩力给出的答案却笃定："北京师范大学！"

长见识的经历

一次省妇联组织的扶贫交流活动，让韩力大开眼界。在这次扶贫交流活动中，韩力所在的学校跟省城的一所重点中学"结对子"，相互派遣学生交换学习。品学兼优的韩力被选中代表学校参加了交换学习。怀着激动和期待的心情，他踏上了前往省城的列车。

当他走进省城的中学时，眼前的一切令他大开眼界。宽敞明亮的校园，绿树成荫，教学楼里传来琅琅书声。每个教室都配备了现代化的教学设备，老师们用生动的方式讲解知识，课堂气氛活跃而融洽。韩力看着同学们在课堂上积极发言，互相讨论，心中充满了向往。

在省城的交换学习中，韩力感受到了一种前所未有的教育氛围。老师们不仅教授知识，更注重培养学生的思维能力和创新精神。韩力意识到，教育的真正意义在于启发和引导，而不仅仅是灌输知识。他心中暗暗立下了一个宏大的志向：长大后也要成为像省城的老师们一样的优秀教师，回到家乡，让更多的孩子享受优质的教育。

山区娃儿的名校梦

在省城的交换学习中，韩力参加了一次学校组织的高中升学讲座。第一次了解到原来高考除了拼分数，还要拼信息差！原来高中升学有 25 种多元升学路径！原来梦想中的 985、211 大学也没有那么遥远！讲座结束后，韩力主动找到主讲老师——资深学业规划专家薛老师，希望能得到一些升学建议。薛老师在听了韩力的情况后，建议他多关注公费师范生的相关信息，特别是优师计划。

韩力之前对公费师范生有所了解，其中免学费、住宿费的优厚条件对他的吸引力很大。"如果能够考上公费师范生"，韩力常常想，"就不会给家里增加太多的经济负担。"而优师计划倒是第一次听说，韩力在网上详细了解了相关的信息，"优师计划即优秀教师定向培养专项计划，旨在为中西部欠发达地区中小学校定向培养一批优秀教师，推动欠发达地区教育优质均衡发展"。这与韩力的条件与志向完全吻合，而且优师计划跟公费师范生一样，减免学费的同时，也分为国家优师计划和地方优师计划，分别对应着不同级别的部属和省属师范类院校，这就意味着即使考不上北京师范大学，也可以选择四川省内的优质师范院校就读。不管最后结果如何，韩力都能返乡从教，回馈家乡。

追逐梦想的旅程

回到家乡后，韩力的心中燃起了斗志。他开始更加努力地学习，力求在学业上取得更大的突破。每当夜幕降临，村庄里静谧无声时，韩力总是点亮一盏小灯，埋头苦读。他知道，只有通过知识，才能改变自己的命运，才能改变家乡的未来。

功夫不负有心人，2023 年韩力以 620 分的优异成绩，通过国家优师计划被北京师范大学（珠海校区）历史学专业录取。"韩娃儿"考上了！这个消息让整个村庄都为之振奋。而且优师计划不仅免除了学费和住宿费，每个月还可以获得一定的生活补贴，这让韩力无比欣喜。这意味着，他不仅没有给本不富裕的家庭带来经济负担，也让他有机会走出火山，去追寻自己的梦想。

在珠海的学习和生活多姿多彩，但韩力始终没有忘记自己的根。他深知，自己所获得的一切，都是来自家乡的支持和鼓励。每逢假期，他都会回到家乡，回到母校，与教师们一起备课，分享他在大学里学到的新知识和教学方法。他的到来给老师们带来了新的活力，他也获得了宝贵的实践经验。

为了增加历史课的趣味性和感染力，需要展示大量的图片和视频，而母校的教学设施比较落后，很难实现多媒体的展示功能。韩力将每个月的生活补贴省下来，购买了5台二手电脑，捐赠给母校，让孩子们有更多机会接触多媒体教学。

韩力的故事在村子里传开，激励着更多的孩子努力学习，追求自己的梦想。他们开始相信，尽管生活在贫困山区，但通过努力和坚持，终有一天能够改变自己的命运。韩力的坚持和奉献精神，成为村子里每一个孩子心中的灯塔，照亮了他们前行的道路。

专家点评

对于有志于教育事业的学生来说，国家公费师范生和国家、地方优师计划提供了宝贵的深造机会。特别是中西部偏远地区的学生，可以通过上述教育计划获得优质的教育资源和国家全额资助的学习机会，帮助他们在完成学业后回到家乡，为当地教育事业贡献力量。这不仅减轻了从贫困地区"走出来"的大学生的经济负担，也让学业有成的优质教师"走回去"，极大促进了中西部偏远地区教育质量的提升。

十七　艺术类

1. 艺术类概述

（1）什么是艺术类考生

艺术类考生是指报考艺术类院校艺术专业或普通高校艺术专业的考生，这类考生与其他类型的考生不同，除了要参加高考外，还必须参加所报考学校或者本地区组织的专业考试。

该类考生必须专业考试合格且高考成绩达到该院校艺术类录取分数线才能被录取。我们常说的表演、美术、音乐等都属于艺术类专业。

（2）专业介绍

全国各省市 2024 年艺术类统考考试类别大致分为音乐类、舞蹈类、表（导）演类、播音与主持类、美术与设计类、书法类六大类。表（导）演类分为戏剧影视表演、服装表演、戏剧影视导演 3 个方向；健美操、啦啦操等体育类项目纳入体育类专业考试招生，不得通过艺术类专业考试方式进行招生。

其中浙江省将表（导）演类的各个方向拆分成 3 个考试类别，浙江省艺术类统考有 8 个考试类别。

2024 年全国共有 12 所院校进行戏曲类专业招生，对于生源极少或考试组织确有困难的戏曲类专业进行省际联考，考试招生相关信息由教育部发布。

另外北京、河北、上海、江苏、山东、河南等地，2024 年起艺术史论、艺术管理、非物质文化遗产保护、戏剧学、电影学、戏剧影视文学、广播电视编导、影视技术等不组织专业能力考试的高校艺术类专业，安排在普通类常规批录取，直接依据考生高考文化课成绩，参考考生综合素质评价，择优录取（注：各校具体招生专业，以院校公告为准）。

2. 招生模式

扩大省统考范围和规模，严格控制校考范围和规模，严格控制校考的高校及专业范围。对于少数专业特色鲜明、人才培养质量较高的艺术院校，对考生艺术天赋、专业技能或基本功有较高要求的高水平艺术类专业，可按程序申请在省级统考基础上组织校考。

北京地区 2023 年艺术类省统考仅有美术类专业，其他艺术类专业均采用校考的方式招生，2024年扩大艺术类省统考招生范围，部分高校部分艺术类专业有校考资格。

四川省2023年艺术类考生省统考成绩达到校考资格线后，同类专业的校考成绩才有效。2024年起不再跨省设置校考考点，校考人数原则上不超过相关专业招生计划的6—8倍。

河北、河南、陕西等地区，2024年起，所有高校艺术类专业校考工作均在学校所在地组织，不再跨省设置校考考点。

3. 升学模式

艺术类校考升学模式高考成绩测算方式需要参照该校艺术类招生简章。

目前方式为：主流校考合格，文化分过合格线，最后按照校考专业分从高到低择优录取。教育部要求逐步提高文化成绩要求，鼓励校考高校结合专业培养要求，加强考生文化综合素质考查，进一步提高考生文化课成绩录取要求〔注：文化成绩达到相应科类（物理类/历史类）的普通纯文化本科线〕。

具体来看，2024年各省市艺术类考生综合成绩中高考文化课成绩占比不低于50%。2023年部分省市的有些艺术类统考科类文化分占比低于50%，其中江苏省音乐类、陕西省美术类和书法类在录取时仅根据专业成绩录取。

2024年以及2024年以后的艺考生依旧可以参加校考，只是在统考全面覆盖的基础上，可独立组织校考的高校基本圈定为48所教育部批准的部分独立设置的本科艺术院校与参照院校，即我们常说的"30＋18"，具体如下。

30所独立设置的本科艺术院校：中央戏剧学院、中央美术学院、中央音乐学院、中国音乐学院、北京电影学院、北京舞蹈学院、中国戏曲学院、天津音乐学院、天津美术学院、鲁迅美术学院、沈阳音乐学院、吉林艺术学院、上海音乐学院、上海戏剧学院、南京艺术学院、中国美术学院、景德镇陶瓷大学、山东艺术学院、山东工艺美术学院、武汉音乐学院、四川音乐学院、广州美术学院、星海音乐学院、广西艺术学院、四川美术学院、云南艺术学院、西安美术学院、西安音乐学院、新疆艺术学院、湖北美术学院。

18所参照独立设置执行的本科院校：清华大学、中国传媒大学、中央民族大学、北京服装学院、天津工业大学、东华大学、江南大学、哈尔滨音乐学院、上海大学、上海视觉艺术学院、北京印刷学院（限专业）、苏州大学（限专业）、浙江传媒学院（限专业）、浙江理工大学（限专业）、内蒙古艺术学院（限专业）、浙江音乐学院（限专业）、武汉设计工程学院（限专业）、河北美术学院（限专业）。

十八　体育单招

1. 体育单招概述

体育单招是部分体育专业单独招生的简称，是指经教育部、国家体育总局批准的部分有关普通高校可以对运动训练、武术与民族传统体育专业实行单独招生，所以体育单招仅限这两个专业。

2. 报考流程及要求

（1）报考流程

①考生可在招生院校官方网站、"中国运动文化教育网"及"体教联盟"APP中查询各院校冬季项目招生简章和夏季项目招生简章（招生简章以招生院校官方网站公布的信息为准）。

②考生依据院校招生简章，在规定时间内通过"体育单招系统"进行注册报名，报名时应合理选择不超过2所招生院校，并确定志愿顺序。

③考生依据体育专项考试的收费标准和生源所在省级招生考试机构文化考试收费标准，在线缴纳考试费。省级招生考试机构在对考生生源地信息进行审核后，考生生源地如有变化，考生应根据审核后的生源所在地文化考试收费标准，办理文化考试费补缴或退费手续，未按规定时间补缴文化考试费的考生将被取消考试资格或录取资格。

（2）报名要求

①符合2025年普通高等学校招生考试（以下简称普通高考）报名条件，且已参加生源所在地省级招生考试机构组织的普通高考报名（具体按各省级招生考试机构要求执行）。

②具备《2025年普通高等学校运动训练、武术与民族传统体育专业招生管理办法》（以下简称《管理办法》）所列运动训练、武术与民族传统体育专业招生项目的二级（含）以上运动员技术等级称号。考生运动员技术等级以"国家体育总局运动员技术等级系统"公示的数据信息为准。

③2025年报名考生的等级证书审批日期为：冬季项目为2015年1月1日至2025年11月7日；夏季项目（含武术与民族传统体育专业项目，下同）为2015年1月1日至2025年3月10日。

④不在兴奋剂违规禁赛期内。

3. 考试及录取安排

(1) 体育单招注册报名

①报名地址：普通高等学校运动训练、武术与民族传统体育专业招生系统（以下简称"体育单招系统"）。考生如具备所报考项目的多个运动员技术等级证书，报名时应填报所有符合报名要求的运动员技术等级证书。

②注册：考生应在规定时间内通过"体育单招系统"完成注册，校验运动员技术等级信息。

③报名：已完成注册的考生应通过"体育单招系统"签订反兴奋剂承诺书、填报志愿并缴纳考试费。考生完成缴费视为报名成功，完成缴费后，考生不得再对报名信息进行修改。

(2) 体育单招考试安排

①体育专项考或分项目全国统考、体育总局科教司委托有关院校组织实施。

②体育专项考试将进行兴奋剂检查。逃避兴奋剂检查或兴奋剂违规的考生，视为考试作弊，取消考试资格或录取资格，并通报生源所在地省级招生考试机构，按照有关规定严肃处理。

③文化考试由各省级招生考试机构指定标准化考点，按照普通高考相关要求组织考试。考试科目：语文、数学、政治、英语；考试分值：每科 150 分，总分 600 分，使用国家通用语言文字作答。

(3) 体育单招录取原则

①文化成绩录取控制分数线不低于 180 分，体育专项成绩录取控制线不低于 40 分。

②招生院校对持有一级运动员技术等级证书的考生，可在院校文化成绩最低录取控制线下降低 30 分录取；持有运动健将技术等级证书的考生，可在院校文化成绩最低录取控制线下降低 50 分录取。

③在达到院校文化和体育专项成绩最低录取控制线的基础上，将根据考生的文化成绩（折合百分制后）和体育专项成绩按 3∶7 的比例进行综合评价，计算考生录取综合分。具体公式为：综合分＝（文化成绩/6）×30％＋体育专项成绩×70％。综合

分计算时保留小数点后两位，采用四舍五入计数保留法。

④对于达到院校文化和体育专项成绩最低录取控制线的考生，招生院校依据上线考生填报的志愿梯次顺序，分项目按照综合分由高到低进行录取。

⑤考生若已报名运动训练、武术与民族传统体育专业志愿并被录取，不再参加普通高考及高校高水平运动队的录取（具体录取细则以招生院校官方网站公布的信息为准，考生可通过"体育单招系统"关注录取情况）。

升 学 案 例

⭐从爱好到专业，单招圆他大学梦

小小少年的篮球梦

周文豪（化名）来自江苏宿迁，自小就对篮球充满热情。放学后，他总是第一个奔向篮球场，与小伙伴们一起热闹地打上几场，家里的墙壁也贴满了各种 NBA 球星的海报，都是他的篮球偶像。小学时，他参加了一次篮球夏令营，幸运地遇到了一位 NBA 退役球星。流畅的运球和潇洒的投篮动作深深吸引了他，让他更加向往篮球的世界。从那时起，小小年纪的周文豪在心中埋下了梦想的种子，憧憬着有一天能站上 NBA 的赛场，成为众人瞩目的篮球明星。

这个篮球梦想深深地埋在文豪的心里，伴随着他度过了充满希望的童年。但随着年龄的增长，文豪的学业压力也逐渐增大，特别是当他进入初中后，课业越来越繁重，空闲的时间越来越少。为了保证学业成绩，他不得不放弃了课外活动，将所有精力投入学习中去。

尽管在课外补习上花费不菲，周文豪的成绩却一直起伏不定，特别是一些需要理解记忆的文科科目始终难以提升。初二一开学，文豪的班主任就找到了他的父母，详细地分析了他的学习情况，班主任直言："以他当前的成绩，未来很难考上高中。如果被分流到职业高中，那未来再上大学就相当困难了，建议提前做好规划。"

这次谈话让文豪的家长意识到升学问题的严峻性，他们开始四处打听可能的升学路径，直到文豪父亲看到了一场关于高中多元升学路径的直播，被其中的几条升学路径深深吸引，很多孩子通过规划不仅能逆袭本科，还有机会进入名校。直播一结束，文豪父亲马上联系了主讲人孙老师。

篮球之路再启航

孙老师详细地了解了文豪的情况后，提出了"以终为始"的规划思路，既然以后想上大学，特别是好的大学，那就先从这个目标往前推，看文豪适合什么样的升学路径。既然文豪有过篮球训练的基础，那么"体育单招"就不失为进入名校的优选方案。

体育单招是普通高校针对运动训练和传统体育采取的一种招生政策，学生需要具备国家二级运动员（含）以上的资格，参加体育专项考试合格后，通过文化课成绩综合择优录取。体育单招的文化课分数线比较低，最低180分就有机会进入985高校。

文豪一家非常认可孙老师的方案，但是如何才能成为二级（含）以上运动员呢？孙老师详细地讲解了国家二级运动员的资格要求，并说道："既然我们已经把高中升大学的路径设定好了，那么按照'以终为始'的思路，我们现在需要往高中倒推了。"

并不是每所高中都招收体育特长生，因此首先要选定有此招生计划的学校，并通过篮球比赛成绩获得体育特长生的资格入读该学校。然后在高中三年内随队参加比赛，只要能参加全国性赛事并获得一定名次，就有机会成为篮球二级运动员，获得体育单招的资格。

在孙老师的指导下，周文豪锁定了区内的一所符合要求的高中，开始一边学习一边接受篮球培训，逐渐找回了当年对篮球的热爱与自信。最终通过一年多的刻苦训练及比赛，文豪如愿通过了体育特长生的认定，并通过文化课降分进入目标高中就读。

进入高中后，文豪继续随队训练，技术水平有了显著提升。高二暑假时，他随省队参加了全国高中篮球联赛，经过层层角逐，球队取得了不错的名次，文豪成功获得了一级运动员的资格证书，拿到了体育单招考试的入场券。

在接下来的时间中，文豪一方面苦练篮球技巧，一方面努力补习文化课，力争在体育单招文化考试中取得好成绩。经过3个月的不懈努力，他不但顺利通过了体育专项考试（篮球项目测试），也在文化课中取得了400多分的成绩，成功被"双一流"高校上海体育大学录取。

两个学位，三重收获

进入大学后，周文豪发现体育竞技运动的残酷，长期的高强度训练，让他饱受伤病困扰，CUBA体育生涯受挫，考虑到如果不走职业体育路线，篮球专业走向社会的就业前景也不容乐观，面对这些现实问题，他一度感到迷茫。

困惑之际，孙老师再次给予了他关键的建议。孙老师提醒文豪，由于体育单招的政策限制，他是很难转专业的，但是可以选择一个跟体育相关的双学位，提升以后的就业竞争力。经过慎重思考，文豪在大二选择了运动康复专业，这样不仅让他继续保持对篮球的热爱，也为他未来的职业发展增加了一个新的方向。

如今，文豪已经是一名大三的学生，双学位的学习让他获得了不同领域的知识与经历。虽然自己不能成为一名职业篮球运动员，但他在体育领域的成长和探索为他创造了更多的可能性。这一路的努力和收获，让他对未来充满信心。

专家点评

体育单招给从事体育训练的孩子提供了一条"凭体育上大学"的路径，通过体育单招，这些孩子不仅能够继续追求自己的体育梦想，同时也有机会接受更高层次的教育。但是家长和学生需要知道的是，学体育和学艺术一样，需要天分的同时还得从小努力，文化课成绩也不能忽视。因此，对于那些有志于通过体育单招进入大学的学生来说，平衡好体育训练和文化学习是成功的关键。此外，体育单招的政策和规则每年都有可能发生变化，考生和家长需要密切关注教育部门发布的最新信息，以确保在报考过程中不出现任何疏漏。

十九　高水平运动队

1. 高水平运动队概述

高校高水平运动队招生是指学校根据教育部办公厅关于做好普通高校部分特殊类型招生工作的文件精神和招收高水平运动队的规定，并依据本校当年高水平运动队项目建设的需要，招收一定数量的高水平运动员。

高水平运动员是普通高校为了活跃校园生活、提高体育竞技水平，并满足大学生运动会的组队需要，招收的具有体育方面特长的考生，他们被录取到高校后就读于体育类或非体育类专业，在学习本专业的同时利用业余时间参加学校的体育训练和比赛。

（1）招生项目

高水平运动队试点院校，在奥运会、世界大学生运动会项目（包括足球、篮球、排球项目等）范围内，按照教育部评估确定的项目，结合学校实际，根据学校运动队建设规划，确定运动队招生项目和招生计划。

（2）专业测试方式

高水平运动队招生采取"文化考试＋专业测试"相结合的考试评价方式。2024年起，高水平运动队考生文化考试成绩全部使用全国统一高考文化课考试成绩。所有项目专业测试全部实施全国统考，与运动训练、武术与民族传统体育专业招生的体育专项考试统一组织，统一采用体育总局相关体育专项考试方法与评分标准进行评分。高校不再组织相关校考，不得以文化测试、体能测试、资格审查等名义变相组织校考和提前筛选。

2. 招生院校

高水平运动队招生高校和招生项目需经教育部核准备案，招生规模不得超过试点高校上一年度本科计划总数的1%。具体招生院校及招生项目以教育部当年公布的信息为准。

3. 运动队报名条件

（1）考生需要参加高考报名。

（2）符合普通高校年度招生工作规定的报名要求且具备以下条件之一者方可参加

高水平运动员招生考试报名。

①2024 年起，符合生源省份高考报名条件，获得国家一级运动员（含）以上技术等级称号者方可以报考高水平运动队。2027 年起，符合生源省份高考报名条件，获得国家一级运动员（含）以上技术等级称号且近三年在国家体育总局、教育部规定的全国性比赛中获得前八名者方可以报考高水平运动队。

②凡以同等学力报考的考生必须提供与高级中等教育相当的学习证明和成绩单，由省级教育行政部门协助招生院校对其资格进行认定。未经资格认定的同等学力考生不得报考。

4. 政策和趋势

2024 年是高水平运动队重大改革实施元年，改革后第一年的招生工作即将开始。

2021 年 9 月，教育部、国家体育总局联合印发了《关于进一步完善和规范高校高水平运动队考试招生工作的指导意见》，高校高水平运动队考试招生自 2024 年起会发生重大变化。

在 2024 年高水平运动队改革的环境下，高水平运动队招生院校数量进一步减少及招生人数大幅降低将成为新趋势。

从高水平运动队历年的招录情况来看，计划人数与公示人数的差额一直存在，也就是说很多院校都存在没有招满的情况。其中还不包括此前兼报体育单招和高水平运动队的考生被体育单招先录取的情况，这就导致了高水平运动队实际录取的人数会比公示的人数少。值得一提的是，在 2024 年，很多高校会主动了解公示考生的体育单招录取情况，如果被体育单招录取的话，学校规定可以把名额替换给其他考生，这在一定程度上增加了其他考生的录取机会。

二十　专项计划

1. 专项计划概述

（1）什么是专项计划

国家面向农村和脱贫地区实施重点高校招生专项计划，统称为专项计划，具体包括国家、地方、高校三个专项计划。国家专项计划是"国家贫困地区定向招生专项计划"的简称；地方专项计划是"地方重点高校招收农村学生专项计划"的简称；高校专项计划，也称"农村学生单独招生"，在不同学校可能会有不同的名称，如南京大学励学计划、东南大学高校专项筑梦计划等，所以考生在报考时还需要去留意一下各校每年具体的招生简章。

报名时，三大专项计划可以兼报。

（2）三大专项计划的区别

国家专项计划招生院校，主要是中央部门所属高校和各省（区、市）所属重点高校。

地方专项计划招生院校，一般为各省（区、市）所属重点高校。

高校专项计划招生院校众多，为教育部直属高校和其他经教育部同意开展高校专项计划招生的高校。

①实施主体

➢ 国家专项计划主体是全国重点高校。

➢ 地方专项计划主体是地方重点院校。

➢ 高校专项计划主体是具有高校专项计划招生资格的重点高校。

②招生范围

➢ 国家专项计划：面向全国，定向招收贫困地区学生。

➢ 地方专项计划：主要招收各省（区、市）实施区域的农村学生。

➢ 高校专项计划：招生对象是农村地区成绩优秀的学生，考生必须经招生院校考核合格才可以报考。

③招生规模

➢ 高校专项计划：招生计划不少于学校本科招生规模的2%。

➢ 地方专项计划：招生计划原则上不少于有关高校本科一批招生规模的3%。

④录取方式

➤ 国家专项计划和地方专项计划：不需要单独报名和递交其他材料；高考成绩公布后，单独设置志愿填报及录取批次，省招办单独划线，单独录取。

➤ 高校专项计划：需要在"阳光高考"平台上单独报名，并提交相应的纸质材料，经过高校专家审核后，按时到高校参加笔试和面试（有的高校不需要笔试和面试），合格后享受高校一定的录取分数照顾。

⑤录取批次

一般来说，国家专项计划录取安排在本科提前批。

地方专项计划录取安排在国家专项计划和高校专项计划之后（有的省份安排在本科一批之后）；高校专项计划录取安排在特殊招生批次。

2. 各地参与专项计划的院校

省市	教育部直属高校	其他高校
北京	北京大学、清华大学、中国人民大学、北京交通大学、北京科技大学、北京化工大学、北京邮电大学、中国农业大学、中国政法大学、华北电力大学、北京林业大学、北京中医药大学、北京师范大学、北京外国语大学、北京语言大学、中国传媒大学、中央财经大学、对外经济贸易大学、中国矿业大学（北京）、中国石油大学（北京）、中国地质大学（北京）	北京航空航天大学、北京理工大学、北京工业大学
天津	南开大学、天津大学	—
上海	复旦大学、同济大学、上海交通大学、华东理工大学、东华大学、华东师范大学、上海外国语大学、上海财经大学	上海大学
江苏	南京大学、东南大学、中国矿业大学、河海大学、江南大学、南京农业大学、中国药科大学	南京航空航天大学、南京理工大学、苏州大学、南京师范大学
浙江	浙江大学	
安徽	合肥工业大学	中国科学技术大学
福建	厦门大学	福州大学
河南	—	郑州大学
山东	山东大学、中国海洋大学、中国石油大学（华东）	—
辽宁	大连理工大学、东北大学	大连海事大学
吉林	吉林大学、东北师范大学	—

省市	教育部直属高校	其他高校
黑龙江	东北林业大学、哈尔滨工业大学、哈尔滨工程大学、黑龙江大学	
武汉	武汉大学、华中科技大学、中国地质大学（武汉）、武汉理工大学、华中农业大学、华中师范大学、中南财经政法大学	—
湖南	湖南大学、中南大学	湖南师范大学
广东	中山大学、华南理工大学	—
广西	—	广西大学
重庆	重庆大学、西南大学	西南政法大学
四川	四川大学、西南交通大学、电子科技大学、西南财经大学	四川农业大学
陕西	西安交通大学、西安电子科技大学、长安大学、西北农林科技大学、陕西师范大学	西北大学、西北工业大学
甘肃	兰州大学	—
贵州	—	贵州大学
云南	—	云南大学

此信息参考源于阳光高考网2023年高校专项计划专题。

3. 报考条件及流程

（1）三大专项报考条件

国家专项计划面向脱贫地区定向招生；地方专项计划定向招收各省（区、市）实施区域的农村学生；高校专项计划定向招收边远、贫困、民族等地区县（含县级市）以下高中勤奋好学、成绩优良的农村学生。

①国家专项计划

报考学生须同时具备下列三项条件：

➤ 符合统一高考报名条件；

➤ 本人具有实施区域当地连续3年以上户籍，其父亲或母亲或法定监护人具有当地户籍；

➤ 本人具有户籍所在县高中连续3年学籍并实际就读（具体要求详见当地政策）。

②地方专项计划

地方专项计划报考条件由各省（区、市）根据本地实际情况确定。

例如，山东省 2023 年地方专项计划要求：符合 2023 年统一高考报名条件并参加山东省 2023 年夏季高考；本人及父亲或母亲或法定监护人的户籍地及居住地在实施区域的农村，且本人具有当地连续 3 年以上的户籍；本人具有户籍所在县（市、区）高中连续 3 年学籍并实际就读；高考成绩达到山东省 2023 年夏季高考普通类一段线。

涉及具体的要求，学生和家长可以参考各省教育考试院官网发布的相关公告。

③高校专项计划

高校专项计划报考学生须同时具备下列三项基本条件：

➤ 符合统一高考报名条件；

➤ 本人及父亲或母亲或法定监护人户籍地在实施区域的农村，本人具有当地连续 3 年以上户籍；

➤ 本人具有户籍所在县高中连续 3 年学籍并实际就读。

有关高校可在此基础上提出其他报考要求并在招生简章中明确，确保优惠政策惠及农村学生。例如，中国人民大学 2021 年圆梦计划就要求报考考生除需要满足高校专项计划的报考条件外，还要品德优良、勤奋好学，认同中国人民大学人才培养理念，平时成绩排名原则上为所在中学的前 5%，应届高中毕业。

（2）高校专项报考的流程

①4 月底：有关高校公布招生简章，考生登录"阳光高考"平台高校专项计划报名系统完成报名申请。

②5 月中下旬：省市完成考生基本条件审核并公示通过审核名单。

③5 月底前：高校完成考生其他条件审核并公示通过审核名单。

④6 月 7 日—6 月 8 日：考生参加全国统一高考。

⑤高考后至出分前：部分试点高校组织考核。

⑥高考出分前：高校确定并公示资格名单。

⑦高考出分后：考生单独填报志愿，高校完成录取并公示。

（3）注意事项

①申请相关专项计划的考生，请及时关注本省份发布的信息，注意在规定时间内完成资格审核。

②从 2023 年高考招生起，往年被专项计划录取后放弃入学资格或退学的考生，不再具有专项计划报考资格。

4. 常见问题

(1) 报了专项计划的学生和统招的学生在培养上有什么区别吗？就业会不会受歧视？毕业证有无区别或特殊备注？

两者在培养方式上没有区别，只不过专项计划的专业数量相较于统招专业来说较少，所以学生报考时要看学校指定的专业是不是自己的目标专业。

专项计划录取的学生和统招的学生在一起上课，两者的毕业证书没有任何区别，就业时更不会被歧视。

(2) 高校专项计划、地方专项计划和国家专项计划需要考生单独报名吗？

高校专项计划需要考生在"阳光高考"平台单独报名，部分学校需要考生参加校测。国家专项计划和地方专项计划只需要考生在填报提前批次志愿时选择对应的院校即可，不用再单独填报志愿。

(3) 综合评价、强基计划、专项计划能同时报考吗？

综合评价、强基计划和专项计划属于不同类型的招生计划，三者互不冲突，符合报名条件的考生可以同时报名。

需要注意的是，在江苏省，综合评价分为 A 类和 B 类，高校专项计划是不可以和 B 类综合评价同时报考的，但地方专项计划可以和综合评价同时报考。

(4) 专项计划录取后能转专业吗？

被专项计划录取后，该生和高考统招考生在转专业政策上没有不同。具体转专业政策看各院校要求。

升 学 案 例

驶向名校的列车从小镇出发

期待的火车，盼到站

陈果（化名），是一个来自河北省沧州市盐山县盐山中学的农村孩子。在这略显单调的小镇生活中，他除了能从繁杂的数学公式和深奥的物理定律里找寻到解题的乐趣之外，最大的快乐便是前往火车站等候父亲归来，还有父亲带来的那些新奇的见闻和玩具。

陈果的父亲是一位货运火车司机，工作的特殊性使他常年漂泊在外，与家人相聚的时光屈指可数。每当父亲驾驶的火车途经沧州，那短暂的相聚瞬间便成了陈果内心最为渴盼的时刻。车站的喧嚣、火车的轰鸣，这便是儿时的陈果对于车站的完整记忆。陈果记得，自己痴痴地望着空荡荡的轨道，就那么望着，火车从轨道上缓缓驶来，从小变大，直到看到父亲。他们一家人在月台上匆匆团聚，而后又再度目送火车渐行渐远。在小镇上渐渐长大的陈果，迫切地想要知晓父亲口中的远方究竟是何模样，火车所驶向的远方又是怎样的景象。他极度渴望能如父亲一般踏上远行的征程，去连接家乡与远方，去促成千万家庭的团圆。

一次在电视上，陈果看到了一段对中国高铁的介绍，其中着重讲到了北京交通大学的交通运输专业。这段视频引起了陈果的极大兴趣，北京交通大学，这所时常被父亲挂在嘴边的高校，也化作了陈果奋力追逐的目标。他满心憧憬着能够进入这所学校的交通运输相关专业深造，期望未来能够投身于国家的交通建设事业当中。

怅然的月台，再出发

2022 年的盛夏，陈果迎来了他人生中的第一次大考。然而，高考的结果却不尽如人意。他的成绩虽说还算良好，但距离北京交通大学的录取分数线仍差了整整 60 分。陈果目光空洞地盯着电脑屏幕，生平第一次对自己的梦想产生了怀疑。

他的内心五味杂陈，究竟是复读，还是选择其他学校？他曾无数次幻想过手持通知书与车票登上父亲所在的列车，告知父亲自己已然实现了奔赴北京的梦想。然而，现实让他无所适从。他既惧怕复读的不确定性，会不会再次让父母失望，又害怕重新选择的"轨道"会带他去往什么样的远方。这个抉择于陈果而言，至关重要，难以定夺。

在月台上，陈果怀揣着满心的不安，又一次等候父亲的归来。他远望着轨道的尽头，对未来心生迷茫。火车缓缓进站，父亲与他谈了许多，鼓励他勇敢地去追逐梦想，父亲永远都会是他坚实的后盾。随着轰鸣声再次响起，他也做出了选择——复读，重新回到校园。

陈果这一年比去年学习得更为刻苦，可成绩却迟迟未见提升，他的内心愈发感到迷茫与焦虑。在一次学校组织的升学规划讲座中，陈果得知了高校专项计划。这个计划专门面向农村和贫困地区的学生，为他们创造了更多的升学机会。

讲座结束后，陈果找到了讲座嘉宾王老师，详细了解了高校专项计划，他发现，这一升学路径能为他提供一个相对较低的录取分数线，当然，这个机会并非轻而易举就能获得，他需要在这一年里，在全力提高自己成绩的同时，还要全面熟悉相关的政策与程序。第二天，陈果带着妈妈又一次找到了王老师，希望王老师及她团队的升学专家们为自己未来的学习提供支持与帮助。

在得到王老师的指导后，陈果不再感到迷茫与无助，在接下来的日子里，他的学习变得格外充实。他在模拟考试中的表现越来越出色，同时在王老师的帮助下，井井有条地完成了高校专项计划的各项准备工作，他的梦想也变得越来越清晰。每当夜深人静的时候，他都会思考那些静静延伸的轨道究竟通向何方，但这一次，他坚信自己必定能够登上那列开往远方的列车。

疾驰的火车，去远方

2023 年 5 月，陈果的努力终于得到了回报，他获得了高校专项计划报考资格，他知道自己已经迈出了实现梦想的第一步，现在还需要稳定成绩，给予自己更多的底气。

最终，当高考成绩公布的那一刻，他考了 615 分，超过了北京交通大学高校专项计划在河北的最低录取分数线。这一次，他赢得了通往"远方"的入场券，拿到了北京交通大学的录取通知书！

在未来的日子里，他将继续努力学习，不断前进，实现年少的梦想。

专家点评

三大专项计划分别是国家专项计划、地方专项计划和高校专项计划，它们分别具有独特的优势和实施方式。这些专项计划的实施，促进了教育资源的均衡分配，为农村地区的孩子提供了更多进入名校的机会。通过这些政策，许多原本可能因家庭经济条件、地域限制等因素而失去接受高等教育机会的孩子，得以圆自己的大学梦。

二十一　高职单招

1. 高职单招概述

（1）什么是高职单招

高职单招是国家授权高职院校独立组织考试录取的一种方式，必须于高考前完成录取。按教育部规定，考生参加高职单招考试，若被录取则不能再参加全国统一高考，未被录取的可继续参加全国统一高考。参加单招考试相当于多了一次录取机会。高职单招由招生高校组织文化素质考试，考生还需参加春季高考统一考试招生专业技能测试。

（2）报考群体

2023年高职单招面向中等职业学校应届毕业生和社会人员开展，社会人员报考应取得高中阶段教育毕业证书或具有同等学力（注：普通高中应届毕业生可以报考高职单招）。

2. 招生院校及计划数

高职单招主要是本省院校面向本省考生进行招生，一般是高职（专科）院校。具体各学校分专业招生计划数，考生可关注各高校官网、官方微信公众号查看。

3. 报考条件及流程

（1）报考条件

报考高职单招需要符合普通高校招生统一考试报名条件，或符合普通高校对口招收中等职业学校毕业生考试报名条件。

有意向跨省报考的毕业生，高职单招不是最佳选择，因为高职单招仅限于报考本省院校；中等职业学校毕业生或未能达到本科录取分数线的普通高中毕业生，高职单招则是一个合适的选择，它提供了一个额外的机会，相较于普通高考，进入优质学校的可能性更大；那些成绩刚好超过本科线的普通高中应届毕业生，需要谨慎考虑，如果他们决定放弃本科院校的报考机会，可以考虑参加高职单招，但需注意，一旦被高职单招录取，将无法再参加高考。

哪些类型的学校可以招收高职单招的考生呢？大部分普通高职（专科）院校，同时包括部分普通本科高校的高职（专科）专业。有别于普通高考的是，高职单招按专业类别进行考试，而非文理科。以重庆市为例，高职单招分为若干大类，分别是商贸管理类、财经类、政法类、师范教育类、文秘类、工艺美术类、旅游类、机械类、计算机类、电子电气类、建筑类、农学类、医学类等。

（2）报考流程

全国各省份的高职单招流程都不一样，以安徽省的招生流程为例，仅供参考。

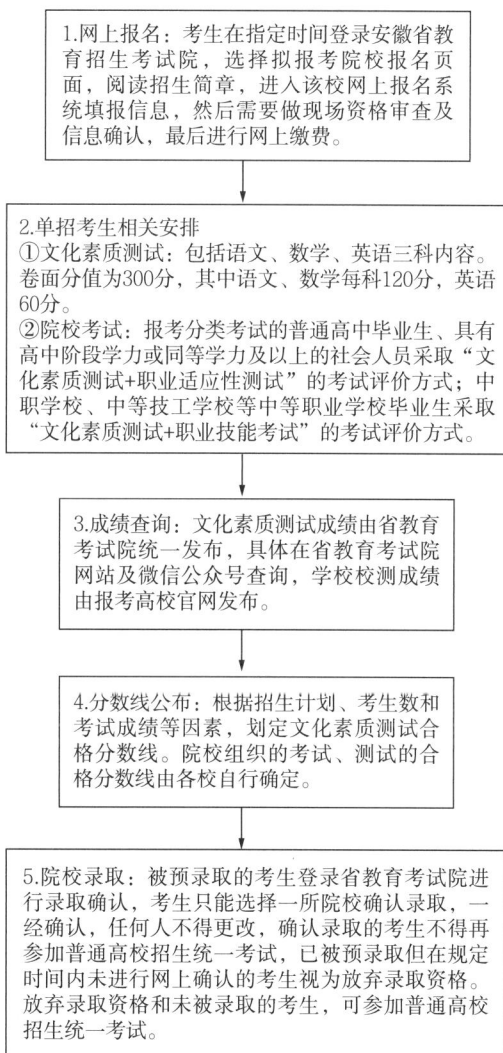

1.网上报名：考生在指定时间登录安徽省教育招生考试院，选择拟报考院校报名页面，阅读招生简章，进入该校网上报名系统填报信息，然后需要做现场资格审查及信息确认，最后进行网上缴费。

2.单招考生相关安排
①文化素质测试：包括语文、数学、英语三科内容。卷面分值为300分，其中语文、数学每科120分，英语60分。
②院校考试：报考分类考试的普通高中毕业生、具有高中阶段学力或同等学力及以上的社会人员采取"文化素质测试+职业适应性测试"的考试评价方式；中职学校、中等技工学校等中等职业学校毕业生采取"文化素质测试+职业技能考试"的考试评价方式。

3.成绩查询：文化素质测试成绩由省教育考试院统一发布，具体在省教育考试院网站及微信公众号查询，学校校测成绩由报考高校官网发布。

4.分数线公布：根据招生计划、考生数和考试成绩等因素，划定文化素质测试合格分数线。院校组织的考试、测试的合格分数线由各校自行确定。

5.院校录取：被预录取的考生登录省教育考试院进行录取确认，考生只能选择一所院校确认录取，一经确认，任何人不得更改，确认录取的考生不得再参加普通高校招生统一考试，已被预录取但在规定时间内未进行网上确认的考生视为放弃录取资格。放弃录取资格和未被录取的考生，可参加普通高校招生统一考试。

二十二　海外留学

1. 留学行业数据分析

在全球化发展的今天，留学成为连接国内外教育资源的重要途径，受到学生和家长的广泛关注。目前，中国留学市场在留学群体、留学国家、院校专业选择等方面都发生了显著变化，留学生的就业与职业规划也出现了新的趋势。本书通过对相关数据的深入分析，可以为各方提供有价值的参考。

(1) 留学生生源结构的变化

近十年，在高等教育留学方面，有留学意向的本科生和研究生生源结构有变化。2024 年，普通高校学生留学比例大幅提升到 57%，比 2023 年增长 8 个百分点。这显示出国内高等教育领域学生竞争加剧，更多普通高校学生选择留学，以此提升个人学历和丰富个人履历，在求职就业中取得优势。

(2) 留学生家庭背景的变化

近年来，留学生家庭的经济状况和家长教育程度都有明显变化。过去，来自工薪阶层家庭的孩子是留学的主要群体，然而近几年，这类家庭对孩子留学的支持力度有所下降，或许是受到经济环境变化的影响。

与此同时，经济条件优越的家庭在留学方面的投入大幅增多，家长高度重视子女的教育投资，乐意给孩子创造更好的教育机会。另外，家长的学历层次持续提高，特别是有海外教育经历的家长占比逐年上升。这些家长对留学的价值认可度更高，更倾向于让孩子出国接受国际化教育。

这些变化既反映出经济环境和留学生家庭背景的改变，也表明家长对子女教育的重视程度进一步加深。经济条件好的家庭增加对孩子的留学投入，家长自身学历提升以及有海外教育背景，使得父母更愿意让孩子接受国际化的教育，让孩子留学成了更多家庭的首选。

(3) 留学生家庭收入与留学预算的变化

2024 年的相关数据表明，中国有留学意向家庭的年平均收入约为 45 万元，平均留学预算却高达约 52 万元，比上一年有所增长。即便留学预算往往超出家庭收入，多数家庭还是全力支持子女留学。如，美国和加拿大留学费用相对较高，年平均预算大概 60 万元人民币，这主要因为这两个国家学费和生活成本较高。不过，美国和加拿大两国设有众多奖学金项目，能帮助学生减轻经济负担。相比之下，不少欧亚国家留学费用较为合理，吸引了不少工薪阶层家庭的孩子前去求学。

这种情况既反映出父母对教育的重视程度，也展现出他们应对经济压力的策略，即通过合理规划并充分利用各类资源，他们能够有力支持孩子留学。

(4) 主要留学目的地的变化

近十年，中国学生留学目的地国的数据变化表明，赴英国留学的人数增长态势强劲，而美国、加拿大和澳大利亚则有不同程度的下降。2014—2015 学年，美国是中国学生留学目的地的首选，赴美留学生人数超过 30 万，远超其他国家。但从 2020—2021 学年开始，选择去英国留学的中国学生人数持续上升，预计不久后，英国将成为中国留学生较为青睐的国家。

英国是英语发源地，名校众多，教育质量得到全球认可，这些优势不言而喻。英国教育强调以学生为中心，除了先进的教育理念，学制短也是一大优势。对于支付国际学生学费的留学生而言，节省时间就是节省金钱，学制短这一优势不容忽视。英国的本科学制三年，授课型硕士仅需一年。在其他国家需六至七年才能完成的本科＋硕士学习，在英国四年就完成。当今时代，在瞬息万变的发展节奏下，学制缩短两三年时间，不仅意味着时间成本和经济成本降低，还意味着学生能更早地为自己和社会创造价值。

(5) 留学生择校因素的变化

近十年，中国留学生在挑选海外学校时，考虑的因素越来越多样。大学排名一直备受重视，而如今，就业率和学费成本也逐渐成为关键点。

根据调研，超过七成的家长和学生更愿意选择能提供良好就业机会的院校。随着就业市场竞争愈发激烈，大学排名和知名度虽然有一定的参考意义，但留学生实际上更看重的是就业机会以及校友资源。

这种变化既体现出留学生对教育质量的关注，也反映出他们对未来职业发展的理性思考。通过综合考量多种因素，他们能够做出更明智的选择，进而在未来的求学和职业生涯中收获更大的成功。

(6) 留学专业的选择

在留学专业的挑选上，中国留学生的选择也愈发多样。STEM（科学、技术、工程和数学）领域的专业，始终是中国留学生的热门之选，像数学与计算机科学、工程学以及工商管理等方向的专业，备受青睐。

随着社会对复合型人才的需求不断攀升，交叉学科备受欢迎。如计算机金融、生物统计这类交叉学科专业，受到的关注日益增多。这些专业融合了不同领域的知识，目的是培养学生的综合技能。

这种变化既反映出留学生对就业市场动态的敏锐感知，也体现出他们在面对不确定性和风险时所采取的应对策略。通过选择更具竞争力的专业，他们能够在未来求职市场中处于更有利的位置。

（7）影响海外院校申请的因素

申请海外院校是一场综合实力的比拼，并非单纯达到分数线就能被成功录取。如部分美国院校公布的 GPA（平均学分绩点）最低要求仅为 3.0（相当于百分制的 80 分），但在申请顶尖院校的学生中，GPA 达到 3.8 以上（相当于百分制 90 分以上）的情况十分常见，所以分数过线并非录取的关键。比起高 GPA，很多海外院校更看重取得高 GPA 背后学生付出的努力、思维方式和逻辑能力。

很多海外院校还关注学生的个人经历：不能只专注于学习，还得通过自身行动影响周围世界。课外活动就成了展现学生个性、组织领导力、团队协作能力以及对特定领域热情的重要契机。对学生而言，课外活动好处众多，不仅能提高学科能力、拓展兴趣和增长见识，还能增强自信心、提供社交锻炼机会、帮助放松情绪、释放压力、培养生活技能、丰富个人经历，进而有助于海外院校申请。

（8）海外学习经历愈发普及

近十年，中国学生参与各类海外学习项目的频次不断上升。这些项目涵盖学校组织的夏/冬令营、培训机构的国际游学项目、短期交换计划，以及海外高校的暑期课程等。

在这些项目中，学校和培训机构组织的夏/冬令营颇受学生欢迎，占比较大。同时，海外高校暑期课程的参与率增长迅速，从 2015 年的 3% 提升到 2024 年的 10%，这表明学生对积累国际经验的兴趣愈发浓厚，而这些经历对后续留学申请及个人发展都有积极作用。

这一趋势既反映出学生对国际教育体验的向往，也体现出他们应对全球化挑战的策略。通过参与各类海外学习项目，学生既能提升语言能力，又能拓宽视野，增强跨文化交流能力。

2. 为什么要留学

近年来，伴随全球化的持续深入，留学成为众多学生的选择。但这一现象背后的成因及变化趋势，值得深入探究。早期，学生留学多为开阔眼界、积累经验；如今，留学动机已明显转变为以就业为导向。此外，考试成绩、学历提升以及丰富阅历等因素，也在持续改变留学申请的变化态势。

（1）留学生更关注就业前景

在规划留学路径时，就业因素是中国留学生的关键考量之一。他们不仅看重留学目的国的整体就业前景，更倾向于选择移民政策宽松、就业环境友好，且实习和工作机会多的国家，比如加拿大，其提供给留学生长达三年的毕业工作签证极具吸引力。

同时，留学专业的就业前景也是决定性因素之一。留学生们倾向于选择就业前景良好的领域，特别是美国的 STEM 专业，像计算机科学、工程学以及数学等，这些专业因就业机会广、市场认可度高，成为中国留学生的热门选择。所以，就业因素在中国留学生选择留学目的国和专业时处于核心位置，他们希望通过留学获取更广阔的职业发展平台。

（2）语言成绩与个人背景是海外高中申请的关键

对于想进入海外高中的申请者而言，语言测试成绩和个人背景愈发关键。随着英国及其他欧亚国家和地区留学热度攀升，雅思等外语考试的参考人数持续增多。为在众多申请者中崭露头角，学生不仅要具备出色的语言能力，还得积极参与各类课外活动，比如社团活动、志愿服务等，从而展现自身出色的综合素质。

与此同时，过去三年里，SAT（也称"美国高考"）等传统留学考试的热度有所下降。部分原因在于一些学校允许申请者可不提交 SAT 成绩。此外，SAT 等考试的改革也可能使部分学生持观望态度，等新题型和考核方式更明晰后再做打算。即便如此，无论是本科生还是研究生，良好的 GPA 依旧是衡量其学术表现的重要标准之一。为增强申请竞争力，学生还须准备好专业相关的论文或作品集，以此丰富个人履历，为留学申请增添优势。

（3）海外教育的革新授课模式更受青睐

近年来，意向留学者对留学优势的认知有所转变。除传统的思维方式、教育资源、教育理念外，海外院校独特的授课方法成为新亮点。超半数学生认可海外院校小组讨论、辩论、实践操作等互动式教学方法的显著优势。

这些灵活教学手段激发学习兴趣，借项目作业、演讲展示等多样化评估方式全面考查学生能力，因此更受意向留学生青睐。

(4) 自主能力与语言能力提升的差距

虽然众多意向留学者期望通过留学在语言能力、独立性以及社交方面取得显著提升，但实际上，留学对学生独立性的培养效果更为突出。大多数学生在留学期间确实获得了更多自主空间，然而在语言能力提升上，实际进展却常常难以达到预期。这表明，若想有效提升语言能力，或许需要投入更多时间，并采用更为系统的学习方法。

此外，留学生活为学生创造了丰富的社交契机，有助于他们结识来自不同文化背景的人，促进相互间的认识与理解。不过，需要注意的是，鉴于文化差异和生活习惯的不同，部分学生可能会遇到适应难题。所以，在出国前做好充足的心理准备，并接受跨文化交流培训十分必要。

3. 如何做好留学选择

在全球化浪潮里，留学是一种开放心态的体现，是勇敢迈向未知领域的行为。留学不仅能深度挖掘和释放学生个人潜能，还能为职业生涯搭建通向世界舞台的桥梁。我们深入分析留学的各种选择，希望为即将踏上留学之路的学子照亮前行方向，让他们勇敢地在世界各地留下属于自己的独特痕迹。

(1) "半DIY"留学模式悄然兴起

"半DIY"模式的出现，意味着留学服务机构的角色正悄然改变。以往，传统留学机构大多提供一站式全流程服务，从挑选学校到撰写申请书等，几乎一手操办。但如今，随着信息愈发透明，学生自主意识不断增强，越来越多的学生渴望参与留学申请过程中，争取更多主导权。"半DIY"模式应运而生。

采用这种模式，学生能够自己挑选学校、撰写申请书等，仅在关键环节向专业机构求助。比如，在申请书润色、面试指导等方面，借助专业机构的经验，学生能更好地展现自身优势。

互联网技术的发展，丰富了线上资源，也为"半DIY"模式提供了有力支撑。学生借助在线平台，可获取大量目标学校资料，了解不同专业的课程设置、就业前景等信息。各类社交媒体和论坛也为学生搭建起交流分享经验的平台，进一步提升了他们的自主性。

（2）提前规划逐渐成为留学常态

提前规划的重要性毋庸置疑。研究显示，那些提前两年或更久就着手准备的学生，在申请时往往能取得更出色的成绩。提前规划不但能让学生有充裕时间提升学术能力，还为他们创造了更多参与背景强化活动的契机。这些活动既能丰富学生的履历，又有助于他们在申请中崭露头角。

具体来讲，背景强化活动可分为学术类与非学术类。学术类活动包含科研项目、论文发表等；非学术类活动则涉及实习、志愿服务、社团活动等。无论哪种类型，都需要学生在日常点滴中不断积累并总结经验。例如，参与科研项目能助力学生深入了解某领域的前沿态势，而实习经历则能让他们更清晰地认识职业发展方向。

值得注意的是，背景强化活动并非局限于特定时段。尽管春季和暑假是开展此类活动的高峰期，但越来越多的学生开始将其融入日常。比如，有些学生会在课余时间参与线上讲座、读书俱乐部等活动，借此提升自身综合素质。

（3）双轨申请成为趋势，国际国内双保险

在国际局势愈发复杂、就业环境充满不确定性的当下，越来越多的家庭把目光投向双轨申请模式。双轨申请，就是学生同步筹备高考与留学申请，给自己创造更多选择机会。这样做既能降低风险，又能为学生争取到更多升学机遇。

数据表明，超六成有留学意向的人群知晓并关注双轨申请模式，超七成的人对其持积极态度。这充分说明，双轨申请模式已获得广泛认可与支持。实际上，随着国际关系日趋复杂，许多家庭不再将留学当作升学的唯一路径，而是期望借助双轨申请，实现国内外升学的均衡发展。

需要留意的是，双轨申请颇具挑战，它要求学生具备较强的自我管理与时间管理能力。为了同时兼顾高考和留学申请，学生必须合理规划时间，制定科学的学习计划。当然，家长的支持与鼓励同样关键。

4. 高中生海外升本国家选择与升学规划

【美国】

近年来，美国本科留学持续升温，其卓越的教育质量、广泛的课程选择，以及与

国际接轨的学术环境成为众多学子的首选。随着申请人数逐年攀升，竞争日益激烈，合理的升学规划与个性化的申请材料愈发关键。

（1）美国本科留学数据解读

①国际教育背景学生占比攀升

近几年，申请美国本科的学生群体中，具有国际教育背景的学生占比持续上升，成为主要申请群体。这些学生因明确的留学意向和在国际教育体系中的优势，受到美国高校的青睐。国际教育背景的学生在申请时往往能展现出更强的适应能力和学术竞争力，因此更多学生选择国际教育路径。

②超一线城市为主要生源地，生源地区多样化

北京、上海、广州等超一线城市一直是美国本科申请学生的主要来源。这些城市的家庭对国际教育规划具有前瞻性，普遍在孩子较小时就规划留学。近年来，随着国际形势的变化，来自超一线城市的学生占比有所波动，但整体仍占据主导地位。同时，随着国际形势的平稳，申请美国本科的学生生源地区将逐渐多样化，更多地区的学生将有机会参与国际竞争。

③加州成为学子青睐的留学目的地

2023年，加州依旧是中国赴美留学生在本科阶段最常选择的目的地，占比约为三分之一。加州之所以受欢迎，主要得益于其强大的教育体系和高水平的大学数量。以加州大学伯克利分校、加州大学洛杉矶分校为代表的加州系院校在最新排名中均有所上升，吸引了更多学生申请。此外，加州的经济、文化和生活环境也为学生提供了丰富的资源和机会。

④名校情结增强，人文社科成为热门专业

在2023年，选择申请TOP 30院校的学生占比大幅增长，反映出中国学生名校情结的增强。同时，在专业选择方面，人文社科成为热门专业，占比约为四分之一，涨幅较大。随着国际形势的变化，越来越多的学生开始关注人文社科类专业，认为这些专业有助于理解和应对当下现实挑战。此外，商科专业的申请占比也有所回升，这反映出经济形势的变化对学生选择专业的影响。

⑤早定专业有利于录取，高分成绩成为标配

美国大学允许学生在本科阶段暂不选定专业，但近年来越来越多的学生选择在申请阶段确定专业，以展示个人的学术探索兴趣。尤其是排名靠前的院校，更关注学生的未来规划和兴趣方向。因此，越早明确自己的大学专业方向，越容易获得美国高校

的青睐。同时，高分成绩已成为申请美国大学的标配。无论是 TOEFL、IELTS 还是 SAT 标准化成绩，都呈现出逐年增高的趋势。美国大学对申请学生语言及标准化成绩的要求越来越高，高分成绩成为提升竞争力的关键因素。

⑥文理学院和综合大学录取情况各异

近年来，TOP 20 文理学院的录取数量占比大幅提升，反映出文理学院的"小而精"教育模式受到越来越多学生和家长的认可。相比之下，综合大学 TOP 20 的院校竞争激烈，录取率保持较低水准。但 TOP 30 及以上的院校录取率较高，尤其是 TOP 30—80 区间的院校录取率保持在三成以上。此外，AP 课程体系的学生在早申阶段具有明显优势，但美国高校对非 AP 课程体系学生的认可度也在增强，展现出其对申请学生背景的包容性。

（2）美国本科升学规划

①美国本科申请要求

根据院校排名、专业实力等因素，不同学校及专业对学生的申请要求均有差异，下表是不同排名院校对申请学生的成绩要求，表中数据仅为参考，一切以实际申请为准。

目标院校排名	GPA	TOEFL	SAT
TOP 10	4.0	115+	1550+
TOP 30	3.8+	110+	1500+
TOP 50	3.6+	100+	1420+
TOP 100	3.2+	80+	—

②美国本科申请材料

• 高中成绩单（High School Transcripts）；

• 推荐信（Recommendation Letters）；

• 个人陈述（Personal Statement）；

• 附加论文（Supplemental Essays）；

• 个人简历/活动列表（Resume/Activity List）；

• 存款证明、毕业证（个别大学需要国内高中的认证）；

• 学校申请表格；

• 其他申请材料如获奖证书、竞赛成绩等；

• 语言及标准化成绩。

③美国本科申请规划时间轴

美国本科申请规划时间轴见下表。

时间阶段	申请准备
初三暑假 （当年 6—8 月）	· 参与摸底评估 · TOEFL 首考考试备考 · 了解感兴趣的课外活动与竞赛项目 · 开始规划并考虑参与一个长期公益项目
高一 （当年 9 月— 次年 6 月）	· TOEFL 考试备考，可设立目标，如第一次考试 90 分，第二次考试 100 分 · 确定专业，根据科学评估了解符合个性特征的专业 · 保证校内 GPA，学有余力的话可以根据专业方向选择 AP/IB/A-Level 科目 · 参与专业和兴趣相关的校内社团和课外活动，争取团体的领导角色或关键角色 · 根据专业兴趣，了解并参加国际级别竞赛项目，充分准备并参与 · 初步确定早申（ED/EA）的院校和专业 · 申请美国暑校并完成所有资料递交流程
高一暑假 （次年 7—8 月）	· TOEFL/SAT 持续备考或参加考试（如需） · 参加夏校项目 · 根据专业方向，准备下一学年国际级别竞赛项目 · 参与全球议题讨论项目，提升谈判及学术写作能力
高二 （次年 9 月— 第三年 6 月）	· TOEFL/SAT 考试备考，可设立目标如 SAT 第一次考试 1400 分；SAT 第二次考试 1550 分；TOEFL 第三次考试 108 分 · 详细了解目标专业下的细分专业，补充专业相关知识，了解大学专业课程设置 · 保持校内 GPA，如选择了 AP/IB/A-Level 科目学习，则完成国际课程统考并达到 AP 3—6 个科目（5 分）；A-Level 3—4 个科目成绩为 A；IB 预估成绩 38 分 · 作为领导角色发起和组织至少一个校内活动或一个校外活动 · 参加两个国际级别竞赛，并获得名次或奖项 · 确定 ED/EA 院校和专业 · 申请第二个美国暑校并完成所有资料递交流程
高二暑假 （第三年 7—8 月）	· TOEFL/SAT 冲刺备考学习 · 参加高端夏校项目和课外活动项目 · 参与国际级别竞赛活动作为补充 · 梳理简历、文书及申请材料素材收集整理

时间阶段	申请准备
高三 （第三年9月— 第四年6月）	· TOEFL 备考，建议目标 115 分 · 保持校内 GPA，如选择了 AP/IB/A-Level 科目学习，则完成国际课程统考并达到 AP 3—6 个科目（5分）；A-Level 3—4 个科目成绩为 A；IB 预估成绩 38 分 · 长线活动持续参与 · 参加国际级别竞赛，并获得名次或奖项 · 完成简历、个人陈述等申请材料准备，提交早申请及常规申请 · 追踪申请进度、确认入读学校及后续签证入学流程

说明：此时间轴仅为参考，一切以实际申请为准。

【加拿大】

加拿大本科留学以其优质的教育资源、安全宜居的环境及灵活的移民政策备受青睐。近年来，申请量稳步增长，竞争激烈。

（1）加拿大本科留学数据解读

①加拿大本科申请量持续增长，多伦多大学领跑申请榜单

近年来，加拿大本科申请量持续攀升，尽管 2022 年涨幅有所放缓，但依然保持增长趋势。这一增长主要得益于加拿大安全稳定的生活环境和优质的教育资源。在 2023 年的申请中，多伦多大学以 17.2％ 的申请占比稳居榜首，成为最受学生欢迎的院校，这与其良好的口碑和国际影响力密不可分。同时，安大略省作为教育资源丰富的地区，吸引了大量国际学生，成为加拿大本科申请的主要目的地。

②医博类院校申请占比高，理科专业申请逐渐超越商科

加拿大本科申请主要集中在医博类和综合类院校，其中医博类院校占比高达 78.2％。多伦多大学、UBC 大学（不列颠哥伦比亚大学）和麦吉尔大学作为医博类院校的佼佼者，占据了大量申请份额。与此同时，随着信息技术的快速发展，理科专业在加拿大本科申请中逐渐超越商科，成为热门选择。计算机、人工智能等相关专业尤其受到学生青睐，反映出学生对高质量教育和未来职业发展前景的强烈需求。这一趋势也促使更多学生选择就读计算机及相关专业，带动了理科申请占比的强势增长。

③加拿大本科申请性别比例扩大，男生占主导

近年来，加拿大本科申请中男生人数始终多于女生，且性别比例在逐年扩大。这一趋势在加拿大所有阶段申请中均较为突出，尤其是本科阶段。男生更倾向于选择加拿大的理工类专业，这得益于加拿大的大学在这些领域的优势。此外，加拿大硕博深

造途径的畅通也为男生提供了更多的发展机会，使得他们在本科阶段就更有动力选择理科专业并继续深造。

④加拿大本科申请主力为国内普高学生，直录占比过半，录取率平稳

在加拿大本科申请中，国内普通高中的学生依然是主力，占比超过三分之一。这主要得益于加拿大的大学为中国普通高中学生提供的便利条件，如可直接凭借高中成绩、会考成绩、高考成绩及语言成绩申请。同时，国外大学本科在读生选择转学申请加拿大本科的人数也在逐年增加，这主要得益于加拿大对国外本科转学生的宽松要求。

在录取方式上，加拿大本科直录申请占比持续上升，2023 年已过半数，成为主要录取方式。整体而言，加拿大本科录取率保持平稳，但同一所学校不同专业的录取率相差较大，热门专业和顶尖院校的录取难度依然较高。在申请时，学生除了需要关注成绩外，还需注重提升其他综合实力，以增加竞争力。

（2）加拿大本科升学规划

①加拿大本科申请要求

一般来说，加拿大本科对于国内高中毕业生成绩要求较高，一般最低要求平均成绩达到 80 分，一些更好的大学，诸如多伦多大学、英属哥伦比亚大学等排名世界前一百的，要求学生的平均成绩达到 85 分以上。加拿大在招收国际学生时，需要学生具备相应的语言能力。具体如下。

IELTS：总分 6.5 分，单项不低于 6 分。

TOEFL：总分 80—100 分，单项不低于 22 分。

Duolingo：总分 100—120 分（需提前确认所申请大学是否认可）。

如在英语地区读书超过四年，则有可能免除对语言方面的要求，具体以各大学审查结果为准。

以上信息仅供参考，达到以上成绩不代表一定会被录取，部分竞争激烈的大学和专业可能会有更高要求，具体以各大学官网为准。如学生满足大学的学术要求，但暂时无法达到上述（或官网）的直接录取语言要求，可以选择本科双录取项目。

②加拿大本科申请规划时间轴

以下为本科申请规划时间轴参考，横跨高中三年，分为规划期、申请期和过渡期，每一时期都有相应需要完成的准备工作。

➢ 高一为规划期。在这一时期，学生首先要对未来的目标申请院校、申请专业

以及申请要求进行初步了解，同时需注意两年后的申请要求可能会比现阶段有所提高，因此在保持在校成绩的同时，也要预留时间，尽可能地冲刺其他标准化成绩。

➤ 高二为申请期。经历了一年的准备后，此时学生对于冲刺的目标院校和自己擅长的专业方向有了更加清晰的认知，这一阶段可以确定最终的申请院校名单、持续提升背景、准备面试辅导，并同步整理相关申请材料。需要强调两点：一是如何在短短几分钟内，用英语有条理且有逻辑地输出观点、突出优势、增加竞争力，面试辅导不可或缺；二是加拿大优质院校通常提前开放网申，当年9月开始，次年1月截止，本着"先到择优"的原则进行审查，强烈建议学生们提前整理好相关的申请材料，在网申开通后马上提交。

➤ 高三为冲刺过渡期。网申提交后还有一点时间可以补充材料，如有更好的标准化成绩、竞赛成绩和活动背景，此时可进行更新，做最后的冲刺努力。家长也可开始同步准备签证所需材料，不同家庭所需文件略有不同，视具体情况而定。

在收到心仪院校的录取通知并缴纳学费后，即可递交签证申请，等待结果的同时既可着手申请大学宿舍，也可提前规划未来的学习，为接下来即将开始的留学生涯做好学业、生活及心理上的过渡准备。

【英国】

英国本科留学以历史悠久的教育体系、世界顶尖的大学资源及丰富的文化底蕴著称，申请量逐年攀升，竞争愈发激烈。

（1）英国本科留学数据解读

①英国本科申请人数持续增长，竞争加剧

近年来，英国本科申请人数持续攀升，特别是在2022年，申请人数较上一年度上涨了约34%。尽管2023年申请G5等顶尖院校的人数略有下降，但整体申请趋势依然强劲。这一增长趋势意味着英国留学的竞争日益激烈，学生需要更加充分地准备以提升自身竞争力。同时，英国大学对国际课程的认可度较高，拥有国际课程学习背景的学生在申请时具有一定优势。

②申请学生背景多元化，一线城市及沿海地区占比高

在2023年的英国本科申请中，国际课程体系学生占据了主导地位，其中国际学校、海外高中和公立学校国际部学生占比合计超过80%。此外，预科课程和高考成绩也逐渐成为申请英国本科的有效途径。从地域分布来看，申请学生大多来自江苏、上海、北京、重庆等沿海省份及一线城市，这些地区对外开放较早，国际教育普及程

度较高，家庭经济条件也相对优越，为学生提供了更多接受国际教育的机会。

③男女申请比例均衡，商科仍受欢迎但专业选择多样化

在性别比例方面，英国本科申请男女生人数基本相当。随着计算机等工科类专业热度上升，选择去英国留学的男生人数逐渐增多。在专业选择上，商科虽然受到全球经济低迷的影响，申请占比略有下降，但仍占据首位。同时，工科、人文社科和理科等专业的申请人数占比也呈现出均衡的态势，学生对未来专业的选择更加多样化。这反映了英国在多个学科领域的优势以及学生对未来职业发展的多元化需求。

④语言成绩成为申请优势，规划周期变长

英国院校申请的一大特点是接受无语言成绩申请，但越来越多的学生选择在递交申请时同时递交语言成绩，以展现自身学术能力和语言水平。2023 年，有 43% 的学生 IELTS 成绩达到 7 分及以上，为近四年来的峰值。此外，随着申请热度增加，学生的规划准备周期也在变长。更多学生选择从高一开始规划筹备，甚至在初中阶段就同步进行高中及本科的规划准备。这有助于学生在留学国家、学校、课程体系的选择上做出更细致、全面的准备，提高申请成功率。同时，英国本科录取率的激增也反映了学生充足准备和合理规划的重要性。

（2）英国本科升学规划

①英国本科申请要求

英国本科留学接纳多种课程体系的学生，包括 A-Level、IB、AP 等国际课程，以及加拿大、澳大利亚等国的课程体系。同时，部分院校也接受中国普通高中的高考成绩和艾思特（AST）考试成绩。

A-Level 学生通常需提交三到四门课程成绩，G5 院校要求 A*AA 至 A*A*A，QS 前 50 名院校要求 AAA 至 A*A*A，QS 50—100 名院校要求 AAB 至 A*AA。申请时可使用预估成绩，获取有条件录取，后续需满足语言成绩等条件以换取无条件录取。

IB 学生申请时主要依据预估分，G5 院校要求 38—42 分，QS 前 50 名院校要求 36—39 分，QS 50—100 名院校要求 32—38 分。学生需注意高级别课程的选择及成绩，以满足专业需求。

AP 学生需使用大考成绩申请，部分院校可能要求搭配 SAT 成绩（但 SAT 或 ACT 成绩不能单独申请）。G5 院校要求五门及以上 AP 成绩达到 5 分，QS 前 50 名院校要求三到五门 AP 成绩在 5-5-5 至 5-5-5-4-4，QS 50—100 名院校要求至少三门 AP

成绩达到 5-4-4 至 5-5-5。

普通高中学生可通过高考成绩直接申请，QS 前 50 名院校中的剑桥大学要求学生成绩达到全省前 0.1％，QS 50—100 名院校要求学生高考成绩达到 75％至 85％。此外，学生还可选择参加艾思特考试，搭配高考成绩申请，QS 前 50 名院校通常要求学生艾思特单科成绩在 220 分至 230 分，QS 50—100 名院校要求 200 分至 220 分左右。

②英国本科申请材料

➤ UCAS 申请表。

➤ A-Level 或其他课程成绩单。

➤ 英语能力证明复印件，如 IELTS 成绩等（可以后补）。

➤ 个人陈述，内容涵盖期望申请的课程、个人对所申请课程的理解和申请动机、选择该学校的理由、个人学术背景、将来的学习计划等。

➤ 一封推荐信，需要推荐人填写。

➤ 护照首页扫描件。

➤ 艺术类学生需要准备相关作品。

➤ 部分文社科专业需要提供书面作业。

③英国本科申请规划时间轴

英国本科申请规划时间轴见下表。

时间阶段		申请准备
高一	上学期	·全面了解英国教育制度和感兴趣专业的入学要求 ·了解英国的人文、地理和各个地区的衣食住行情况 ·全面了解留学信息，确定目标专业，校内学习仍然是重中之重，需要提前安排好课程的预习学习和复习 ·TOEFL/IELTS 备考，针对申请所需要的语言成绩，循序渐进地逐步提升语言水平 ·学术阅读积累，丰富知识储备，探索专业兴趣，拓宽知识面，强化语言基础
	下学期	·针对目标专业方向，参加相关竞赛，强化个人优势和目标专业的知识储备及实践 ·留意目标院校/目标专业的暑校项目（Summer School），增加多元化背景 ·进行国际课程大考，提前做好复习训练，确定高二阶段的选课时间、可选课程，提前做好准备 ·学术阅读积累，丰富知识储备，探索专业兴趣，拓宽知识面，强化语言基础

时间阶段		申请准备
高二	上学期	·寻找与申请方向相关的科研/实践项目，增强学术研究能力 ·留意学校相关学术社团、兴趣社团、竞赛社团，在保障成绩的前提下可多多尝试 ·如申请学校有笔试面试要求，需进一步安排笔试面试的练习准备
	下学期	·保证在校的学习成绩，了解、准备课程和 IELTS 考试 ·规划科目考试和申请规划
	暑假	·选择参加英国大学的夏校项目，近距离了解意向学校情况 ·备考 IELTS，重点提高英语口语和写作能力 ·参加一些对于留学申请有帮助的暑期活动或竞赛项目 ·准备本科申请的所需文书类材料、考试成绩等
高三	上学期	·UCAS 开放申请，可以提交申请材料 ·10 月中旬，英国牛津、剑桥大学结束申请（含医学等专业）
	寒假	·1 月下旬是其他英国高校大部分本科专业 UCAS 申请的截止日期，学校会统一审核在此之前的申请 ·本科申请的截止日期之后的申请，学校不一定会审核，需注意时间节点，尽量提早递交申请
	暑假	·6 月底进入 Clearing（补录）的申请 ·在 6 月 30 日晚上 6 点后才递交申请的学生，一般会自动进入 Clearing 阶段 ·8 月份 A-Level 最终成绩公布，学生们可以换取无条件录取 ·本科入学申请截止日期一般在 9 月中下旬，想在当年秋季入学的学生，这是最后期限 ·10 月中旬是补录的最后截止时间，至此英国本科申请全部结束

说明：此时间轴仅为参考，一切以实际申请为准。

【澳大利亚】

澳大利亚本科留学以其优质教育、实践导向的课程，以及宽松的移民政策吸引全球学子，故其申请竞争日益激烈。

（1）澳大利亚本科留学数据解读

①八大院校申请热度更迭，新南威尔士大学崭露头角

近几年，澳大利亚的八大院校一直是本科申请的热门选择，这些学府在师资力量与学术成就上均享有国际盛誉。2023年，新南威尔士大学凭借灵活的三次入学机会，成功吸引了更多中国学生，首次在申请热度上超越了悉尼大学。与此同时，墨尔本大学虽在澳大利亚国内排名第一，但因其不接受中国高考成绩，申请占比在过去几年中一直维持在中等水平。

②语言成绩要求趋严，语言班衔接成热门选择

澳大利亚高校在录取本科生时，除了考虑学术背景外，还非常注重语言成绩。对于语言成绩未达到直录标准的学生，可以选择参加语言班来提升自己的语言能力。2023年，由于部分学校恢复了线下语言考试的认可标准，而国内线下语言考试考位紧张，导致达到语言录取标准的学生占比有所下降。因此，更多学生选择了通过语言班来衔接本科课程，因此，语言班衔接成为一种热门选择。

③专业申请趋势逆转，理工科专业备受青睐

在2023年的澳大利亚本科申请中，尽管商科依然是最受欢迎的专业，但其申请量已连续四年下滑。与此同时，理工科专业的申请量显著增加，分别增长了6.3%（理科）和4.9%（工程）。这一变化反映了学生对于未来就业市场的审慎态度，他们更倾向于选择就业前景更为明朗的理工科专业。

④本科入学路径多元，预科课程热度上升

本科直录仍然是澳大利亚本科的主要入学方式，这得益于大多数知名院校对中国高考成绩的认可。然而，预科课程作为一种重要的衔接方式，其申请量在2023年也有所增加。这主要是因为一些热门专业，如临床医学和牙医，学生需要通过预科课程来适应大学的学习节奏和专业要求。

⑤申请审查周期延长，学生需尽早准备

随着申请澳大利亚高校的学生数量不断增加，学校的录取工作变得更为繁重。因此，2023年的申请审查周期相比往年有所延长。这一变化意味着，一周和两周内获得录取通知的比例有所下降，而三周及以上的审查周期占比则有所上升。这提醒申请者需要更早地准备申请材料，以应对可能的审查延迟。

（2）澳大利亚本科升学规划

申请澳大利亚本科时，有以下内容应注意。

澳大利亚本科申请，遵循"尽早申请，占据先机"的原则，尤其是一些热门专业，可能会因为申请人数过多而提前截止。因此，对于有意向申请澳大利亚高校的学

生来说，提前规划和准备至关重要。以下是申请澳大利亚本科的三种主要途径。

➤ 高考直录

招生对象：高三毕业且高考成绩达标的学生。

语言要求：大部分要求 IELTS 6.5 分可直读，低于 6.5 分可配语言班，也可参加学校内部测试。

➤ 预科申请

适合人群：想升读排名较高的院校，尽快衔接大学课程的学生。

招生对象：高二、高三在读或高三毕业的学生。

语言要求：高二在读以上（有三个学期成绩单即可申请），IELTS 5—6 分可直读预科，低于 5 分可搭配语言课。

➤ 国际大一

适合人群：英语水平较高，想节省时间的学生。

招生对象：高三毕业生。

语言要求：IELTS 5.5 分可直读，低于 5.5 分可配语言课，也可参加学校内部测试。

【日本】

日本本科留学以其高水平的教育质量、丰富的奖学金机会，以及与中国地理位置较近，成为众多学子的优选。随着申请人数逐年增长，了解最新留学数据与科学规划升学路径显得尤为重要。

（1）日本本科留学数据解读

①留学申请多元化，早规划意识增强

近年来，申请日本本科的学生群体逐渐多元化，普通高中毕业生虽然仍占多数，但比例有所下降，国际高中、中专、职高和技校的学生占比持续上升。同时，学生的早规划意识显著增强，越来越多的学生选择从高一、高二阶段就开始筹备留学申请，以便尽早接受专业的升学指导，提高申请成功率。

②东京等繁华地区成为留学热门选择

东京及其周边地区因其优质的教育资源和便利的生活环境，成为众多中国留学生的首选留学目的地。2023 年，申请东京及周边地区的学生占比同比增长，显示出留学生对繁华都市的偏好。同时，大阪及周边地区的申请占比也有所提升，反映出留学生对生活环境的便利性和城市的繁华程度有一定的倾向。

③名校情结与小众院校关注度并存

在目标院校的选择上，中国留学生依然对早稻田大学和东京大学等名校青睐有加。然而，随着留学信息的普及和学生对院校了解的深入，一些相对小众但拥有优势专业和较高就业率的院校也开始受到关注。2023 年，一些小众院校成功跻身热门院校行列，显示出学生对院校的选择不再局限于名气，而是更加注重学校的专业特色和就业前景。

④专业选择注重实用性与可迁移性，EJU 成绩成为关键

在申请专业方面，文科学生倾向于选择文学、心理学等人文社科专业，而理科学生则更青睐机械、计算机等工学相关专业。这些专业在就业市场上的适用性较高，就业范围相对广泛。同时，EJU（日本留学考试）成绩作为进入日本大学的敲门砖，其重要性不言而喻。2023 年，超过六成的申请者 EJU 成绩在 600 分以上，显示出其较强的竞争力。最终，超过半数的学生成功获得日本 TOP 30 院校的录取，其中私立大学占据主导地位，这也反映出日本私立大学在留学市场中的竞争力。

（2）日本中学及本科升学规划

①日本中学及本科申请要求

➢ 中学

学历要求：完成国内 9 年义务教育并取得初中毕业证书。

年龄要求：年龄在 15—18 岁。

语言要求：累计时长 1 年的线下日语学习证明（无法用日语等级替代），该证明一般由日语培训机构开具。

➢ 本科

申请日本本科，EJU 考试至关重要，它相当于日本留学的高考，每年 6 月和 11 月举行。文科考日语、文综及文科数学；理科考日语、理综（选两门）及理科数学。日语试卷文理科共用，数学分文理，理科更难。

但 EJU 非唯一标准，日本大学还看重日语能力、英语成绩（如 TOEFL）、校内考试、面试及书面材料。校内考试由大学自定，含小论义、笔试、面试等。

②日本中学及本科申请材料

➢ 中学

•入学申请书。

- 初中毕业证/初中三年成绩单。

- 护照、户口本复印件。

- 4厘米×3厘米白底证件照，建议准备八张左右。

- 日语学时证明。

- 经费支付人的亲属关系证明。

- 存款证明。

➢ 本科

- 个人申请书。

- 高中（预）毕业证明。

- 高中成绩证明。

- 个人陈述等申请材料。

- EJU（日本留学生考试）成绩。

- TOEFL成绩（部分大学需要）。

- 根据学校需求准备的JLPT（日本语能力试验）成绩。

③日本中学及本科申请规划时间轴

➢ 中学

以4月入学为例，具体时间规划见下表。

时间阶段		申请准备
初三	上学期	确定申请院校，抢占名额；学习日语
	下学期	持续学习日语
初三毕业后	当年8—10月	参加日本高中组织的笔试和面试
	考试后2周	获得录取通知书
	当年10月	准备所有签证材料
	当年11月	递交入国管理局申请
	次年2月	下发在留资格
	次年3月	办理签证，申请宿舍
	次年4月	入读高一

说明：此时间轴仅为参考，一切以实际申请为准。

➢ 本科

以4月入学为例，具体时间规划见下表。

时间		中国	日本
高一学年		学习日语基础，达到 JLPT-N3 水平	—
高二上学期		学习中高级日语，达到 JLPT-N2 水平	
高二下学期		开始学习 EJU 留学生考试知识点	
高三上学期		集中学习 TOEFL，获取考试成绩	
高三下学期	当年 4 月	—	入读日本语言学校
	当年 6 月		参加第一次 EJU 留学生考试
	当年 7 月		参加 JLPT 考试
	当年 8 月		参加以私立大学为主的夏季校内选拔
	当年 11 月		参加第二次 EJU 留学生考试
	当年 12 月		参加 JLPT 考试
	次年 1 月		参加以国、公立大学为主的冬季校内选拔
	次年 4 月		入读本科大学

说明：此时间轴仅为参考，一切以实际申请为准。

【韩国】

韩国本科留学以其高质量教育、相对较低的留学费用，以及丰富的奖学金机会，吸引了众多国际学生。随着申请竞争加剧，科学规划与个性化申请成为关键。

（1）韩国本科留学数据解读

①韩国留学热度持续攀升，中国留学生占据主导地位

近年来，韩国留学热度不断上升，2023 年更是创下历史新高，留学生总数达到 18 万人，同比增长 9%。在这股留学热潮中，中国留学生始终占据主导地位，尽管占比略有下滑，但在韩中国留学生人数仍接近四成。随着韩国留学的国际化进程加速，赴韩留学生群体也日益多样化。

②本科留学仍是主流，语言研修需求增长

尽管赴韩读本科的学生占比有所下降，但仍占据主导地位，占比达到 48%。同时，韩国留学热度回温，语言研修需求也随之增长。热门语言研修学院的学生人数处于高饱和状态，有意向赴韩进行语言研修的学生需提前做好准备，抢占申请名额。

③汉阳大学受青睐，商科、传媒与艺术专业热门

在本科阶段，汉阳大学连续两年成为最受中国留学生青睐的韩国大学。此外，中央大学、庆熙大学和成均馆大学也备受中国学生欢迎。值得注意的是，嘉泉大学作为新兴的黑马，近年来在国际教育事业上取得了显著成就，吸引了越来越多的中国学生。

在专业选择方面，商科、传媒与艺术专业成为热门选择。商科专业涵盖了多个领域，应用范围广、需求量大；传媒专业受韩国流行文化影响，热度持续走高；艺术专业则因其独特的魅力，吸引了大量学生和家长的目光。

④留学环境回暖，专业选择多样化

随着留学环境逐渐回暖，2023 年，韩国本科申请量大幅回升，越来越多的学生选择赴韩接受国际教育。在专业选择上，学生们更加注重结合自身兴趣、职业规划以及社会风向变化来决定学习方向。这种多样化的专业选择趋势，不仅反映了学生们的个性化需求，也体现了韩国留学市场的多元化发展。

（2）韩国本科升学规划

①韩国本科申请要求

想要前往韩国就读本科的学生可选择英语授课专业或韩语授课专业，不同的专业对申请学生也有不同的要求。

➤ 学历要求

本科新入：高中（预）毕业、中专/职高（预）毕业。

本科插班：四年制大学二年级结业、二/三年制大专毕业。

➤ 语言要求

韩语授课：TOPIK 3 级＋（不同学校、专业语言要求不同）。

英语授课：IELTS 5.5 分及以上/TOEFL 80 分及以上（不同学校、专业的语言要求不同）。

②韩国本科申请材料

建议申请学生在入学前 6—9 个月准备完成入学所需申请材料（时效较短材料除外）。

学历材料：毕业证、学位证、成绩单及相应的公证认证材料。

家庭材料：户口本及相应的公证材料、身份证、护照。

存款材料：12 万元人民币定期冻结半年到一年（按学校要求）。

③韩国本科申请规划时间轴

以高二开始筹备为例，具体时间规划见下表。

时间阶段	申请准备
高二上学期	• 了解韩语学习及留学资讯，明确意愿和方向 • 努力准备学业水平测试，利用课余时间进行韩语学习
高二下学期	• 重视各科成绩，顺利完成学业水平测试 • 初步制定留学方案，加快韩语学习步伐
高二暑假	• 开始韩语中高级学习，备考 TOPIK 考试 • 加强英语学习
高三上学期 （10 月）	• 参加第一次 TOPIK 考试 • 针对考试成绩，做下一步语言提升规划
高三寒假	• 根据标化成绩及韩语成绩，确定申请的院校及专业方向
高三下学期 （3 月）	• 头脑风暴，完成申请相关的素材收集提炼 • 准备申请材料
高三下学期 （4—5 月）	• 最终 TOPIK 考试，建议尝试 IELTS/TOEFL 考试 • 递交材料，开始网申，跟踪申请进度，确保申请顺利进行 • 准备面试相关内容，锻炼面试技巧及能力
高三下学期 （6 月）	• 获取院校的录取通知 • 确定最终入读院校 • 缴纳学费，准备签证文件 • 办理签证，最终拿到签证
高二下学期 （7—8 月）	• 参加出国前体检 • 预订机票，行前准备 • 顺利飞抵韩国，开始留学之旅

说明：此时间轴仅为参考，一切以实际申请为准。

5. 艺术生海外留学的国家选择与升学规划

在全球化脚步不断加快的今天，艺术教育领域的国际交流愈发密切，本科阶段留学，已成为众多心怀艺术梦想的学子的主要路径。通过对相关数据进行深度解析，我们可以更透彻地洞察这一领域的发展轨迹，明晰未来的发展方向，进而为有此意向的学生及其家长，提供全面、详尽的参考依据。

（1）艺术留学数据解读

①艺术留学热潮不减，本科硕士双增长

在全球化的背景下，艺术教育跨越国界，成为连接不同文化的重要桥梁。本科艺术留学，作为许多怀揣艺术梦想的学生的首选，不仅是学生对个人才华的肯定，更是对艺术梦想的追求。近年来，本科艺术留学人数的波动回暖，显示了这一领域的勃勃生机。尽管全球经济形势和国际局势的变化对留学决策有所影响，但艺术生留学的热情从未减退。与此同时，硕士艺术留学群体的规模不断扩大，反映出学生们对艺术深造和职业发展的强烈需求。

②院校选择多元化，专业与综合并重促发展

在专业艺术院校和综合大学之间，学生们面临着艰难的选择。专业艺术院校拥有深厚的艺术积淀和卓越的教学成果，如中央圣马丁艺术与设计学院，在时尚设计领域享有全球声誉。这类院校专注于艺术专业教学，能够为学生提供高度专业化的艺术训练。而综合大学则以其丰富的学科资源和较高的学位认可度吸引着众多学生。在这里，艺术专业的学生可以跨学科选修课程，拓宽知识视野，为未来的职业发展打下坚实基础。无论是专业院校还是综合大学，都为艺术学子提供了广阔的学习平台和无限的发展可能。

③英美领跑艺术留学，欧洲亚洲新热点涌现

英美两国的院校长久以来在艺术留学领域占据领先地位，以其丰富的艺术资源、顶尖的教育水平和浓厚的艺术氛围吸引着世界各地的学子。然而，近年来，欧洲和亚洲的一些国家的院校也逐渐崭露头角，成为新的留学热点。意大利以其深厚的艺术底蕴和相对低廉的留学成本吸引着对古典艺术感兴趣的学生；荷兰的创新艺术教育理念则让不少学生看到了艺术创作的无限可能。亚洲的韩国在流行文化艺术方面的迅猛发展，更是吸引了大量中国学生前往留学，学习音乐、舞蹈和影视等热门专业。留学目的地的选择，不仅关乎个人的艺术追求，更反映了全球艺术教育的多元化趋势。

④艺术留学专业选择多样，新兴与经典并存

艺术留学的专业选择，既顺应时代潮流，又保持经典魅力。随着科技的发展，动画设计、数字媒体艺术等新兴专业逐渐升温，成为学生们的热门选择。同时，音乐表演、舞蹈等传统艺术专业依然保持着一定的申请热度。此外，一些小众专业如艺术治疗也开始受到关注，为学生们提供了全新的艺术学习和实践方向。这些小众专业的兴起，反映了学生们在专业选择上更加注重个性化和多元化，追求独特的艺术体验和表达方式。

⑤本科艺术留学提前规划，背景提升助力成功

在本科艺术留学的道路上，提前规划和背景提升成为学生们不可或缺的成功要素。提前一到两年开始筹备申请，可以让学生更加从容地应对各种要求，提高申请成功率。除了满足基本的语言和作品集要求外，学生们还可以通过参加国际艺术竞赛、艺术志愿者活动等途径来提升自己的申请背景。这些多元化的背景提升方式不仅丰富了学生们的艺术经历，还体现了他们的社会责任感和创新精神。在硕士艺术留学的申请筹备中，学生们需要根据自身情况合理安排时间，确保申请的顺利进行。同时，学生也需要密切关注国际形势和留学政策的变化，以做出明智的决策。

⑥语言与作品集并重，艺术留学标准提升

在国际艺术交流的舞台上，语言能力和作品集成为衡量学生艺术才华和专业能力的重要标准。随着海外艺术院校对学生语言能力要求的不断提高，雅思、托福等英语考试成绩成为申请过程中的重要参考。同时，一份优秀的作品集能够直观地展示学生的艺术才华和创作风格，成为申请成功的关键因素。学生们需要花费大量时间和精力来提升自己的语言能力和完善作品集，以在激烈的竞争中脱颖而出。

（2）艺术留学规划

①艺术类本科申请要求

艺术类本科的申请要求主要聚焦于三大核心板块。

学术准备：高中教育背景中的学术准备，以及校外标准化考试要达到学校的相应要求。

专业能力：作品集与个人陈述等申请材料是必备，要与申请专业相匹配。

软实力：背景提升活动与比赛表现要出众。

②艺术类本科申请材料

艺术类本科留学主要需要做以下七大类材料的准备。

➢ 作品集（Portfolio）。

➢ 文书类材料（Essays）。

➢ 在校成绩（GPA）。

➢ 标准化成绩（Standardized Tests）。

➢ 活动与背景（Background）。

➢ 选校（School Selection）。

➢ 面试（Interview）。

③艺术类硕士申请要求

艺术类硕士的申请要求主要聚焦于三大核心板块。

➢ 本科教育背景中的学术准备达到学校相应的要求。

➢ 课题研究/实验等软性背景。

➢ 出具作品集、个人陈述、推荐信等申请材料是必备的，同时要与申请项目相匹配。

④艺术类硕士申请材料

艺术类硕士留学主要需要做以下七大类材料的准备。

➢ 学术材料（Academic Material）。

➢ 精准地匹配选定校项目（Programs Selection）。

➢ 个人陈述和艺术陈述（Personal Statement&Artist Statement）。

➢ 研究计划（Study Proposal）。

➢ 作品集（Portfolio）。

➢ 作品集文字阐述（Portfolio Statement）。

➢ 面试（Interview）。

升学案例

⭐ 美国留学之 CC 转 UC——美国名校的逆袭之路

不留在上海，那就去美国

李琳（化名），一个来自上海的普通高中生，和众多高中生一样，每日埋头苦读，只为能在高考时一鸣惊人，考上国内名校，成为爸妈和老师的骄傲。李琳的爸妈都在高校工作，家庭有着稳定且不错的收入。可以说，倘若高考能够成功，她无疑会成为众人羡慕的对象。

然而，高考的成绩却让所有人大失所望，尽管付出诸多努力，最终的成绩也刚过一本线。跟许多上海本地人一样，李琳只想留在上海读书，但是这样的成绩，是没办法在上海去比较好的学校的，这让她感到沮丧。

正在全家一筹莫展的时候，远在美国的姑姑打来电话，询问李琳的高考情况。跟爸爸简单沟通后，姑姑提议既然在上海去不了好大学，那就换条路来美国读书吧。她认为李琳性格外向，英语也不错，会很快适应美国的大学生活，而且有姑姑在美国也可以照顾她。姑姑的建议让全家人兴奋起来，纷纷向姑姑询问美国大学的具体情况。但姑姑也只是工作后移民到美国，对留学申请也不是很了解，她认为现在留学市场已经很成熟了，建议他们就在国内找一家靠谱的留学机构咨询。

明确了路径，准备好申请

李琳的父亲是一名大学英语老师，受到父亲的影响，李琳从小就对英语有着浓厚的兴趣，她喜欢看美剧。然而在简单咨询了几家留学机构后，李琳一家人却发现留学美国比想象中要复杂和困难得多。

首先，如果以国内高考生的身份申请，认可国内高考成绩的美国大学并不多，而且对语言成绩的要求也比较高；其次，如果走国际生路线，那就需要提交国际课程的成绩单和语言成绩单；最后，最关键的一个问题，大多数的美国留学申请都是提前一年进行的。这就意味着，就算李琳现在着手申请，也要到明年 9 月份才能入学！

正巧李琳的妈妈看到一个短视频，一位资深的留学规划专家周老师讲述了美国前总统奥巴马通过社区大学逆袭哥伦比亚大学的故事，并且提到申请美国的社区大学可以不需要提供高考成绩或国际课程成绩，只需要提交语言成绩就可以。最关键的一点，就是社区大学不用 gap（等待）一年，开学时间灵活，冬季、秋季、春季都可入学。李琳的妈妈马上跟周老师取得联系，在得到了肯定的答复后，马上买了高铁票带着李琳来到武汉，找到周老师，商谈孩子的升学规划。

周老师详细了解了李琳的情况后，着重介绍了美国的社区大学（Community College，CC）与加州大学系统（University of California，UC）之间的转学流程，又称为 CC 转 UC。在社区大学完成两年的课程后，学生根据自己在校的平均成绩，直接申请进入加州大学系统入读大三，完成接下来两年的学业后，最终可以获得加州大学系统的学位证。最重要的是，这种方式还可以帮她节省不少留学费用，要知道社区大学的学费比综合类大学的学费便宜很多。

周老师的指导让李琳重拾希望，她决定勇敢地选择去美国留学。凭借良好的英语能力，她在三个月内取得了雅思 5.5 分。在周老师的协助下，她迅速获得了一所加州社区大学的 offer（录取通知书），并开始了她的美国留学之旅。

不能改变环境，那就改变自己

虽然有不错的英语基础，对美国文化也有所了解，但初到美国的李琳，仍然感受到了巨大的文化冲击。陌生的环境、不同的语言和生活方式让她感到无所适从。在社区大学的课堂上，她发现了自己英语能力的不足，不仅在阅读专业教材方面会出现理解困难，更突出地表现在与老师、同学交流时，存在着巨大的听说困难。她跟不上老师快速的讲解，也难以融入同学们热烈的讨论。第一次考试的成绩出来后，她的成绩并不理想，这让她感到无比沮丧。"难道我不适合留学这条路吗？"她陷入了深深的自我怀疑中。

就在李琳感到迷茫和无助的时候，周老师再次成为她的坚强后盾。周老师与她进行了深入的沟通，帮助她分析问题所在，并为她制定了详细的语言提高计划。周老师建议她多参加学校的英语辅导课程，积极与外教交流，提高自己的听力和口语水平。同时，周老师鼓励她加入学习小组，与同学们共同学习和讨论，逐渐适应美国的学习方式。

在周老师的指导和自己的努力下，李琳逐渐克服了语言困难，成绩也开始慢慢提升。在社区大学的两年里，李琳不仅在学术上取得了进步，还在个人能力和综合素质方面得到了全面的提升。她学会了独立生活，学会了如何与人沟通和合作，也更加明确了自己的人生目标。

一切准备就绪，自然顺利转学

当李琳即将完成社区大学的学业，准备申请转入加州大学系统时，她又面临着巨大的挑战：申请学校。加州大学系统复杂，有众多分校，其中不乏世界名校 UCLA（洛杉矶分校）、伯克利分校和圣芭芭拉分校等，申请转学的过程烦琐而复杂，需要准备各种材料，包括成绩单、推荐信、个人陈述等，李琳感到迷茫而慌乱。

关键时刻，李琳再次联系到老朋友周老师，她相信专业的事交给专业的人更放心。周老师对李琳的个人情况已经相当熟悉，她为李琳精心准备了申请材料，指导她撰写个人陈述，突出她在社区大学的学习成果和成长经历。

经过漫长而焦急的等待，终于迎来了好消息。李琳收到了加州大学戴维斯分校心理学专业的录取通知书。那一刻，她激动得热泪盈眶，所有的努力和付出都得到了回报。

回顾自己的升学之路，李琳感慨万千。她从一个高考失利的迷茫少女，通过美国社区大学的转学途径，成功逆袭，进入了美国排名前40的高校。

专家点评

在美国留学圈中，有一种被广泛认可的"曲线救国"策略，即通过社区大学（Community College，CC）作为跳板，最终转入加州大学系统（University of California，UC）的知名高校。这种制度设计不仅为学生提供了明确的升学路径，也大大提高了他们的转学成功率。据统计，每年都有大量从CC转出的学生成功进入UC伯克利、UCLA等名校就读。这一路径不仅为众多"普娃"（即普通家庭、普通背景的学生）提供了进入名校的机会，更以其独特的优势成为许多学子心中的"名校捷径"。

★韩国艺术留学——舞出我人生：韩国艺术升学大舞台

"韩流"少女：踏上舞蹈之路

张晓雯（化名）从小就对舞蹈有着强烈的热爱，尤其是现代舞。她的童年恰逢"韩流"的兴起，韩国偶像团体如雨后春笋般涌现，电视上播放的音乐节目和炫酷的舞台表演，让她心中燃起了无尽的激情。青春期的晓雯在房间里贴满了偶像的海报，也经常一个人在房间模仿他们的舞蹈动作。每当她看到偶像们在舞台上闪耀的光辉时，心中便憧憬自己也在那个璀璨的舞台上，享受着掌声与喝彩。

晓雯的父母对她的舞蹈热爱给予了全力支持。他们认为舞蹈不仅是一种艺术的表达，更是一种自我发现和情感宣泄的方式。为了鼓励她发展舞蹈特长，父母为她报了多个培训班，让她接触更专业的舞蹈教学。他们常常陪伴她参加各种演出和比赛，看到女儿在舞台上的自信与快乐，心中充满了欣慰和自豪。父母的支持不仅为晓雯的舞蹈梦想提供了坚实的后盾，也让她在追求艺术的道路上更有勇气，坚定了对未来的选择。

晓雯在高中时创建了一个街舞团，最初是几个朋友的小团体，但很快吸引了更多同学加入。他们在操场排练，逐渐成为校园内知名的舞团。晓雯和团队凭借对舞蹈的热情和努力，在多个比赛中获奖，成为校园舞蹈的佼佼者。

梦想受阻：现实困境交织

然而，随着比赛的增多，学习的时间逐渐被挤压，晓雯的文化课成绩日渐下滑。高考一天天的临近，让她倍感焦虑。晓雯曾经想过参加艺考，但进一步了解后发现，虽然街舞可以作为艺考的一种形式，但毕竟不是主流舞种，可选择的学校和专业屈指可数，竞争也异常激烈。晓雯犹豫着要不要放弃上大学，成为一名职业舞者。但每当这个念头浮现，张晓雯便陷入挣扎，她固然热爱舞蹈，但也渴望大学。

在这个关键时刻，通过朋友的介绍，晓雯的妈妈结识了从事留学规划的张老师。张老师是一位经验丰富且极具亲和力的留学顾问，不仅对各国留学的政策了如指掌，善于根据学生的个人情况制定合理的升学方案，尤其是艺术特长生的留学，而且她本身也是伦敦艺术大学的高材生。张老师认真倾听晓雯的经历，了解她的梦想和困扰后，耐心地分析了出国留学的种种可能性，认为晓雯去韩国留学更具有可行性。韩国的留学费用相对较低，学费加生活费每年的预算大概在 10 万—20 万元人民币，普通家庭也可以承受。另外韩国对中国留学生有很多的优惠政策，有几所排名靠前的世界名校还专门为中国留学生开放了绿色通道，只要通过学校组织的语言和专业内测能够顺利入学。

张老师还详细解释了申请流程，包括需要准备的材料、语言考试的要求以及如何选择适合的学校和专业。她鼓励张晓雯把舞蹈和学业结合起来，告诉她很多学校都欢迎有特长的学生。

听完张老师的介绍，晓雯决定先从韩语入手。她知道，只有学好语言，才能适应新的环境。张老师为她推荐了一些实用的学习资源，也为她提供了额外的学习指导。之后的六个月中，晓雯每天都在自习室里埋头苦读，拼命地用心学习。同时，舞蹈练习也没有中断，在最好的状态下录制了舞蹈表演，加上之前比赛中的精彩录像，整理成作品提交。

终于，在张老师的帮助下，晓雯通过了语言和专业内测，收到了庆溪大学和汉阳大学的现代舞专业录取通知书，带着家人的祝福，踏上了赴韩求学的征程。

赴韩逐梦：艰辛与机遇并存

来到韩国后，张晓雯被这个充满活力的国度深深吸引。她全身心投入学业和舞蹈之中，努力适应新的生活，结交了很多志同道合的朋友。

在一次偶然的街舞比赛中，晓雯的表演吸引了星探的目光。她被邀请去参加选拔，尽管心中忐忑，但她决定把握这次机会，展现自己。经过紧张的选拔，她顺利成为一名舞团练习生。

成为练习生的日子并不轻松，晓雯面临着高强度的训练和很大的压力，但她的热情从未减退。每一个清晨，她都会在镜子前反复练习舞蹈动作，努力让自己更加出色。晚上，张晓雯常常累得倒在床上，但内心却充满了期待。她知道，自己离梦想越来越近了。

随着时间的推移，张晓雯逐渐在练习生中崭露头角。她得到了老师和公司的认可，参加了一些小型的表演。每一次站在舞台上，看到台下的观众，她都感到无比幸福。那些为了追逐梦想而流下的汗水，终于开始开花结果。

随着在韩国的表演越来越多，张晓雯也开始思考未来。她希望能够将舞蹈与自己的文化背景结合起来，向更多的人展示中国的魅力。她始终相信，舞蹈是一种无国界的语言，能够跨越不同文化，将人们的心紧紧相连。

专家点评

在综合考虑自身条件和家庭经济状况的基础上，韩国留学对于有艺术追求但经济条件有限的学生来说，是一个具有性价比的选择。韩国的艺术教育体系较为完善，且留学费用相对较低，为学生提供了更多的发展机会。然而，留学过程中也需要面对语言障碍、文化差异和生活压力等挑战。在决定留学之前，学生需要对自身的适应能力和未来规划进行深入思考，确保能够充分利用留学资源实现梦想。

澳洲预科留学——离开应试教育，开启澳洲新学路

中考失利：升学环境的重要性

在浙江温州的一个早晨，阳光透过窗帘洒在李凯文（化名）的书桌上。凯文静静地坐着，手中紧握着中考成绩单，上面的成绩让他心情沉重。

他成长于一个优渥的家庭，父母在当地是颇有名气的生意人，为他提供了良好的成长环境。衣食无忧的成长环境和父母的呵护宠爱，让他养成了活泼开朗、热爱探索的性格。然而，不羁的个性成了他学习上的阻碍，老师们常评价他聪明但不用心。

面对中考的失利，听着父母在门外焦急地打电话、四处奔走，为他寻找升学的机会，他感到十分愧疚。他下定决心，到了高中要全力以赴，不辜负父母的期望。经过一番波折，在父亲的帮助下，凯文获得了一所私立高中的入学资格。

但进入高中后，他发现这里的学习氛围并不浓厚，同学们更热衷于玩乐，课堂上经常乱糟糟的。尽管凯文明白环境不能决定一切，他还是努力学习，常常独自熬夜复习。然而，私立高中的教学水平一般，即使他再努力，成绩也没有质的提升，这让他感到非常沮丧。

转变思路：留学给孩子好结果

凯文的父母日益焦虑，开始考虑让他出国留学，以寻找新的机遇。通过朋友推荐，他们找到了有着丰富留学规划经验的 Vivi 老师，老师本身也毕业于英国名校。Vivi 老师与凯文的父母进行了深入交流，了解了凯文的情况和家庭的期望，认为留学是一个可行的选择。

凯文的父母说："我们首先考虑的是留学国家的安全性，当然，学校排名也很关键，我们希望凯文能融入素质比较高的朋友圈子，以后回国接我们生意的时候，高素质的朋友也能相互扶持。"Vivi 老师非常认同凯文父母的观点，她推荐澳大利亚留学。她认为："澳大利亚的社会结构比较简单，留学安全性比较高，而且澳大利亚的高等教育体系较为成熟，同等条件下，学校排名会比英国更高，很适合凯文去提升自己。"

当父母把去澳大利亚留学的想法告诉凯文的时候，他有些迟疑。他觉得自己在国内的努力尚未得到认可，父母就单方面给他做了选择。特别是想到自己连开口说英语都害怕，对出国留学更是心生恐惧。

为了解开凯文的心结，父母带着他再次奔赴武汉与 Vivi 老师面谈。Vivi 老师为凯文详细分析了国内外升学的差异，说明了留学的优势和挑战。在 Vivi 老师的耐心引导下，凯文逐渐理解了父母的意图和留学的意义。经过深思熟虑，他最终决定放弃国内升学，全力以赴地转向留学道路。

全力以赴：热爱让人变主动

转战留学，凯文首先要面对的挑战就是英语。Vivi 的留学团队给予了凯文全面的支持与鼓励，他们梳理了英语学习的重难点，定期帮助凯文检查单词，巩固知识点。然而英语基础薄弱让凯文的学习过程非常艰难，面对繁多的单词和难懂的语法，他感到枯燥和无助，甚至一度考虑过放弃。

考虑到凯文之前也报过浙江本地的线上、线下的雅思课，但都收效甚微，于是 Vivi 老师提出了新的建议，可以选择一个全英文的环境进行沉浸式的语言学习。"我们遇到的很多孩子跟凯文一样，不能适应国内教科书的英语学习方式，那不如直接沉浸在英语环境中边用边学，英语本身就是工具，用得越多越熟练。"Vivi 老师解释道。在综合评估性价比和提分效果后，凯文父母最终选择了马来西亚的语言班。

马来西亚虽然有众多华人，但在很多场合都还是英语交流。而让凯文对英语彻底改观的，是语言班的主课老师 Charlie。Charlie 老师是个土生土长的马来西亚人，有着东南亚人的活泼与友善。Charlie 对教学非常有经验，他热心地带着凯文熟悉校园，还根据凯文的中文发音给他取了英文名 Kevin。在 Charlie 老师风趣而不失耐心的教导下，凯文逐渐适应了新的学习和生活模式，开始适应全英文的环境，英语的听说能力取得了很大的进步。半年后，凯文第一次参加雅思考试，就拿到了 5.5 分的成绩，这让他的信心大增。

与此同时，凯文的父母和 Vivi 老师在国内也正忙碌地准备着学校的申请事宜。尽管凯文在高中时期的各科成绩并非出类拔萃，但他的平均成绩总体上还是令人满意的。加之他目前 5.5 分的雅思成绩，已经满足了大多数澳大利亚大学本科预科的录取标准。充分考虑到凯文的家庭情况，Vivi 老师推荐了位于悉尼的新南威尔士大学，2025 年 QS 世界排名 19 名。这所学校的商科是强势专业，可以帮助凯文更好地学习商业知识，以后接管父母的生意；同时该校的中国留学生占比较高，能让凯文更好地融入留学生圈子。

逆袭之路：逐梦名校放光芒

通过 Vivi 老师的协助，凯文很快就收到了新南威尔士大学的本科预科录取邮件，他激动地第一时间打电话告知父母和 Vivi 老师，大家都为他感到高兴。

随着预科的学习生活拉开帷幕，凯文兴致很高。预科课程的教学模式一比一还原海外课堂，氛围活跃，老师以引导为主，注重讨论，加之又是凯文喜欢的专业，极大地提升了他的学习兴趣。

在预科班的学习体验是独特而充实的。凯文记得，每一次小组讨论就像是一场激烈的头脑风暴。同学们来自不同的文化背景，有着各种各样的想法。有时候，为了一个观点，大家会争得面红耳赤，但结束后又会相视一笑，因为大家都知道这是对知识的尊重和追求。

在这样的氛围中，凯文学会了从不同的角度去看待问题，思维变得更加开阔。而且，预科的课程设置非常注重实践，不仅仅是理论知识的堆砌。比如在做一些项目的时候，他需要自己去查阅大量的资料，去实地调研，然后再将这些整合起来。这个过程虽然充满了挑战，但每一次克服困难后的成就感是无法言喻的。

在短短一年的时间里，凯文已经成长为预科班中的佼佼者。他的勤奋和进步赢得了老师和同学们的一致赞誉，那个曾经在课堂上默默无闻的男孩，已经蜕变成小组讨论的核心人物。

专家点评

在当前多元化的教育环境下，对于那些在国内传统应试教育中表现不佳，但具备其他特长和潜力的学生，选择海外留学无疑是一条充满希望的道路。不用高考成绩申请海外留学，为许多学生提供了避开高考内卷、探索适合自己教育模式的机会。然而，留学须谨慎，需要充分考虑学生的兴趣、特长以及家庭的支持等多方面因素。在作出决定之前，学生和家长应深入了解留学的优势与挑战，确保选择最适合学生发展的道路。

国际课程留学——普高生转轨国际课程入读 UCL

一湾江水，滋养女孩文学梦想

在武汉这座江城，夏日的微风轻轻拂过，从长江边悠悠吹来，带着湿润的气息和城市的脉动。杨林静静地坐在窗前，手中翻着书页，笔尖在纸上沙沙作响，认真地记下那些好词好句。每当读到精彩的文字，她都会不由自主地停下，细细品味，时而点头赞同，时而陷入沉思。

杨林自记事起，父母就总是缺席她的生活。父母都是某三甲医院的医生，加班熬夜是家常便饭，待在手术室的时间比在家还久。于是那一墙书柜上的藏书，便成了杨林最好的伙伴。她的阅读范围很广，从中外文学名著到时事杂谈，再到新闻评论，每一本书都像是为她打开了一扇窗，让她看到了更广阔的世界。杨林在日记中写道："书，是我心灵的港湾，让我宁静、踏实。它拓宽了我的视野，让我学会了用更长远的眼光去看待生活。"

小学三年级，对杨林来说是一个难忘的转折点。医院派遣父亲前往英国交流学习，可以带着家人一起前往。尽管杨林的英语还处在刚刚启蒙的阶段，但想到即将踏上遥远的国度，她的心中充满了期待。初到英国，父亲忙于工作，杨林则被送到了住所附近的一所小学。虽然语言不通，但孩子们纯真的天性让杨林和同学们很快玩到了一起。不久，杨林便把几个新结交的好朋友带回家里，父亲看着杨林边说边比划地跟好朋友们交流着，心里说不出的高兴。经过一年的沉浸式学习，回国前，杨林已经能够自如地和同学们交流，而且还能说出一口流利的英式英语。

回国后，父母为了保持她的英语优势，每周都会为她安排一次英国外教的口语课。与外教的交流，是杨林最放松的时刻。他们一起探讨文学故事和见闻，分享彼此生活中的喜怒哀乐。外教老师还送给了她《傲慢与偏见》和《简·爱》的英文原版书籍，这更加激发了她对文学的热爱。特别是《傲慢与偏见》中的伊丽莎白·班纳特，她的独立与智慧，深深影响了杨林，让她更加坚定了追求文学梦想的决心。

一场谈话，改变女孩人生轨迹

然而，回国后的杨林在学业之路上却遇到了重重阻碍。她热爱文学和语言，英语和语文成绩优异，但数学等理科科目却成了她的绊脚石。她无法理解那些抽象的符号和方程，更看不懂那些复杂的解题步骤。尽管也找了家教和上了补习班，但杨林的理科成绩一直得不到提高。中考时她勉强考上了一所普通高中，这个结果让她和父母都对她的前途感到迷茫。

杨林的父母并没有责备她，虽然中考成绩和升学结果不尽如人意，但他们却深知杨林对文学的热爱和天赋。他们觉得，也许孩子只是不适应国内的教育体制，既然国内升学这么困难，不如转战留学！但作为国内顶级医院的医生，杨林的父母都是某985高校医学院的高材生，他们也知道当下的国内就业市场上，高含金量文凭的重要性。即使是留学，也需要做好规划，奔着世界排名前100的名校去！

于是他们联系到了做留学的老朋友崔老师。这位看着杨林长大的叔叔，对她的情况再熟悉不过，崔老师仔细分析了杨林的情况，非常认同她父母的决定——放弃高考，转向国际课程A-Level，用A-Level成绩和雅思成绩申请英国的名校。

崔老师为杨林父母分析了现状："杨林目前才高一，时间尚算充裕。面对偏科的情况，国际课程A-Level或许能带来转机。这门课程鼓励学生根据自身兴趣与优势选择科目，这样一来，不仅能避开她不擅长的数学，还能让她在文学方面的优势得到充分发挥。更重要的是，和高考'一考定终身'的形式不同，A-Level每年有2次—3次的机会进行考试，且可以多次考试。只要成绩优异，就有机会申请到世界排名前100的名校。"

一次选择，坚定女孩逐梦之旅

在崔老师的建议下，杨林正式转换赛道，开始学习A-Level课程。刚一接触A-Level课程，自由丰富的选课就让杨林眼前一亮，70门课中她可以自选3门至5门，没有任何"必修课"和"必考科目"，这意味着她不再需要被迫面对数学和其他理科科目。经过慎重考虑，杨林选择了英语、心理学和经济——这些都是她充满兴趣的。

由于武汉当地的A-Level培训机构开设的相关课程选择有限，特别是她感兴趣的英语与心理学课程更是稀缺。为了获取更好的学习资源，通过崔老师的推荐，杨林只身前往北京的某国际课程工作室，开始系统学习A-Level课程。

北京的学习生活对杨林来说，既有挑战，又充满新奇。虽然杨林的英语基础扎实，但把英语作为工具去学习学科知识，她还是遇到了很大的挑战。很多单词在专业学科中的含义与在生活中的含义相差很大，她需要不断地积累。但舍弃了理科科目，杨林在自己热爱的文学课堂上接触到了更加多元化的文学作品，让她如获至宝，从早到晚书不离手，兴致盎然地徜徉在文学的海洋中。

为了让杨林提早适应英国的留学生活，在崔老师的建议下，每年暑假，杨林的父母都会带她前往英国参加各种研学活动和夏令营。在牛津，在剑桥，在帝国理工，杨林与来自不同文化背景的同龄人交流，分享各自的故事与梦想，这些经历让她对世界有了更丰富的认识。

经过不懈的努力，杨林的努力得到了回报，高三她拿到了雅思 7 分和 A-Level 三个 A 的好成绩。在崔老师的帮助下，她成功地被伦敦大学学院（UCL）的人文社科专业录取。

站在未来的起点，杨林想起英国哲学家席勒曾经说过的话："要忠于少年时的梦想。"

专家点评

国际课程，也是进入名校的途径之一。通过国际课程，学生不仅能够获得更全面的学术训练，还能提前适应国外的教学方式和文化环境。例如，IB 课程、AP 课程和 A-Level 课程等，这些课程在国际上被广泛认可，为学生提供了多样化的学习路径和选择。学生可以根据自己的兴趣和未来规划，选择最适合自己的课程体系，从而在申请海外大学时，展现出出色的学术背景和能力。

⭐ 新加坡留学：初三直通本科——读本科的年纪，我已硕士归来

看过世界的孩子，才会被世界看到

李佳怡（化名）来自江西，自幼便沐浴在父母的关爱与期望之中。她的父母秉持着"看过世界的孩子，才会被世界看到"的教育理念，只要李佳怡有假期，定会带她出去游历祖国的大好河山，让她感受各地的风土人情，寓教于乐。不仅如此，诸如书法、绘画、钢琴等，只要对她有益的事情，父母都会让她尝试。他们坚信，让女儿多见识外面的世界，多掌握一门技能，能够开阔她的视野，为她的未来发展和人生抉择筑牢根基。

也正因如此，李佳怡的父母早早就打算送她出国，接受国外的精英教育，最初计划是等她高中毕业后再出国读本科，毕竟她是个女生，年纪尚小，独自在异国他乡也确实让人放心不下。

中考结束后，考虑到女儿升入高中后课业繁重，假期也会被补习和作业填满，于是趁着中考后的长假期，李佳怡的父母决定带她去新加坡游玩，让她在紧张的学习后得以放松。这次旅行竟成了李佳怡人生的重大转折点。

新加坡的美丽景致、整洁街道、有序交通以及热情友善的民众，尤其是良好的治安，给他们一家留下了深刻印象。李佳怡更是如此，小小的她深深感受到这个国家的独特魅力，觉得这里既安全又充满活力，一路上兴高采烈，和父母分享自己的所见所闻。看到女儿这般欢喜，李佳怡的父母开始认真思考让她留学新加坡。

父母的认知，决定了孩子的高度

回国后，距离开学尚有一段时间。父母考虑到李佳怡即将升入高中，若她打算出国深造，那么雅思的学习就需要尽快安排。因此，他们联系了之前在一场留学讲座上结识的留学专家齐老师。齐老师在讲座上展现的专业性和责任感给他们留下了深刻的印象，当时他们便在会场互加了微信。在日常生活中，每当李佳怡的父母在留学方面遇到问题时，也会主动向齐老师咨询，而齐老师总是耐心地提供详尽的解答。

于是，和齐老师约好时间后，李佳怡和父母专程飞往武汉，与齐老师面对面深入交流，咨询雅思课程问题的同时，也期望能为李佳怡量身定制一个留学方案。

"听说你们刚从新加坡回来？"齐老师询问了他们的旅行感受。李佳怡迫不及待地抢答，话语中满是对新加坡的喜爱。齐老师听完笑着说："既然早就想送佳怡出国

学习，那有没有想过让她初中毕业就去新加坡读本科呢?"听到这话，李佳怡和家人都很惊讶。齐老师接着说:"当然这也要看佳怡的适应能力，咱们慢慢分析。首先，李佳怡的性格和学习能力怎么样?"母亲思索片刻后回答:"佳怡性格开朗，学习也挺努力，只是我们还是担心她年纪小，在国外照顾不好自己。"齐老师点了点头:"这是很多家长都会有的顾虑。但新加坡治安很好，你们不是也感受到了吗?而且学校管理严格，文化氛围和国内也有一定相似性，孩子适应起来不会太难。"

接着齐老师向李佳怡一家详细讲解新加坡留学的要点，一番深入交流后，李佳怡的母亲仍心存担忧，会面结束时说道:"齐老师，佳怡这事我们真的很纠结，不知道现在让佳怡出国留学是不是正确的选择，我们需要回去好好商量。"齐老师点点头:"留学是大事，是改变孩子一生的决定，一定要认真思考!"

回到家后，母亲与李佳怡认真探讨了这个方案。李佳怡回忆起在新加坡旅行时的美好经历，想到那里的优美环境和多元文化，心中满是向往。"妈妈，我想去试试。我相信我能适应那里的生活，也能努力学好知识。"李佳怡坚定地说道。母亲看着女儿充满期待的眼神，最终点头应允。

齐老师得知后，迅速为佳怡出具了一个初步的规划方案。"我给您推荐一个特别适合李佳怡的项目——爱尔兰都柏林大学（新加坡校区）。这所大学在 QS 世界大学排名中位列前200，远超国内不少 211 大学，而且从新加坡的分校毕业，也能拿到爱尔兰本校的学位证。"齐老师补充道:"这个项目最早可以从初三开始申请，三年完成预科和本科的课程，也就是说，当佳怡的同学还在备战高考的时候，佳怡已经本科毕业了。"母亲听后笑了，心中顿时燃起希望，但同时也有一丝担忧:"这么好的机会，不过，佳怡能适应吗?"齐老师鼓励道:"只要孩子有决心，有我们的协助和支持，一定没问题的。"

选择加上努力，更能弯道超车

李佳怡站在新加坡的校园内，周围是来自不同背景的同学，作为初来乍到的新生，她对周围的一切既感到新鲜又有些陌生。尽管新加坡有大量的华人，日常生活中使用汉语交流并无太大障碍，但一进入课堂，全英文的教学环境还是给她带来了不小的压力。

李佳怡的英语基础并不扎实，特别是在听力理解和口语表达上，她发现自己在与人交流时不敢开口，也经常听不懂对方的话，并且课本上的生词也很考验她的词汇量，她需要花费大量时间进行记忆和练习。

好在预科班的老师们对她特别关心，这位从中国远道而来的学生总是以不懈的努力影响着周围的人。李佳怡没有辜负老师们的期望，她精心规划每一天的日程，除了上课，还投入大量时间在英语单词记忆和听说训练上。刚开始时，她的雅思成绩只有 4.5 分，进步的速度并没有达到她的期望，但她并没有放弃。随着时间的推移，李佳怡的英语水平逐渐提升，她的雅思成绩从 4.5 分提高到了 5.5 分。这次进步，让她备受鼓舞。最终，她成功完成预科课程，迈入了大学的学习阶段。

新加坡的大学课程安排紧凑，可以通过三个学期的密集学习在两年内完成，这给李佳怡带来了更大的挑战。她明白，如果想要提前毕业并获得更多机会，就必须付出更多努力。因此，她将大部分时间都投入了学业上，牢记在国内时齐老师的嘱咐："保持稳定的成绩，不留遗憾。"

在接下来的两年里，李佳怡几乎每晚都在图书馆度过，白天上课，晚上自习，始终保持着 80 分以上的优异成绩。

现在，李佳怡已经成功申请到了攻读新加坡国立大学的硕士学位的机会。按照计划，她将在一年后完成硕士学业并返回中国。届时，她的同学们可能还在本科阶段学习，而 20 岁的她将站在硕士毕业的起点，带着丰富的知识和对未来的期待，准备迎接人生的下一个阶段。

专家点评

新加坡作为留学目的地，具有众多独特优势，其教育体系融合了东西方的教育理念，注重培养学生的创新思维和实践能力。治安良好，社会秩序井然，为留学生提供了安全稳定的学习环境。此外，新加坡与中国距离较近，文化差异相对较小，对于初出国门的学生来说，适应起来相对容易。

⭐ 马来西亚留学——"新移民"家庭的留学梦

新移民：知识改变命运

刘子昂（化名）呆呆地看着桌上的高二期末考试成绩单，心情难掩沉重与失落。尽管他日日埋头苦读，但成绩单上的数字依旧不尽如人意——勉强也只能进入一所普通的二本院校。这一刻，他感受到一种无法言喻的沉重，仿佛整个人都被困住了。

父母总是对他寄予厚望，他们来自江苏的农村，通过勤奋读书考入好大学，改变了命运来到了南京，是典型的"新移民"。因此父母坚信"知识改变命运"的铁律，希望子昂也能通过考入好大学走向更大的人生舞台：上海！可是，刘子昂的成绩似乎与这份期待有着十分遥远的距离。从父母的眼中，子昂读出深深的失落和焦虑，而他自己也禁不住自我怀疑——我的未来在哪里？

新契机：父亲的发现

就在刘子昂父母为孩子的未来感到焦虑时，父亲无意间在网上发现了一个令人喜出望外的消息——上海市政府出台了新的留学生落户政策：世界排名前50的海外院校毕业生可以直接落户；世界排名前100的海外院校毕业生，只要在上海缴纳6个月的社保也能申请落户。这个消息让刘子昂的父亲看到了曙光，他认为这或许是改变孩子命运的一条捷径。倘若刘子昂能留学海外，进入一所世界名校，不仅能拥有国际化的教育背景，也增加了落户上海的可能性，未来将得到更多发展机会。

但随之而来的问题也一个一个跳跃出来：以刘子昂现在的成绩，能申请上排名前100的大学吗？更重要的是，在刘子昂父母的认知中，留学仿佛都是有钱人家的事，尽管两人收入还算小康，但子昂还有个弟弟，家里能够给两个孩子的教育预算有限。实现留学的梦想，似乎有太多障碍。

新转机：留学老师的指引

面对重重问题，刘子昂的父母开始到处寻找答案，浏览各大留学网站，参加各种留学讲座，也在各种线上平台观看留学直播。最终，他们被一位留学主播吸引，主播安老师毕业于加拿大的英属哥伦比亚大学（UBC），不仅拥有世界顶级学府的学术背景，也拥有丰富的留学申请经验。她的直播生动有趣，吸引了很多家长和学生，而她的留学咨询服务，也得到了学生们的高度评价。

父亲在直播间连线了安老师，简单了解学生的个人成绩和家庭预算后，安老师给出了明确的答案。她建议子昂的父亲关注一下马来西亚的马来亚大学，这所大学不仅世界排名靠前，而且学费和生活费相对低廉，每年的总费用不到 10 万元人民币，同时符合子昂父亲对排名和预算的要求。另外，安老师也提到，近年来马来西亚越来越受到中国留学生的青睐，这里的很多高校排名靠前、费用低，可以作为跳板进入世界排名更靠前的英国或澳大利亚名校。

虽然马来西亚的大学与子昂的目标院校还有差距，但作为"留学跳板"无疑是一条踏实可行的路径。与其继续在国内拼搏，不如尝试迈向国际化的舞台。那一刻，刘子昂的父亲做出决定，全力支持他前往马来西亚留学。

新挑战：英语成绩的"瓶颈"

面对留学，刘子昂的英语水平成了"瓶颈"。受益于平时的刻苦学习，子昂的在校成绩稳定在 83 分以上，已经达到了马来亚大学的录取要求。但他第一次雅思考试的成绩仅有 4.5 分，这与大部分专业录取要求的 5.5 分还有差距。

作为一名曾在加拿大留学并有多年语培经验的导师，安老师深知语言障碍对留学申请的影响，她为刘子昂量身定制了一个详细的学习计划，并帮他联系专业的语培团队，全力辅导刘子昂提升英语水平。

刘子昂从未经历过如此高强度的英语学习。每天，他都要在清晨起床后进行听力训练，晚上则是口语和写作的练习。每一天，他都在反复纠正自己的发音，尝试理解并掌握复杂的语法结构。虽然过程艰辛，但刘子昂没有放弃，而是咬紧牙关，凭借毅力坚持了下来。经过三个月的系统学习，他的雅思成绩从 4.5 分跃升至 5.5 分，达到了马来亚大学的入学要求。

高三上学期结束时，在第二次雅思考试中，刘子昂更是出乎意料地突破了 6 分的大关。于是，在国内学子们仍在如火如荼地备战高考时，刘子昂已经踏上了自己人生的新征程，收到了世界排名前 100 的马来亚大学的录取通知书。这一刻，他的内心充满了激动与自豪。

新进阶：三年后的再出发

然而，刘子昂的学习并没有就此止步。安老师提醒他，进入马来亚大学虽然很棒了，但若想走得更远，他仍需不断努力。在安老师的建议下，他提前开始了马来亚大学的课程学习，并且计划在三年后申请澳大利亚的墨尔本大学——世界排名前 20 的名校。通过这样的规划，刘子昂不仅可以在学术上有更好的发展，还能落户上海，实现父母的梦想。

如今，刘子昂站在新的起点上，望着未来的远方，他知道，这只是他人生中一次重要的冒险，而这次冒险将带给他无数的机会与可能。他的故事，也许只是千万学子留学梦中的一个缩影。但它告诉我们：只要有梦想，就有未来，而这个未来，正等着每一个敢于追梦的人去实现。

专家点评

追求优质教育资源和有适中预算的学生，可以选择马来西亚留学。马来西亚留学不仅为学生提供了高质量的教育环境，而且其生活成本相对较低，使得学生能够在经济上承受得起。此外，马来西亚的多元文化背景为学生提供了接触不同文化的机会，有助于他们的国际视野和跨文化交流能力。对于那些希望在亚洲地区接受教育，同时又想进入西方教育体系的学生来说，马来西亚是一个理想的选择。

⭐ 俄罗斯公派留学——打破教育信息差，公派留学直升硕

中考失利的自责

退休之前，王琳（化名）是陕西省某国企的中层管理人员，曾经在繁忙的工作中度过了几十个春秋。年轻时，她和丈夫都全身心投入各自的事业中，日复一日的紧张工作几乎耗费了他们所有的时间和精力。夫妻二人有一个共同的信念，那就是通过努力工作，改变自己的生活和家庭的命运。然而，在这个过程中，王琳和丈夫却忽视了家庭中的另一个重要的角色——女儿。在他们的眼中，只要孩子按部就班地上学，就一定能顺利考取一个好的高中、大学，然后踏上事业的成功之路，因此，他们并没有过多干涉孩子的学习。

然而，现实往往并非如此简单。随着女儿的成长，王琳才逐渐意识到，单纯依赖传统的教育模式，可能并不足以帮助孩子走得更远。尤其是当女儿在中考时表现平平，与市重点高中失之交臂的时候，王琳意识到，自己错过了孩子成长的很多关键节点。王琳开始反思自己和丈夫的教育方式，意识到过于注重自己事业的成功，却忽视了如何更好地规划孩子的教育发展。

从初三的那个暑假开始，王琳开始主动了解有关教育和升学的各类信息，参与到女儿的升学规划当中。她开始认识到，时代已经发生了变化，教育不仅仅是学校的责任，家长的陪伴和规划同样至关重要。如果想要让孩子走出更广阔的天地，就必须为她提供更多的资源和支持。

从那一刻起，王琳便开始了她的学习之旅——学习如何为孩子规划升学路径，如何根据孩子的兴趣与优势选择合适的方向。她不再满足于传统的教育方式，而是主动寻求新的途径，决心为女儿的未来开辟一条与众不同的路。

自主招生的波折

几番深入调研后，王琳了解到湖南某985大学有一个自主招生政策，只要高考成绩在一本线之上就可以申请，但需要学生在全国性赛事中取得一定的成绩。对于成绩中等的女儿而言，这无疑是一次进名校的机会。王琳心中有了决断：全力争取自主招生！她带着女儿辗转各地，参加各类竞赛培训班，投入了大量的时间、精力和资金。她希望这些努力能够给女儿带来机会，让她最终踏入985高校的大门。

然而，2019年的一纸通知打乱了王琳的计划。国家宣布取消高校自主招生政策，王琳的心情跌入谷底。而刚好是这一年，女儿参加高考，最终成绩仅比一本线

高了 12 分，距离 985 大学、211 大学的录取分数相去甚远。

抱着一线希望，王琳决定找到当地的一家高考志愿填报咨询机构，花费了 2000 元找了一位"专家"，希望借助"专家"的经验为孩子争取一个理想的录取结果。然而，"专家"的方案让她大失所望，基本是本省的二本院校，少数的几所一本院校也都是冷门专业。

信息差中的自救

失望之下，王琳决定靠自己。她开始深入研究各大高校的招生政策、分数线和专业信息，深入比较不同院校的特色和机会。通过查阅资料，她发现了一些低调但实力不俗的院校。其中，某 211 大学的新疆校区尤其受到她的关注。作为 211 高校的偏远校区，该校区虽然拥有强大的教育资源，却很少有学生愿意来这里就读，因此录取分数线仅略高于一本线。王琳跟女儿商量以后，都觉得这一选择不仅能够实现读 211 高校的梦想，未来还提供了一个保研的可能性。

终于，通过王琳反复的考量和精心策划的志愿填报，女儿顺利被该校区的俄语专业录取。尽管这并非传统的热门高校，但对于王琳一家而言，这却是最优解。王琳满怀希望，督促女儿在大学里努力学习，争取通过学术和社团活动提升竞争力，为未来的保研铺路。

保研考研双失利

大学生活充满了未知与挑战。女儿怀着对未来的期待与憧憬踏入了校园，开始她的俄语专业学习。在母亲的鼓励和支持下，她努力适应新环境，不仅在学业上刻苦钻研，还积极参与各类社团活动，试图全面提升自己，以便在未来的保研竞争中脱颖而出。

然而，随着时间的推移，女儿也逐渐体会到现实的残酷。保研的名额有限，竞争激烈，尤其是来自山东、河南、广东的同学，个个都是学霸型竞争对手，在学术、实践、活动上都毫不松懈。大三暑假的保研申请来临时，女儿因为微小的差距遗憾落榜，与保研资格擦肩而过。这一结果让她倍感失落，但她没有放弃努力，继续为考研做准备。

然而，考研之路同样艰难，竞争的残酷程度甚至远超她的想象。在复习备考的漫长日子里，她夜以继日地努力，试图弥补之前的遗憾。然而，最终的成绩并不理想，她未能如愿考上心仪的院校。就在她们一筹莫展之际，转机悄然出现，为母女二人带来了新希望。

开启留学新机遇

有一天，王琳偶然刷到了一个学业规划的直播间正在连线分享各种升学与留学的机会。由于之前有过被高考志愿填报"专家"欺骗的经历，王琳对这一类的直播都比较排斥。王琳正要关掉视频的时候，突然听到这位老师讲到了俄罗斯公派留学的事情。这吸引了王琳的注意，原来，俄罗斯政府每年向中国优秀学生提供公派留学的机会，特别是对理工类专业和语言类人才有较多需求。她主动与直播间的老师取得了联系，获得了俄罗斯公派留学的详细信息后，她连夜与学校取得联系，询问有关俄罗斯公派留学的详细信息。

令她感到意外的是，学校竟然对此消息知之甚少。在王琳的不断催促下，学校迅速与相关部门沟通确认，最终核实了这个留学机会的真实性，并连夜在校内发布申请通知。

幸运的是，之前为保研所做的科研和竞赛活动准备为女儿积累了丰富的资料，申请材料迅速整理完毕。经过一番紧张的准备，她的材料赶在申请截止日前递交上去。几周后，录取结果如期而至：女儿成功申请到俄罗斯莫斯科国立大学的公派留学资格。

这所大学不仅是俄罗斯最负盛名的学府之一，也是世界排名不错的高等学府，莫斯科国立大学的学历含金量极高。这次机会不仅意味着更好的教育资源，还为女儿未来的职业发展奠定了坚实的基础。

走向未来的国际视野

王琳的女儿如今已经在莫斯科国立大学开始了她的留学生活。她在异国的校园中不断开阔自己的学术视野，学习俄罗斯语言与文化，结识来自全球的同龄人。她曾经的迷茫，如今已被清晰的目标所取代——她不再只是一个空怀理想的大学生，而是一个真正踏上国际化舞台的求知者。

专家点评

俄罗斯留学不仅性价比高，还为学生提供了提升语言和学术能力的良好环境，是经济条件有限的家庭的孩子实现留学梦的可行之路。俄罗斯大学的预科课程不仅允许无语言背景的学生申请，还允许学生在国内知名大学完成一年的预科学习，以提高语言水平和学术能力，为留学生活打下坚实基础，尤为适合工薪家庭和学习能力一般的学生家庭。

★加拿大留学——加拿大留学路：知名主播的华丽转身

从小打上"不聪明"的标签

这是留学主播安九的成长故事，充满了成长中的迷茫、坚持与努力。小时候的安九，并不是老师们眼中的"好学生"。课堂上的她，注意力不集中，题目总会做错，甚至连系鞋带这样简单的事情都学不会。父母经常被叫到学校，班主任毫不客气地给她打下了一个标签："这孩子不聪明，有多动症！你们还是尽早想想办法吧。"

带着老师的评价回到家中，父母忧心忡忡地看着小小的安九，焦虑在他们心中一点点蔓延，不知该如何为这个"不聪明"的孩子铺设一条光明的路。

命运似乎总喜欢在意想不到的时刻给你一点不期而遇的希望。某天，安九父亲在公司休息时随手翻开一份报纸，在中缝无意间瞥到一则广告：初中生也可以出国留学。虽然只有短短几行文字，但那广告文案中充满了对未来的描绘，让安九父亲仿佛看到了机会和希望。安九父亲原本计划等她长大后再出国，但这则广告令他心中为之一动，他马上联系了中介。

了解到安九的个人情况和家庭预算后，留学中介给出了两个建议：加拿大和澳大利亚。20 世纪 90 年代的加拿大，相比澳大利亚在多个方面都更有优势：经济发达、福利优厚、安全指数高、名校很多，这些无疑为安九的成长提供了更好的平台。最终，全家决定前往温哥华，让安九在这座包容又宁静的城市中继续初中的学业。

母亲辞去了国内的工作，陪安九一同远赴重洋。她心里有些忐忑，对未来有些不安，但想到女儿未来的成长，又充满期待。然而现实没有给她太多适应的时间，到了加拿大后，语言障碍就像一堵透明的墙，把母女俩困在了陌生的环境里。母亲几乎完全不懂英语，生活中大大小小的问题都得依靠 15 岁的安九去摸索解决。

国外"打怪升级"的升学之路

加拿大的初中与国内截然不同，学生们不固定班级，每堂课都要依照课表在不同的教室上课。英语只有初级水平的安九，只能拿着课表一间一间地寻找教室，而且大多数的学科课程完全听不懂，只能选上一些无需复杂语言交流的课程，比如美术和体育。

有一天，在美术课上，安九正在安静地画画，却突然遭到一位本地同学的恶意捉弄。这个同学趁她不注意，把颜料泼在她身上，惹得全班哄堂大笑。面对这突如其来的欺辱，安九却无所适从，因为她没有能力向老师告状，而这也正是同学捉弄她的原因。那一天放学后，她一个人坐在角落哭了很久，心里却暗下决心：一定要学好英语！

这份决心如火焰般在她心中燃烧。彼时的加拿大没有英语培训班，她只能靠自学。白天，她竖着耳朵听课堂内容，即使听不懂，她也会跟着同学，尽量去回应老师的指令。课后，她主动找同学聊天，尽管磕磕绊绊，也尽力表达。晚上，她把白天学习和对话中整理下来的生词，反复背诵，一字一句地记在脑中。半年之内，她的英语突飞猛进，特别是写作能力，由于在大量"没话找话"的聊天中积累了大量语料素材，使得安九下笔如神，总有写不完的内容。

到了 11 年级，她果断选择了 IB 课程，并在 5 门选科中重点倾向文科课程。IB课程的评分机制是 60％的平时成绩加上 40％的期末成绩，这种评分方式让她可以依靠平日的努力来稳定成绩。而大量的论文写作输出也进一步提高了安九的写作能力。

2 年后，安九以优异的成绩同时获得了多伦多大学和英属哥伦比亚大学（UBC）的录取通知书。这是两所世界排名都在前 50 的高校，能够同时收获两所世界名校的录取通知，这是出国前的安九一家万万不敢去想的。而如今梦想成真，母女两人相拥雀跃，远在国内的父亲也在电话中激动得说不出话来。

这时的安九思想已经成熟了很多，尽管多伦多大学的排名更靠前，但那里寒冷的气候和遥远的距离让她最终选择了 UBC，留在温哥华这个她已经适应和喜爱的城市。

毕业转行教育的初衷"大揭秘"

然而，大学生活的挑战远比想象中的更大。UBC 的学霸如林，竞争异常激烈。而且作为全球学术氛围最浓厚的高校之一，这里也设置了每学年 20％的自然淘汰率。像很多刚进入大学的新生一样，满怀抱负的安九在第一学期选了满满的五门课，却发现学业压力巨大，常常一门课的作业还没完成，另一门课的作业就要 due（到期）了。匆匆忙忙地完成了第一学期的学业，最终还是有一门课挂科，需要自费重修。安九意识到，不能急躁冒进，哪怕把节奏放慢，也要稳定自己的成绩和排名。于是第二学期她缩减了课程量，只选择了三门课。在慢慢适应节奏后，第三学期又加回一门课程，之后就一直稳定在每学期四门课的节奏。由于排课相对松散，又有一门挂科，导致安九的本科毕业时间延迟了半年，但确保了不挂科、不淘汰。

适应大学生活后，安九的生活逐渐丰富起来。她开始抽出时间参加一些社会活动。大二期间，安九报名参加了凤凰卫视举办的中华小姐选美比赛，凭借自信的台风和出众的表达能力，使她在北美赛区获得了第六名的好成绩。这个荣誉不仅为她增添了自信，也让她对未来的道路有了更多可能。

毕业之后，安九回到国内，以其名校背景、优异的在校成绩和丰富的社会实践经历，成功入职加拿大驻上海领事馆。然而，安九心中始终对教育有着深深的热爱，不久后便转行，成为一名英语老师。她用自己坎坷的求学经历，帮助一批批学生迈过语言障碍。2020年，一场突如其来的疫情彻底改变了世界，很多的家庭开始考虑出国留学。为了帮助更多的家庭规避留学路上的"坑"，安九转型成为一名留学主播，将她积累的知识与经验无私地分享给无数渴望出国求学的学生和家庭。

安九经常在直播间跟家长们分享自己的留学经历，她经常说："每一段艰难的路程，都是成长的必经之路。别怕失败，只要不断努力，每个人都能找到属于自己的精彩。"

专家点评

应试教育虽然在一定程度上能够提升学生的基础知识掌握程度，但其过分强调分数和排名，往往忽视了对学生综合素质和创新能力的培养。相比之下，培养式教育体制更加注重学生的全面发展，鼓励学生根据自己的兴趣和特长选择学习方向，培养学生的自主学习能力和批判性思维。在评估学生的情况后，家长们可以做出适当的选择。

⭐ 泰国留学——泰国名校不设限，中文授课也留学

校园暴力与精神创伤

"为什么他们总是盯着我欺负？是我天生就容易被欺凌吗？还是因为我的性格太懦弱，让人觉得好欺负？"江聪（化名），这位曾经活泼开朗的北京孩子，在回忆起自己遭受校园霸凌的那段痛苦过往时，满心都是困惑与不解。初中校园的那段日子，成了他人生中一段极为灰暗的经历，让原本外向阳光的他，一步步变得内向胆怯。

刚升入初中时，外向开朗的江聪就成了一些坏孩子的眼中钉。他们给江聪打上"嚣张""招摇"的标签。起初，只是文具盒被藏这些小麻烦，渐渐地，发展成被关厕所、被孤立。然而，即便遭受了这些，江聪也没有服软。可谁能想到，最终在一个寒冷冬日的放学路上，一群校外的不良少年将他团团围住，对他进行了凶狠的殴打，致使他重伤，在医院里足足昏迷了两天才苏醒过来。

经历了严重校园暴力的江聪，出现了创伤后应激障碍（PTSD），情绪变得不稳定，间歇性地出现狂躁、焦虑的症状，有时甚至还会出现自残的行为。校园暴力带来的心理创伤深深地影响了他，使他变得封闭、沉默，对学校和人际关系产生了强烈的恐惧感。

为了更好地治疗，父母不得已让江聪休学两年，在家静养的同时，也开始接受专业的心理治疗。尽管病情得到了有效的控制，但两年的休学，也让江聪错过了与同龄人一起学习成长的机会。当他打算重回学校的时候，发现自己的学业已经远远落后于同学们，已经完全没有可能考入一所普通高中。

职高困境与多元升学

"一定要让孩子有学上！"抱着这个念头，江聪的父母托关系将他送入一所职高。然而，职业高中松散的管理、学习风气和教育理念让江聪非常不适应。学校环境也比较复杂，很多学生心浮气躁，缺乏自律，甚至经常出现打架斗殴的现象。

在这样的环境下，江聪的病情再度出现反复。父母眼看着孩子一天天变得孤僻，心情也越来越沉重，他们逐渐意识到环境对人的重要性。为了给孩子寻找一条更好的出路，江聪的父母开始寻找能够帮助江聪重新振作的机会。

在一次偶然的机会中，江聪的父母从做教培的朋友那里听说了学业规划的概念。朋友说，学业规划包含的高中多元升学路径，应该能帮助他们打开孩子升学的新思路。

因此，江聪的父母开始自行研究学业规划的相关知识，并通过朋友介绍认识了一位经验丰富的学业规划专家杨老师。他们安排了一次会面，讨论江聪的升学计划。在初次见面时，杨老师仔细询问了江聪的多方面情况，涵盖了兴趣爱好、性格特征、学业表现以及健康状况，并基于这些信息进行了深入分析。杨老师指出，江聪的心理创伤和情绪问题应当得到特别关注，同时，他的学习和知识基础也不容忽视。

泰国留学与中文授课

经过综合评估后，杨老师提出了一个升学建议——推荐江聪去泰国的某大学直读本科。杨老师向江聪一家详细介绍了该大学的情况，这是一所泰国的知名高等学府，有着悠久的历史和良好的声誉。而最让江聪一家动心的是，该大学可以提供中文授课，并且学费低廉，每年的学费还不到 20 万泰铢，折合人民币 4 万元左右，这比在国内读一个民办本科还要便宜。

此外，学校特别关注学生的心理健康，专门配有心理辅导员，这对江聪尤为重要。而且，泰国作为一个文化背景与中国相似的国家，江聪能够在这里轻松融入，不仅生活上不必担心语言问题，而且回国也非常方便。加上泰国的生活成本相当于国内三线城市，这对于江聪这样的家庭来说，无疑有着巨大的吸引力。

在听取了杨老师的详细介绍后，江聪一家人感到非常兴奋。他们认为，该大学的学费适中、专业设置全面、学校有心理辅导，这些为江聪提供了一个非常好的成长环境，最重要的是，学校的中文授课将帮助江聪减少语言障碍，让他能够专注学业，减少心理上的负担。经过商讨，江聪的父母最终决定支持他赴泰国留学。

学业适应与个人蜕变

在杨老师的帮助下，江聪如愿进入了该大学，踏上了人生的新旅程。初到泰国，江聪有些紧张，也有些不安。尽管学校的环境优美，气候宜人，但离开家乡、独自生活在一个陌生的国家，还是让他感到不小的压力。然而，泰国的大学课程安排相对轻松，校园生活节奏也比较慢，加上学校的心理辅导员定期与江聪交流，帮助他缓解压力和调节情绪，让江聪很快融入了新的学习环境。

在学校，江聪的同学们来自世界各地，大家的语言和文化背景各异，让江聪了解到大千世界的各种趣事，同时中文授课也能让江聪可以轻松理解课程的内容。经过一段时间的适应，江聪在学业上开始取得进步。他发现自己对心理学、社会学等专业领域产生了浓厚的兴趣，课堂上也能积极参与讨论，成绩逐渐提高。

江聪的母亲一开始不放心儿子，跟着来到泰国陪读了半年，看到儿子的成长和变化后，她也逐渐打消了心中的顾虑，放心回国。此时的江聪，已经不再是那个因为校园暴力而受伤的少年，而是一个充满信心和活力的年轻人。

如今，江聪已经是该大学的大三学生，成绩优异，情绪状态稳定。他的心态发生了很大的变化，不再被过去的阴影所困扰，而是充满了对未来的期许。

专家点评

随着留学热度的回升，工薪家庭的孩子成为留学的主力军，"普惠留学"成为首选，泰国留学以双联课程、低花费、离家近等优势，被家长熟知。其中泰国格乐大学，作为中泰两国高等教育学历学位互认协定的签约院校之一，是一所集本科、硕士、博士教育于一体的综合性大学。该校提供中文授课项目，优秀毕业生还有机会留校任职。

★ 美国留学——叛逆少年勇闯美国名校

叛逆少年：优越成长的波折

刘炀（化名）出生在改革开放的前沿深圳，父亲从事国际贸易，见证了深圳从一个小渔村到国际化大都市的发展。刘炀生活优渥，父母的溺爱也让他从小养成了任性、娇纵的性格。但刘炀是个聪明的孩子，善于思考和记忆，小学一直都是班上第一名，顺利考入重点初中。但刘炀性格傲慢，对待学业散漫，缺乏恒心和毅力。

进入初中后，刘炀的叛逆愈发明显。他与父母的沟通出现严重的障碍，他们经常因小事发生争吵，进而影响到刘炀在校的学习，他的成绩波动很大。父母苦口婆心，彼时的刘炀并不能理解和接受，内心充满了反抗，总想找到一条更"自由"的成长道路。最终，在中考结束后，他成绩仅勉强考上了当地的一所普通高中，远未达到父母的预期。

出国交换：踏上独立成长之路

刘炀的父亲身边有很多朋友将孩子送往海外求学，这些朋友普遍认为，国内升学太难了；相对来说，国外教育更能让孩子在全新的环境中磨炼自我，增长见识，锻炼独立生存和思考的能力。高一开学，父亲征求刘炀的意见："要不要去美国交换学习一年？"刘炀虽然对陌生的美国留学心存疑虑，但想到他将只身前往，不再受到父母的约束，便欣然答应下来。

刚到美国，刘炀体会到前所未有的压力。不同于国内英语课书面的学习，缺乏口语交流的训练，在这里日常的听课和完成作业就让他面临不小的挑战。好在他的英语基础不错，在美国高中接触到的 AP 课程并不算太难。很快，他便找到自信并融入了当地的学习、生活。

在美国的一年，刘炀逐渐体会到生活的不易。过去在家时，衣食住行都被照顾得好好的，而一个人在美国，他必须要自己打理一切，从日常起居到学习交流，全都要自己去解决。刘炀开始反思自己过去对父母的态度，开始理解父母对自己的良苦用心。他意识到，父母的严格和付出都是为了让他走好未来的路。

一年的交换生活飞快过去，刘炀已经适应了美国的学习和生活节奏。原计划是一年后返回中国继续学业，但刘炀主动找到父亲商量，提出了继续留在美国学习的想法。父亲在这一年中也感觉到了刘炀的变化，很支持他的想法，便通过中介让刘炀转学到了一所私立高中，继续美国高中的学习。

私立美高：从随性到自律

美国的公立高中提倡的是通识教育，而私立高中则注重精英教育。转入私立高中后，刘炀明显感觉到学习氛围和课程难度发生了很大的变化。尽管美国的高中课程有更多自由选择的空间，但竞争也同样激烈，身边的同学们都在为进入一流大学而努力奋斗。受他们的影响，刘炀开始调整心态，逐渐将全部精力投入到学习中，成绩也稳步提升。

刘炀在美国的学习生活已过去了两年多，面对即将到来的大学申请，父亲让刘炀自己选择。此时的刘炀已经不再任性、娇纵，而是更多为家人考虑，为将来打算。经过慎重考虑，刘炀最终将目标锁定在宾夕法尼亚大学、加州大学洛杉矶分校（UCLA）、普渡大学等几所排名靠前的公立大学上。由于出色的学科成绩和优秀的申请表现，刘炀先后收到了多所名校的 offer（录取通知书），并最终选择了UCLA，开启了他四年的本科学习。

加州求学：刻苦学习与追求卓越

在 UCLA 的四年时光中，刘炀保持着在高中阶段养成的勤奋学习习惯，努力钻研专业课程，并积极参与校园活动。美国大学的学习氛围十分活跃，同学们喜欢在课堂上提出不同的见解，教师也鼓励学生们独立思考，这一切让刘炀受益匪浅。

由于表现优异，刘炀还获得了多个奖学金和实习机会，这让他在学术上有了更多尝试和探索的机会。与此同时，他逐渐认识到，自己需要深入的自我认知和明确的职业目标。因此，他在大三时加入了几个专业社团，以拓宽自己在不同领域的知识面，逐渐明确了自己未来的发展方向。

大三暑假，刘炀顺利申请到了美国西北大学的硕士项目。然而，学习了西北大学的研究生课程后，他逐渐意识到，所学专业并非自己最初设想的理想方向，内容虽然深入，但却未能引起他的真正兴趣。长时间在美国生活让他感到有些枯燥，他开始渴望体验更多元的文化和生活方式。怀着这种探索的心情，刘炀开始计划下一步的学习和人生方向。

梦转日本：对动漫的深厚情结

由于刘炀从小便对日本动漫充满热情，抱有好奇和向往。在查阅了一些资料后，他决定前往日本继续深造，尝试在新的国度中找寻属于自己的发展方向。在做出决定后，他退学回国，开始自学日语，准备参加日本的修士直考（研究生入学考试）。经过一年的语言学习和考试准备，他最终以优异的成绩被东京大学录取。

初到日本，东京大学的课程设置和日本的教育理念也带给他不小的冲击。和美国相比，日本的课堂更加强调知识的细致化与结构化，这让刘炀在学习中不断思考，并逐渐深入到他所学习的领域。日本的留学生活也让他逐渐建立了自己的人脉网络，并开始着眼于未来的职业发展。

毕业之际，刘炀收到了几家日本知名企业的工作邀请。这些公司对他的跨国教育经历十分认可，刘炀深知，这些公司提供的不仅是工作机会，更是展示自己能力和实现人生价值的平台。

专家点评

个性化教育规划和个人努力相结合，才是找到适合的留学道路的关键。在这个过程中，学生需要充分了解自己的优势和不足，明确自己的留学目标和职业规划；同时，也需要积极寻求专业的留学指导和帮助，制定科学合理的留学计划。只有这样，才能在留学的道路上越走越远，最终实现自己的留学梦想。

二十三　华侨生身份申请
　　内地大学

1. 华侨生联考

（1）华侨生联考概述

华侨生联考，全称为中华人民共和国普通高等院校联合招收华侨及港澳台地区学生考试。这是由中国教育部单独为海外华侨和港澳台学生设计的专门高考，以满足海外华侨及港澳台学生回祖国内地接受高等教育的愿望，为他们提供入读内地大学的机会。

（2）华侨生联考优势

①题目简单

普通高考注重能力的考查，考得比较深、难度大。而华侨生联考则考虑到满足海外华侨及港澳台学生回祖国内地接受高等教育的愿望，因此总体考试内容更偏向于对基础知识的考查，难度更低，并且仅需考 5 科，文科不考政治、理科不考生物。

②分数线低

2023 年华侨生联考公布录取分数线如下。

➢ 200 多分可以就读艺术和体育类院校本科。

➢ 300 多分就可以上普通院校本科。

➢ 400 多分可以就读 985、211 高校。

➢ 如果成绩不太理想，可以选择预科院校，毕业之后同样是本科学历。

虽然，华侨生联考想要"400 分上清北"很难，但相比于普通高考来说，考取清北、人大以及复旦等内地 985 高校会更容易一些。

2023 年华侨生考试文理科状元 640 分，分别被北大、清华录取，比普通高考低了至少 60 分，重点是华侨生考试的难度还会比普通高考低很多。并且，如果不执着于这些顶尖院校，满足 400 多分进入国内 958、211 高校的可能性还是很大的。

③竞争压力小

华侨生联考每年的报考人数在 5000 人左右，不过 2023 年暴涨到 7000 多人。2024 年华侨生联考的预报名人数约为 11000 人，其中约 10000 人通过了报名资格审核。而招生总人数约为 6000 人，报录比约为 58.26%。

但相比于普通高考 2024 年的 1342 万人，华侨生报考人数即使增至 1 万人，竞争压力还是比较小的。教育部每年给予华侨生联考的名额在 15000 人左右。

④录取率高

相较于普通高考的录取率，从 2023 年联考的录取的数据上看，本科率达到 70%以上，985 高校录取率达到 14.4%，具有明显的优势，也因此吸引了国内一众家长的注意。2024 年华侨生联考本科录取分数线公布，文史类最低录取分数线为 365 分，理工类最低录取分数线为 390 分，而艺术类、体育类院校最低录取分数线为 265 分（文史类）。

2024 年国内有超 300 所高校联合招收华侨港澳台学生，共 1000 多个专业，其中包括清华大学、北京大学、复旦大学、深圳大学、厦门大学、中山大学等顶级名校，且招生指标与普通高考是分开的，不占用普通高考招生名额。以华侨生联考的方式进入国内院校，所上的课程、学费等均与普通高考考生一致，毕业后学历完全等同于高考。

（3）华侨生联考科目和难度

①考试科目

- 理工类考试科目为：中文、数学、英语、物理、化学（不考生物）。
- 文史类考试科目为：中文、数学、英语、历史、地理（不考政治）。
- 每科满分为 150 分，每个考试类别满分为 750 分。

②考试难度

70% 是初中知识，30% 是高中知识，题目难度与教材的例题差不多，但英语科目要求相对普通高考较高。没有专门的教材，只有考题大纲和历年真题，比起高考难度降低很多。

在这里也要提醒下，如果确定参加华侨生联考，最好在孩子高一选课的时候就要明确未来是要读文科还是理科。

（4）报考条件及时间

①报考条件

符合下列条件之一且具有高中毕业文化程度（须为学历教育）的人员，可以申请报名普通高校联合招收华侨港澳台学生（以下简称全国联招）。

- 华侨考生，考生本人及其父母一方均须取得住在国长期或者永久居留权，并已在国内连续居留 2 年，两年内累计居留不少于 18 个月，其中考生本人须在报名前 2 年内在国内实际累计居留不少于 18 个月。

·若考生本人或其父母一方未取得住在国长期或永久居留权，但已取得住在国内连续 5 年以上（含 5 年）合法居留资格、5 年内在住在国内累计居留不少于 30 个月，且考生本人在报名前 5 年内在住在国内实际累计居留不少于 30 个月的，也可参加报名。

·中国公民出国留学（包括公派和自费）在外学习期间，或因公务出国（包括外派劳务人员）在外工作期间，均不视为华侨。

②报名时间（以 2024 年为例）

报名时间为 2024 年 3 月 1 日至 3 月 31 日，其中 3 月 1 日至 15 日为网上报名时间，3 月 16 日至 31 日为报名确认时间。

③报名方式

采用网上报名和现场报名确认相结合的方式，其中港澳台考生实行网上报名确认，华侨考生实行现场报名确认。

2. 香港高考/DSE

DSE 考试（香港中学文凭考试）是香港教育局于 2012 年 3 月起在新学制体系下建立的大学入学选拔考试，由香港考试及评核局（考评局）组织考试，是香港中学最主要的升学考试，也可以理解为"香港高考"。

DSE 考试是全球唯一允许使用简体中文作答的国际课程考试，港籍生和内地生均可报名参加。DSE 成绩除了可用于申请香港和内地的大学，还可申请英国、美国、加拿大、新加坡、澳大利亚等的院校，目前近 300 所海外院校认可 DSE 考试成绩，比如耶鲁大学、剑桥大学、新加坡国立大学、南洋理工大学、澳大利亚国立大学、早稻田大学等，直通 QS 世界大学排名前 200 名的顶尖高校。

（1）考试模式及科目

4 科核心＋2 门选修，一共考 6 门课程。4 个必考科目分别是语文、数学、英语、通识教育，2 门选修是在物理、化学、生物、历史等 24 门选修科目中任选。

常见选修科目包括以下各科。

①理科：物理、化学、生物。

②文科：世界历史、中国历史、地理。

③商科：经济、企业会计与财务概论。

DSE 考生并没有区分文科生或理科生，一般选哪一个选修科目取决于学生能力及喜好，可同时修读一个理科以及一个文科。

（2）分数划分

为确保成绩汇报的方式符合国际水平，且透明度高及清晰明确，DSE 考试采用水平参照模式汇报考生的成绩。

考生成绩分为五个等级（1—5 级），以第 5 级为最高等级。在第 5 级的考生中表现最佳者会获 5**，其次是 5* 和 5；表现低于第 1 等级的会标示为"不予评级"。

（3）往年报考人数

在香港本地就读高中的同学虽然大部分都参加 DSE 考试升读大学，但是近几年，报考 DSE 人数却逐年降低，从 2015 年的 7 万多，降低到了 2024 年的 5 万多。这也从侧面反映出香港学生的选择比内地学生多很多。

在香港，平均 1.36 个香港学生竞争 1 个"港八大"学位，等于每个香港中学生都能上名牌大学！比起普通高考，DSE 赛道竞争压力真的小太多！

（4）DSE 报考资格

①以考试年份 1 月 1 日计算，年满 19 岁。

②没有修读香港中学文凭考试课程，但在考试前 1 年修完或者正在修读等同中六的课程（相当于内地高三）。

③曾应考香港中学文凭考试，或相等考试。

3. DSE 与香港华侨生联考对比

	香港高考/DSE	香港华侨生联考
报考条件	1. 没有户籍限制，香港/内地身份均可报考。 2. 有高中成绩证明即可报考，无学籍要求。	1. 具有香港永久居民身份证和《港澳居民来往内地通行证》（回乡证）。 2. 具备内地高中学籍、高中成绩证明，毕业证明（毕业证）。
考试科目及分数	必考：英语、语文、数学、通识。 选考：历史、经济、物理、化学（任选 2 科）。 分等级制 6 科总分 42，每科满分 7 分。	理科：中文、数学、英语、物理、化学。 文科：中文、数学、英语、历史、地理。 一分一个等级，5 科总分 750 分，每科150 分。

	香港高考/DSE	香港华侨生联考
英语难度	DSE的英文考试与雅思较为相似，全面考查学生的"听、说、读、写"，对英语的能力要求较高，英语没有达到3分（雅思5.5分以上水平）很难录取到好的大学。	语法会比普通高中学得深很多，选择题是重中之重，高三要刷很多的语法题，才能拿到高分。
语文难度	根据DSE考纲要求，考生掌握12篇文言文，考查考生的阅读能力，包括理解、分析、感受、鉴赏、运用不同策略等能力。	考试范围参照内地的高中语文，但知识点范围更广。作文一般是命题或半命题作文，难度会小于普通高考。
数学难度	数学的必修部分考查内容包括数与代数、度量、圆形与空间（相当于内地的几何）、数据处理（偏应用）等，难度相当于内地初中阶段。	联考数学难度小于高考，但会有高数的部分内容，涉及的知识点较广，但题目的难度都不大。
物理难度	等同于内地会考（高二学业水平考试）难易程度。	出题方向和普通高考类似。
化学难度	计算特别少，着重考查基础内容。	近年来难度一直在加大，甚至部分题目会比高考难，不过总体不会超过高中课本上的知识体系。

二十四　中外合作办学

1. 中外合作办学概述

中外合作办学指外国法人组织、个人以及有关国际组织同中国具有法人资格的教育机构及其他社会组织，在中国境内合作举办以中国公民为主要对象的教育机构，实施教育、教学的活动。

2. 中外合作办学的招生类型、办学形式及培养模式

(1) 招生类型

①计划内招生：这里的计划指的就是普通高等学校招生计划（高考），因此计划内招生都是通过全国统一高考及高考录取程序进行招生的。计划内录取的学员毕业后可以拿到国内院校的毕业证、学位证以及国外院校的学位证〔中国（教育部）留学服务中心（中留服）可认证〕。计划内中外合作办学项目一般都是确定的外方院校和确定的专业，但学制可能不确定。比如厦门大学与爱尔兰都柏林商学院合作的金融学、会计学专业，可以有"3+1"和"4+0"等学制。

②计划外招生（又叫国际本科）：不需要提交高考成绩，或高考成绩仅作为参考，以自主招生考试为主要招生方式。计划外招生录取的学生毕业后仅能获得国外院校的学位证（部分项目可能存在中留服不能认证的风险）。计划外中外合作办学项目一般都有确定的专业和学制，但除少数定向项目外，大部分项目都没有确定的外方院校，需要通过学生在国内 n 年的学习成绩和雅思（或托福）成绩来申请对应的国外大学。

(2) 中外合作办学有哪几种形式

中外合作办学一般分为具有独立法人资格的中外合作办学机构和不具备独立法人资格的中外合作办学项目，两者在费用及未来发展方向上略有不同。这两种模式一般被通俗地称为中外合作办学学校和中外合作办学专业。

①中外合作办学学校（具有独立法人资格）

该模式的中外合作大学有以下 11 所（含依据《中外合作办学条例》及其实施办法批准设立和举办的内地与港澳台地区合作办学机构）：西交利物浦大学、昆山杜克大学、宁波诺丁汉大学、广东以色列理工学院、上海纽约大学、温州肯恩大学、香港中文大学（深圳）、北京师范大学-香港浸会大学联合国际学院、深圳北理莫斯科大学、香港科技大学（广州）、香港城市大学（东莞）。

　　上述中外合办学校中热度较高的，如西交利物浦大学、昆山杜克大学、宁波诺丁汉大学、上海纽约大学等，这些学校的招生政策各不相同，对英语高考单科成绩的要求也不太一样，有些在提前批次和普通批次都有招生，有些则只在提前批次招生，学生进入大学后的专业分流和培养模式也各有不同，感兴趣的家长和考生可以关注学校官网。

　　②中外合作办学专业（不具有独立法人资格）

　　➢ 中外合作办学专业

　　中外合作办学专业也是目前最常见的合作方式。例如，兰州大学与德雷塞尔大学中外合作办学项目（计算机科学与技术）、北京邮电大学与英国伦敦玛丽女王大学中外合作项目（电信工程及管理专业）等，一般有"2＋2""3＋1""4＋0"的模式（前面数字代表国内学习时长，后面数字代表出国学习时长）。

　　➢ 中外学分互认联合培养项目

　　中外学分互认联合培养是指学生所得学分可以在中外双方院校互相转换成彼此的学分，学生达到双方院校的学分要求就可以取得对应的学位证。该项目是由江苏省教育厅发起的双学位项目，外方以美国、澳大利亚的院校为主，于2023年新增了英国、芬兰的院校。江苏省的中外学分互认联合培养项目见下表。

江苏高校	培养模式	国家	外方高校	专业
南京师范大学	2＋2	澳	麦考瑞大学	财务管理、会计学
	2＋2	澳	昆士兰大学	计算机科学与技术
	1＋2＋1	美	塞勒姆州立大学	英语
	1＋2＋1	美	乔治梅森大学	行政管理
江苏大学	2＋2	澳	麦考瑞大学	金融学
	2＋2	澳	昆士兰大学	计算机科学与技术、电气工程及其自动化
	2＋2	澳	新南威尔士大学	新能源科学与工程
	1＋2＋1	美	北亚利桑那大学	英语
	1＋2＋1	美	北亚利桑那大学	信息管理与信息系统
	1＋2.5＋0.5	美	北亚利桑那大学	车辆工程
南通大学	2＋2	澳	麦考瑞大学	翻译
	2＋2	澳	昆士兰大学	软件工程
	1＋2＋1	美	北阿拉巴马大学	会计学
扬州大学	1＋2＋1	美	乔治梅森大学	翻译
	1＋2＋1	美	北阿拉巴马大学	资源环境科学

续表

江苏高校	培养模式	国家	外方高校	专业
江苏第二师范学院	2+2	英	邓迪大学	财务管理
苏州城市学院	1+2+1	美	北亚利桑那大学	金融学、英语
	1+2+1	美	鲍尔州立大学	新闻学
常熟理工学院	1.5+2+0.5	美	威斯康星大学欧克莱分校	经济与金融、软件工程、材料科学与工程
	1.5+2+0.5	美	南伊利诺伊大学爱德华慈维尔分校	机器人工程
	1.5+2+0.5	美	坦佩雷应用科技大学	食品质量与安全
	1.5+2+0.5	芬	坦佩雷应用科技大学	应用化学
江苏理工学院	1+2+1	美	特洛伊大学	金融学
常州工学院	1.5+2+0.5	美	威斯康星大学欧克莱分校	商务英语

（3）中外合作办学的培养模式

①4+0培养模式：学生通过录取后，四年都是在国内院校上课而不出国，但仍然采用国外院校的教学计划和考试方式，引进国外的原版教材及教学模式。4+0项目全程不需要出国，因此性价比最高，也是竞争最激烈的。

②3+1培养模式：学生通过录取后，前三年在国内院校学习，后一年根据雅思成绩及前三年的平均学科成绩申请国外院校。计划外的3+1模式的最后一年以申请英国院校为主，又称为SQA项目。

③2+2培养模式：学生通过录取后，前两年在国内院校学习，后两年通过转学分的模式转到国外大学继续完成学业。部分计划外2+2项目会定向国外排名较高的院校，是国际本科中含金量较高的项目。

④1+3培养模式：学生通过录取后，第一年在国内院校学习（预科课程），后三年在国外院校学习。

3. 国际本科项目及适合人群

（1）项目介绍

①3+1项目：通常指的是计划外3+1或国际本科3+1，其中最常见的是SQA

项目，全称英国高等文凭教育项目。SQA 项目是由中国留学服务中心与苏格兰学历管理委员会于 2003 年共同引进中国的中外合作办学项目，在全国 34 所合作院校内开设了商科、计算机、酒店旅游、物流、工程等 5 大类 15 个专业的课程。SQA 项目在国内为全日制学习三年，第一年为思政课、国际预科课程，强化英语；第二、三年为思政课及专业课程学习。国内三年学习结束后，获得项目证书且成绩达到国外大学要求的毕业生将继续前往英国完成本科阶段的第四年学习。

截至 2025 年，中留服 SQA 项目合作的 34 所合作院校名单如下（如不在名单中的院校项目可能存在认证风险）。

- 新疆农业大学
- 宁夏大学
- 贵州师范大学
- 福建师范大学协和学院
- 厦门大学
- 大连外国语大学
- 西安外国语大学
- 西安科技大学高新学院
- 西安明德理工学院
- 青岛理工大学
- 山东师范大学
- 济南大学
- 中国石油大学（华东）
- 中国海洋大学
- 电子科技大学
- 四川大学
- 华南师范大学
- 广东金融学院
- 广东财经大学
- 武汉理工大学
- 南京航空航天大学
- 上海立信会计金融学院
- 华东师范大学
- 上海外国语大学贤达学院
- 上海财经大学
- 中国石油大学（北京）
- 对外经济贸易大学
- 首都师范大学
- 北京邮电大学
- 北京理工大学
- 北京交通大学
- 北京第二外国语学院
- 中央财经大学
- 福建江夏学院

②2＋2 项目：在中国留学网上，计划外 2＋2 项目的国内大学一般被定义为"出国留学培训项目"。截至 2025 年，中留服登记认证的 2＋2 项目院校共 48 个，其中出国留学培训基地 16 个，赴俄留学培训基地 2 个，战略合作伙伴 30 个。名单如下（如不在名单中的院校项目可能存在认证风险）。

- 北京外国语大学
- 上海外国语大学
- 广东外语外贸大学
- 西安外国语大学

- 西南财经大学
- 青岛大学
- 天津师范大学
- 东北财经大学
- 湖南大学
- 厦门大学
- 中国石油大学（华东）
- 苏州大学
- 山东师范大学
- 广西大学
- 哈尔滨工业大学（威海）
- 海南大学
- 东北农业大学
- 黑河学院
- 上海财经大学
- 中国农业大学
- 中国传媒大学
- 北京电影学院
- 华南师范大学
- 北京第二外国语学院
- 集美大学
- 西北政法大学

- 中央财经大学
- 深圳大学
- 华南理工大学
- 辽宁大学
- 南京艺术学院
- 西南政法大学
- 湖北工业大学
- 南昌大学
- 郑州西亚斯学院
- 南京审计大学
- 山东理工大学
- 南京理工大学
- 北京语言大学
- 中央民族大学
- 华东交通大学
- 江西财经大学
- 南京信息工程大学
- 山东艺术学院
- 临沂大学
- 中南财经政法大学
- 武汉工程大学
- 武汉理工大学

③1＋3项目：中留服合作的1＋3项目（部分院校也有2＋2项目）。

- 广东金融学院
- 北京工商大学
- 上海理工大学
- 重庆工商大学

- 四川外国语大学
- 暨南大学
- 大连大学
- 山东财经大学

（2）中外合作办学的适用范围

①家庭经济条件殷实，语言能力（包括但不限于英语）比较强的学生。

②想通过中外合作办学提升学历层次（特别是国内考不上本科）的学生。

③对环境的适应能力比较强的学生。

④有出国计划，对留学感兴趣的学生。

（3）注意事项

①部分学校如上海纽约大学、昆山杜克大学需要参加综合评价方可报考。同一学校不同省份报考条件不同，具体可咨询学校。

②中外合作办学项目尽量选择办学时间 4 年以上，已经有毕业生，且招生体系比较成熟的项目，对于还没有毕业生的中外合作办学项目，学生成为"小白鼠"的概率较大。

③计划外的中外合作办学项目首先要考虑教育部认可的问题，可在教育部涉外监管信息网和中国留学网进行查询，无法查询到相关信息的项目风险较大，建议不要选择。

4. 常见问题

读中外合作办学的学校或专业，毕业会不会受歧视？毕业证有无区别或特殊备注？

不同学校中外合作办学的毕业证都不一样，有些学校会标注"中外合作办学"字样，但大部分学校不会标注。

中外合办学校毕业生在就业时，一般不会受到歧视。相反，通过中外合作办学模式出国读研的学生就读的院校层次相对会更好，他们在部分企业更是备受青睐。

★计划内中外合作办学——从普高到英硕，中外合作快车道

留学的选择——逃离内卷，活出自我

韩冰（化名）是 2021 届的山东高考生，自幼生活在一个环境优越的家庭。父母经营着一家颇有名气的会计师事务所，他们期待着韩冰未来能考上一所国内的好大学，毕业后回来继承家里的事业。然而，升入高中后的韩冰对这种安排并不认同。她觉得国内的升学环境"卷"得太厉害，同学们为了进入名校和热门专业拼尽全力，竞争过于激烈。她不想被卷入这种无止境的竞争，更希望能走出国门，通过留学去探索更宽广的世界。

韩冰的留学愿望在家里引发了持续的争论。父母认为，出国留学是条不稳定的路，尤其是对会计金融这种对本地法规和资源有极高要求的行业来说，国内名校的学历学识和人脉圈子更有保障。他们希望韩冰能踏实一些，考一个国内的 985、211 高校，未来接手家里的会计师事务所，成为一名出色的金融从业者。面对父母的反对，韩冰愈发觉得难以接受，她不愿意被锁定在父母为她设计好的道路上。家庭里的气氛随着高考的临近变得紧张起来。

前行的力量——良师益友，一路相伴

一次偶然的机会，韩冰的妈妈在一次同学聚会上遇到了老同学崔老师。崔老师是一位在教育领域颇有经验的学业规划专家，擅长根据学生的特点和家庭的实际情况做出针对性的升学建议。当他了解到韩冰一家对未来规划的困惑后，崔老师仔细分析了韩冰的情况，提出了自己的建议："既然你们希望韩冰能走会计这条路，继承家业，但她又不愿意局限在国内，为什么不试试中外合作办学呢？"

"中外合作办学？"韩冰的妈妈一脸疑惑，"那不是成绩不太好的孩子上的吗？我们家韩冰成绩还不错啊。"崔老师笑着解释，其实中外合作办学项目是分计划内和计划外两种的，计划内就是通过高考统招录取，计划外是通过学校或项目方自主招生考试录取。韩冰妈妈担心的是计划外的中外合作办学项目，而且也不是说计划外项目招收的都是"成绩不好的孩子"，对学生的英语能力和综合素质也是有一定要求的。韩冰的成绩不错，是可以走计划内中外合作办学项目的，大多数这种类型的项目都是采用 2+2 的模式，即国内大学读 2 年，再去海外合作大学读 2 年，毕业后既可以拿到国内大学的毕业证、学位证，又可以拿到海外大学的学位证。而且这种项目有两个特点，既可以通过较低的高考分数进入国内重点高校的热门专业，

又能满足孩子的留学愿望。特别是韩冰以后打算海外申硕的话，留学的经历和背景会让她更有竞争力。听完崔老师的建议，韩冰的妈妈眼前一亮，马上约了崔老师第二天详谈。

当崔老师详细了解了韩冰的平时成绩、性格特点和升学诉求之后，认为山东某高校的会计学专业是一个非常合适的选择。虽然该校并不是 985 或 211 大学，但其会计学专业在全国的专业排名靠前，在国际上的认可度也比较好。加上韩冰的成绩有望达到该校的投档线，即使不能直接考入会计学专业，该校还有一个与加拿大某知名院校合作的 2＋2 项目，同样也有会计学专业。学生在国内大学学习两年之后，再到加拿大继续完成后续的学业，这样既能实现低分进入名校热门专业的目标，又能实现韩冰的留学梦想。

这个建议让一家人都松了一口气。父母觉得这种方式既不偏离他们希望韩冰学会计、继承家业的初衷，又能让她实现出国留学的愿望。韩冰也非常认可这个方案，这条路比单纯的国内升学或直接出国更加灵活且可行，毕竟她对自己的英语能力还没有自信到可以自主留学的程度。崔老师的规划思路让一家人对未来的焦虑得到了缓解。

接下来的日子里，韩冰不再像之前那样抗拒学习，而是全力以赴备战高考。高考中韩冰发挥稳定，最终的成绩虽然达到了目标院校的投档线，但却未能达到会计学的直录分数线，如果同意调剂，则可能进入非会计金融的专业。面对这个结果，韩冰毫不犹豫地选择了崔老师建议的 2＋2 中外合作办学项目，如愿以偿地进入了会计学专业。

追梦的路上——披星戴月，遍地繁化

在该校的两年学习中，韩冰不仅深入学习了会计学的系统知识，也扎实提升了自己的英语水平，为之后去加拿大的留学生活打下了基础。两年后，韩冰通过雅思 7 分的优异成绩，前往加拿大继续完成学业。加拿大的教学方式更加注重实践和独立思考，韩冰很快适应了这种全新的学习模式。她认识了来自不同国家的同学，体验到了多元文化的魅力，并且不断提高自己的专业能力。加拿大的学习和生活经历让她逐渐成熟，也让她对自己未来的发展方向有了更明确的规划。

在加拿大的最后一年，韩冰着手申请攻读硕士学位。她的目标是进入世界顶尖高校的会计学专业深造，而伦敦大学学院（UCL）的会计学硕士成为她的首选。凭借她在中外合作办学项目中的优异表现和加拿大名校的本科背景，韩冰顺利拿到了 UCL 的录取通知书。

回顾自己的求学之路，韩冰感慨万分。从最初的迷茫、抗拒，到最终找到适合自己的方向，她认识到平衡家庭期望与自我追求的重要性。

专家点评

国内很多大学的计划内中外合作办学项目，其录取分数线通常较同校同类专业普通高考录取的分数线低 10 分至 20 分。因此，对于已明确目标院校但分数难以达到录取要求，且家庭经济状况较为宽裕的学生而言，此类中外合作办学专业不失为一个值得考虑的选项。

★计划内中外合办大学——追逐星，成为星：普高男孩逆袭UIC

心中燃起电影梦

邓浩（化名）从小就是香港电影的超级粉丝，无论是刚刚上线的新片，还是那些经典的老片，他都能如数家珍地讲出很多细节。每每看着银幕上香港的街头巷尾，邓浩都会不自觉地想象，自己有一天也能站在香港，感受那座城市的独特魅力。

在一次电视专访节目上，邓浩了解到香港的很多知名电影人和媒体人都是毕业于香港浸会大学传理学院，这里可以称得上是香港媒体人才的摇篮。从那时起，邓浩开始对香港浸会大学传理学院充满了向往，他梦想着有一天也能进入浸会大学的校园，成为一名专业的传媒人。

邓浩的父母非常支持孩子的梦想，特别是上名校的志向。初中毕业的暑假，父母带他去了香港旅游，特意安排了前往香港浸会大学的参观。站在校园里，邓浩被优美的校园、浓烈的学术氛围和多元的文化所深深吸引。他听到心里有一个声音：这里就是自己未来想要去的地方。

然而，就在邓浩高一那年，新冠疫情暴发，全球范围内的留学计划都受到了冲击。许多原本打算出国留学的同学，受疫情影响纷纷改变留学计划，香港由于安全离家近、疫情防控好，成了热门的升学目的地。而随着留学申请的剧增，香港的留学竞争也越来越激烈。同时，受疫情影响，香港本来就不菲的生活成本也大幅提高。双重压力下，邓浩一家人对未来还能否留学香港产生了疑虑。

偶识名师获希望

就在全家人的迷茫之际，邓浩的妈妈通过朋友认识了一位资深的学业规划专家薛老师。薛老师有着20多年的行业经验，擅长帮助学生规划港澳升学和内地升学。邓浩的妈妈主动联系了薛老师，看看是否有可能通过其他途径实现儿子的"浸会梦"。

薛老师听完邓浩妈妈的讲述，知道她们来自广东，马上提出了一个可行的升学方案——通过综合评价申请中外合办大学的北京师范大学-香港浸会大学联合国际学院（以下简称北师大浸会）。这是北京师范大学和香港浸会大学合作创办的独立大学，学生毕业后既可以获得北师大浸会的毕业证和学位证，也可以拿到香港浸会大学的学位证书。只要邓浩的高考成绩能够超过一本线，就有机会通过综合评价的方式申请入学。这种方式不仅可以避免激烈的香港升学竞争，还能有效降低求学的成本，帮助邓浩圆梦。

经过考虑，邓浩妈妈决定委托薛老师规划她儿子未来 3 年学业生涯，帮助他诊断学习情况，提升成绩，提高综合背景实力，增加申请的成功概率。

在竞赛学业中奋进

薛老师根据邓浩的兴趣和学科特长，制定了一份详细的学业规划，不仅仅包括每个学期的学科辅导，还包括参加各种竞赛和社会实践活动。根据薛老师的介绍，北师大浸会的综合评价是 60％的高考成绩＋30％的综合素质评价＋10％的学业水平合格性考试成绩，因此学术成绩和综合背景实力都要重视。

在接下来的两年中，邓浩先后参加了全国性的作文和英语竞赛，在薛老师的指导下均获得了国家级奖项。另外，每年的暑假、寒假，他也会积极参加薛老师安排的各种研学和社会实践活动。慢慢地，邓浩的简历变得越来越丰富，综合背景实力逐步提高。

随着高考的临近，在学科辅导老师的指导下，邓浩有针对性地查缺补漏，弥补自己的短板。三次模拟考试，他的成绩都稳定在一本线以上。高三下学期，邓浩提前申请了综合评价，最终以高考超过一本线 30 多分的成绩，顺利通过了校测，拿到了北师大浸会新闻传播学专业的录取通知书。

录取让梦想照进现实

进入大学后，邓浩发现这里的课程设置大多参照香港浸会大学及英美大学的课程体系。全英文的授课环境、海外名校的强大师资，都让这所学校充满了国际性和学术性。而且邓浩惊喜地发现，每年暑假学校会组织 summer school 项目，学生可以自行前往香港浸会大学进行短期学习。这个项目不仅是一个学术交流的平台，更是他实现"浸会梦"的重要桥梁。

每次在香港浸会大学的校园中，邓浩都能感受到那种自己曾经憧憬的学术氛围。即使是短期学习，也让他感受到自己离梦想更近了一步。大一暑假的 summer school 结束后，邓浩做了一个决定，要在硕士阶段重新考入香港浸会大学传理学院，进入自己的理想院校！

邓浩把这个想法告诉了薛老师，薛老师非常支持他的决定，并且告诉他，在北师大浸会的本科学习对于申请香港浸会大学的硕士会有很大的帮助。接下来，他要做的就是保持良好的绩点和拿到雅思 6.5 分的成绩。进入大二的邓浩，已经逐渐适应了全英文的课堂，学业成绩也在稳步提升，正是准备雅思和申请攻读硕士的黄金时期。邓浩深信，自己的努力与坚持，终会让那个曾经遥不可及的梦想，变为现实。

专家点评

　　近年来，无须出境即可体验国际高等教育的中外合作办学模式吸引了众多考生和家长的目光，中外合作办学机构的数量也在稳步增长。特别是那些拥有独立法人资格的中外合办大学，它们提供的文凭具有极高的认可度。截至2024年，内地共有11所此类独立法人中外合作办学机构。这11所大学采取了多样化的招生方式，包括综合评价招生、高考"裸分"填报以及计划外自主招生等。学生可以根据自己的学业成绩和职业规划，挑选适合的院校进行申请。

★ 计划外中外合作办学 4＋0——不出国的留学：选择 4＋0/3＋0

希望落空

高三开学，紧张的气氛弥漫在校园的每个角落。杨晓娟（化名），一个内向的女生，在班级里默默努力着。她的成绩一直处于中游水平，虽说英语和数学还不错，但总体分数距离本科线仍有差距。

家长会后，老师把晓娟的父母单独留下，表情严肃地说："晓娟这成绩上本科有点危险，要是不想读专科，得想办法补补了。"晓娟的父母听后，心里沉甸甸的。他们都是企业普通职工，收入不高，家里还有个上学的弟弟，教育预算比较有限。

可是，为了晓娟的前途，他们还是决定请老师给孩子补课。他们四处打听，最终找到了一位号称能迅速提升学生成绩的老师，每小时收费 300 元。这对于他们家来说，无疑是一笔不小的开销。但只要孩子成绩能提高，一切都值得。

就这样，晓娟开始了补课。每天放学后就去老师那里上课，周末也不休息。然而，三个月过去了，晓娟的成绩并没有明显提升。晓娟看着父母疲惫的面容和为自己付出的高额补课费，心里很不是滋味。她知道家里的经济状况，也明白父母的辛苦，于是她对父母说："爸妈，别再让我补课了，我觉得读个专科学门手艺也行，我不想让家里再为我花钱了。"父母听了，既感动又心酸。

留有遗憾

晓娟的母亲虽然心疼女儿，但也不想就这么放弃，她开始在网络上学习升学知识，希望能为女儿找到其他出路。晓娟的母亲加入了很多个家长群，浏览了大量的升学攻略，一次偶然的机会，她在直播间里听到杨老师介绍国际本科 4＋0 的升学方式。母亲觉得这可能是个机会，就赶紧在后台留了联系方式，还专门飞到武汉和杨老师当面交流。

根据杨老师的介绍，计划外的中外合作办学项目，统称国际本科。与常见的"3＋1""2＋2"等模式不同的是，国际本科 4＋0 是一种完全不需要出国、学生在国内的大学完成 3—4 年的课程，就可以获得海外大学的学位证书的中外合作办学模式，也被称作"不出国的留学"。这样的模式可以最大程度减轻家庭经济上的压力。

听完，晓娟母亲马上请教杨老师，问是否有合适的项目推荐给晓娟。详细了解了晓娟的情况后，杨老师认为晓娟的英语基础不错，可以试试上海某大学 4＋0 项目和北京某大学 3＋0 项目。

上海某大学 4＋0 项目是上海一所 211 大学与世界排名前 100 的海外院校合办的国际本科项目，4 年完全在上海学习，不需要出国，毕业后拿海外院校的学位证。而北京某大学 3＋0 项目则是北京一所 985 高校和英国物理专业强劲的某院校合办的国际本科项目，仅需 3 年即可在该北京 985 高校完成本科学习，毕业同样拿海外院校的学位证书。

了解清楚后，母亲回家把这个消息告诉了晓娟。听了母亲的介绍，晓娟心里既忐忑又充满期待。忐忑的是自己成绩并不拔尖，不知道能否通过考试；期待的是，这或许是她改变命运的机会。经过一番深思熟虑后，晓娟决定试一试。

杨老师特意提醒晓娟：由于往年上海某大学 4＋0 项目的录取分数线在首次自主招生考试后逐月上升，到了高考成绩公布时，不仅自主招生考试难度显著提升，还要求学生的高考成绩达到本科线，因此建议晓娟报名参加该项目的首场考试。在正式报名前，杨老师还为晓娟制定了一个为期两个月的学习计划，根据考试内容，有针对性地提升她的英语和数学成绩。

晓娟每天严格按照计划上课，认真完成作业，努力巩固基础知识。在这个过程中，她遇到了不少难题，但她始终坚持不放弃。当该院校的招生简章发布后，杨老师立即为晓娟报了名，并为她安排了为期一周的线下集训课程。

1 月的武汉，天气寒冷。晓娟与其他十几位同样备考的同学一起，在武汉的培训基地接受了高强度的训练，包括真题练习和模拟面试等环节，她满心期待着能通过这次机会进入理想的学校。

然而，尽管晓娟已经竭尽全力，但当成绩公布时，她仍然因差 5 分而未能达到上海某大学 4＋0 项目的录取分数线。这一结果让她感到沮丧和遗憾。

逆袭之路

杨老师了解情况后，马上打电话安慰晓娟不要灰心，现在离高考还有半年的时间，还有很多其他的升学机会。她建议晓娟转向北京某大学 3＋0 项目，并详细介绍了这个项目。

虽然北京某大学 3＋0 项目只有一个电子工程专业，但这却是近几年的热门专业。自从 ChatGPT 发布以来，人工智能有了质的飞跃，越来越多的行业开始应用人工智能，如汽车的自动驾驶、医院的智能诊断等，包括学业规划行业也在不断接入 AI 智慧，而这些应用都属于电子工程的范畴。

然而，电子工程这个工科专业却让晓娟有些不安，因为她是文科生，高二后就没有学过理科了，尤其是物理都快忘干净了。杨老师向她耐心解释，文理分科是国内的分科模式，而国际本科是采用的国外大学的录取模式，因此不会影响她的报名资格。如果物理基础不太好，可以通过课外补习的方式来提升。杨老师给晓娟做了一个培训计划，对英语、数学和物理进行专项提升，以便她能更好地应对入学考试。

按照杨老师的建议，三个月的时间里，晓娟每天都在自我鞭策，督促自己不断进步。3月，她满怀信心地走进该校3＋0项目的第一次自主招生考试的考场。有了上次的经验，这次她在考场上更冷静，更从容。当成绩公布的那一刻，她如释重负——高分通过了该项目的入学考试，而她不擅长的物理也通过3个月的补习有了巨大的进步。于是，在其他同学还在紧张备战高考的时候，晓娟已经提前锁定自己的大学、专业和未来！

回顾成长

如今，晓娟已是大二的学生，随着学习的深入，晓娟对电子工程产生了浓厚的兴趣，对专业知识和未来发展方向有了更清晰的规划。AI领域的前沿应用深深吸引了她，她决定在本科毕业后继续深造，前往英国继续攻读AI方向的硕士学位。

专家点评

国际本科4＋0项目因其独特优势——无须出国即可体验国外教育模式并获得海外大学文凭——而备受家长和学生的青睐。特别是上海某大学4＋0项目，因其海外合作院校排名靠前，竞争尤为激烈。因此，家长们在为孩子选择项目时，务必提前做好充分准备。在挑选此类项目时，学生和家长应深入了解各院校的招生政策、专业配置以及就业前景，并根据个人实际情况做出明智的选择。

★计划外中外合作办学——选对升学路，专科生逆袭211博士

高考失利，专科还是复读

2019年，山东省高考竞争激烈。王文博（化名）满怀信心参加高考，期待高三的努力能换来理想大学的录取。然而，高考结果却让他措手不及——仅得400分，这是他历次考试中最差的成绩，意味着他只能就读专科院校。

看到成绩时，王文博闪过复读的念头，但想到高三一年的艰辛和高考时的压力，他犹豫了。他清楚，由于高一、高二学业荒废，自己的基础并不扎实，这次高考失利就是证明。他无法确定复读后能否考得更好。经过深思熟虑，他决定先进入专科院校学习，计划在三年内通过专升本考试，争取在本科阶段实现逆袭。

然而，看着班级群里的高分，同学的圆梦，令王文博内心失落感加剧。父亲带他参加自己的老同学聚会，想借此机会告诉他，人生中的一次失败并不算什么，每个人都需要经过多重历练才能成长。

一场聚会，震撼心灵的故事

聚会上，叔叔们聊起了各自的人生经历。其中一位叔叔提到，他也曾高考失利，只考上了一所大专院校。毕业后，他进入当地财政局工作，凭借高情商和出色的能力，很快获得领导认可，五年内晋升为副科长。

为了给自己创造更好的发展机会，他还自考了本科，并克服重重困难考上了一所985高校的全日制研究生。"哇，叔叔你好厉害！"王文博由衷地赞叹道。"呵呵，厉害有什么用，还不是被第一学历限制了。"叔叔苦笑着端起面前的酒杯一饮而尽。由于第一学历的硬伤，叔叔的职级到了副科长便再也无法晋升了。

王文博此时考虑到山东家庭普遍期望子女考公考编的大环境，他未来很可能也会走上这条路，即便专升本成功，他在体制内，第一学历是专科也会限制自己的发展。想到这里，他开始对是否应该选择复读产生了犹豫。

咨询专家，探索新的选择

犹豫之际，王文博所在的高中举办的高考志愿填报讲座，为他带来了新方向。讲座中，留学规划专家齐老师分享的"专科逆袭"的成功案例，让他豁然开朗，之前的犹豫瞬间消散。讲座结束后，他立刻向齐老师咨询。

听完他的介绍后，齐老师非常赞同他的想法，并提出了一个大胆的建议："文博，你的顾虑是对的，咱们一旦走了专科这条路，如果不能通过统招专升本改变第

一学历，那对以后的就业会有很大影响。我建议你直接放弃专科志愿填报，选择可靠的国际本科项目。比如国内某 211 大学开设的国际本科 3＋1 项目，通过三年国内学习，给英语打下一个坚实的基础，最后一年再去英国留学，毕业后拿到英国大学的本科学位。这样你不仅有了本科的第一学历，还可以以留学生的身份回国，就业机会会更多。"

王文博无比心动，也心存疑虑："三年后能去英国的什么大学呢？"齐老师解释道："能去什么大学取决于你的平时成绩和英语水平，3＋1 项目最好的能申请到世界排名 300 多名的高校。"

"世界排名 300 多名？"王文博震惊了。他原本只希望摆脱专科的限制，没想到还有机会去世界排名这么高的学校。齐老师接着说："从留学的角度，这个排名只能算一般呢，如果以后咱们还想申硕，只要够努力，你还可以申请到更好的大学！"

王文博按捺住内心的激动，补充道："可是我的英语很一般，高考也只考了 110 多分。"齐老师哈哈一笑："110 多分已经很不错啦，我们遇到的很多同学英语水平还不如你呢，三年内都能拿到雅思 5.5 分的成绩。放心吧，我会为你安排一对一的雅思辅导，你只要按计划认真学习，两年内拿到雅思 6 分不成问题。"在齐老师的鼓励下，王文博决定接受挑战。

迎难而上，备战雅思的历程

新的大学、新的环境，让王文博兴奋不已。他深知自己必须努力学好英语，冲刺更好的大学！大学的课程很多是全英文授课，这对王文博来说是个巨大的挑战。起初，他几乎听不懂，只能逐个记下不认识的单词，晚上熬夜反复学习。他的勤奋与那些因觉得英语太难而选择退学的同学形成了鲜明对比。

大一下学期，王文博首次参加了雅思考试。由于题量大且难度远超高考，他只得了 4.5 分，这让他感到沮丧。但在齐老师的鼓励下，他很快调整了心态，开始有针对性地学习。到了大二上学期，他的第二次考试取得了显著进步，达到了 3＋1 项目的基本要求——雅思 5.5 分。然而，王文博并未满足，他记得齐老师说过，3＋1 项目最好的可以申请到世界排名 300 多名的高校，要实现这个目标，雅思成绩需要更高。

经过不懈的努力，大二下学期，王文博终于考到了雅思 6 分。齐老师迅速为他整理申请材料，并成功申请到了英国的肯特大学，这是当时国际本科 3＋1 项目中能申请到的最好院校之一。收到录取通知书的那一刻，王文博激动得热泪盈眶，他证明了自己，抓住了改变人生的机会。

远赴英伦，冲刺世界名校

确定录取后，齐老师跟王文博进行了一次长谈，聊到了更长远的升学规划。虽然肯特大学世界排名还不错，但在国内的认可度并不高，另外，国际本科在很多用人单位看来，其含金量也比不上留学。更重要的一点，现在本科学历在就业市场已经远远不够了，越来越多的硕士生、博士生让就业竞争愈发激烈。

"我看了你的绩点（平时成绩），很不错啊，基本保持在 85 分以上，"齐老师笑着说，"如果咱们能把雅思再冲一下，能到 6.5 分的话，咱们很有希望冲刺世界排名前 100 的名校！"王文博的眼睛亮了，世界排名前 100，那可是跟国内的"清北复交浙"一样的名校啊！他使劲地点点头，在心中立下了这个目标：雅思 6.5 分！

由于雅思考试是把听力、写作、阅读和口语四个单项拉平均分，只要有明显弱势的单项就会拉低平均分。口语一直以来都是王文博的弱项，他三次考试的口语成绩都没有超过 5 分。如果能找到口语的突破口，就有希望把总分拉到 6.5 分。齐老师找到留学团队的语培专家崔老师，对王文博的口语做了全面测评，给出了有针对性的提分训练建议。经过不懈的努力，在大三暑假前，王文博即将踏上英伦求学之旅的前夕，他终于在第四次考试中拿到了 6.5 分。

齐老师马上着手准备王文博的硕士申请，就在大四上学期即将结束的时候，齐老师在电话中兴奋地告诉王文博，他已经被世界排名前 100 的利兹大学录取了！

如今，王文博已经在利兹大学拿到了硕士学位，由于在硕士阶段表现出色，获得了教授的推荐，他顺利申请到中南财经政法大学攻读博士学位，实现了从专科生到 211 高校博士的逆袭。

专家点评

在竞争激烈的高考中，对于高考发挥不佳的学生而言，及时调整策略、探索多元化升学途径至关重要。国际本科用专科成绩，守住第一学历本科的项目优势明显，通过合理规划和努力学习，学生能够提升自己的学历层次。在国际本科项目中，英语能力的提升是关键，全英文授课和雅思考试都对学生的语言水平提出了较高要求，但要真正实现逆袭，还需要学生和家长的共同努力，以及专业的指导和规划。

二十五　港澳升学

1. 港澳升学的优势

（1）地域政策

粤港澳大湾区的建设宗旨是打造国际一流湾区和世界级城市群，无论从政治、经济、文化、科技、医疗层面，还是教育层面，香港和澳门早已不再是 20 世纪遗落的明珠，而将彻底融入中国新时代城市圈的建设中。粤港澳大湾区主题叠加"一带一路"，亦进一步巩固了香港、澳门作为国际商业、贸易、金融及人才枢纽的领先地位，未来必将会使更多在港澳学习的学子受益。

（2）升学"双保险"

申请港澳高校不影响内地高考填志愿，和内地高考时间不冲突，对于考生和家长来说相当于多了一条路。学生既可以提前申请港澳院校，又可以正常参加高考填报志愿，做两手准备，避免出现滑档、无校可录的尴尬局面。学生的升学选择更多，考试压力也就没有那么大。

除了香港中文大学、香港城市大学和香港珠海学院在内地参加统招，其余 18 所港澳地区院校在内地采用独立招生方式。

申请制入学意味着，高考分数不再是唯一的评判标准，给了学生成绩波动的空间，是一个非常人性化的录取模式。

因此，对于成绩不稳定的考生，申请港澳高校作为升学的"双保险"就非常有必要了。

（3）国际化素质教育

近年来，港澳高校以惊人的速度发展，学科影响力越来越大。同时，港澳教育体制与国际接轨，大多数院校采用全英文教学及北美、欧洲最新教材，在全球享有极高的认可度。另外，港澳毕业生更容易获得海外名校的青睐，在港澳就读无疑是申请欧美硕士的黄金跳板。

香港坐拥 22 所提供学位课程的高等教育院校，其中 5 所大学跻身 QS 世界大学排名前 100 位，是全球名校最多的城市之一，其对于学生全方位的素质教育在亚洲甚至全世界都是被广泛认可的，足以证明香港教育的综合水平。

香港各大院校教育资源丰富，在教育领域有着世界顶尖的学术地位及广泛的影响力，与世界其他国家和地区的名校有着非常密切的合作，其中 80％以上的授课教授毕业于世界顶级名校。由于历史原因，香港现在依旧保持着纯英文的授课环境，90％以上的课程都是纯英文授课，可以和国际教育无缝衔接。相比于国外留学，在香港学习的费用有着一定的优势，孩子可以在家门口以相对较低的费用就读于世界名校。

澳门是一个中西文化交汇的国际旅游城市，多元文化交融给学生提供了开阔的国际视野和自由的学术氛围，同时澳门特有的深厚文化底蕴也为高等教育创造了良好的条件，澳门的各所大学近年来的世界排名也在稳步上升。

(4) 学习费用性价比高

与去美国、英国、澳大利亚、加拿大等国家留学相比，就读港澳院校的费用会更低。港澳高校的学费一般一年在 7 万—12 万元，而欧美国家的学费一年动辄 20 万元起步。相对来说，学生就读港澳院校性价比更高。

如果读完港澳院校的本科，选择继续深造，申请港澳院校或海外院校的研究生，那么学习周期更短，成本更节省。

(5) 就业认可高度

内地学生在香港、澳门学业期满，获得高等学校颁发的学历、学位证书后，可到国家智慧教育公共服务平台进行学历、学位认证，受到教育部以及全球 100 多个国家的认可。学生未来考虑回内地就业，港澳高校同样是一张闪亮的名片，尤其是在珠三角地区，港澳高校毕业生享受留学生的优惠政策等，获得了国内外许多大企业的青睐。

港澳毕业生拥有极强的就业竞争力。截至 2024 年，香港五大院校的应届毕业生，平均月薪约为两万港元。同时，只要符合一般的入境规定，香港特区政府允许应届毕业生留港 2 年。

而港澳毕业生回内地发展，可享受留学生待遇。除了可以落户北上广深、免税购车、考取公务员等，更有不少城市向港澳毕业生抛出"橄榄枝"，提供丰厚的人才引进补贴及创业资助。

2. 港澳高校在内地的招生方式及建议

截至 2024 年，港澳地区面向内地招收本科及以上学生的高校共有 21 所，其中香港有 15 所，澳门有 6 所，除了香港中文大学、香港城市大学和香港珠海学院 3 所高校参加内地高考统招，其余 12 所香港高校和 6 所澳门高校都采用独立招生的方式，见下表（列举部分高校）。

院校名称	申请日期
香港大学	每年 10 月—次年 6 月下旬
香港科技大学	每年 10 月—次年 6 月中旬
香港理工大学	每年 11 月—次年 6 月中旬
香港浸会大学	每年 2—6 月中旬
岭南大学	每年 11 月—次年 1 月（早轮）—6 月上旬（主轮）
香港教育大学	每年 10 月—次年 6 月上旬
香港都会大学	每年 1—5 月底
香港树仁大学	每年 2—5 月中旬
香港恒生大学	每年 11—次年 6 月中旬
澳门大学	每年 5—6 月下旬
澳门理工大学	艺术类课程：每年 1—3 月底； 一般课程：每年 5—6 月底
澳门科技大学	体艺特长生、艺术学—艺术设计学士学位课程： 每年 1—3 月底；一般课程：每年 5—6 月底
澳门城市大学	设计艺术学士学位课程：每年 2—3 月底； 一般课程：每年 5—7 月初

（1）招生方式

①内地高考统招招生（提前批次录取）

香港中文大学、香港城市大学与香港珠海学院采用内地高校统一招生方式——国内高考提前批次录取，即由省招生办公室统一公布招生计划，统一安排考生填报志愿，统一实行远程网上录取。考生需要参加高考，达到本科一批录取控制分数线才可报名，单科成绩原则上应达到及格水平。如果考生高考英语成绩达到 130 分（满分 150 分）以上，就有机会拿到奖学金。但是这类统招竞争相当激烈，因为招生名额有限。

考生统一填报高考志愿，即使在提前批次未被港校录取，仍可以参加后续本科批次的录取，进入其他内地高校。香港珠海学院于 2023 年起加入高考统招，在相关省份以普通类本科批次录取，2023 年在九省（广东、福建、江苏、河北、辽宁、吉林、江西、山东、浙江）投放招生计划。

➤ 香港中文大学

考生高考成绩应达到本科一批/本科批/特殊类型录取控制分数线以上，考生报考的外语语种必须为英语，以 150 分为标准满分计算，自费生的外语成绩须达 120 分及以上，奖学金生则需达 130 分及以上。该校只录取香港中文大学为第一院校志愿的考生。

➤ 香港城市大学

高考成绩（不含任何加分）必须达到本科一批/本科批/特殊类型录控制分数线以上；其报考的外语语种必须是英语，并且以 150 分为标准满分计算，必须达到 120 分及以上，报考人文社会科学院的考生的英语成绩必须达到 125 分及以上，而报读法律学院、赛马会动物医学及生命科学院的考生的英语成绩必须达到 135 分及以上。

➤ 香港珠海学院

高考成绩达到所属省市本科录取控制分数线，考生报考的外语语种必须为英语，以 150 分为标准满分计算，建议英语成绩达 100 分及以上的考生报考。

②高校申请制入学（独立招生）

学生在高考前进行书面或网上申请，高考成绩出来后，学校综合考虑申请人的高考成绩、英语成绩、综合素质、面试表现等，择优录取。考生成绩超过本科一批录取控制分数线 30 分才有可能获得面试机会，英语成绩一般要求 120 分以上。该独立招生不会影响内地高校录取，考生一般在 7 月就已经知道是否被录取，所以考生在申请港澳高校的同时要做好两手准备，也要填报内地高校的志愿。

➤ 香港高校

独立招生的香港高校有 12 所，即香港大学、香港科技大学、香港理工大学、香港浸会大学、岭南大学、香港教育大学、香港树仁大学、香港都会大学、香港演艺学院、香港恒生大学、东华学院、香港高等教育科技学院。考生按照香港高校的要求提交入学申请，参加学校组织的面试，学校根据考生高考成绩和面试表现等要求录取。

需要注意的是，凡被香港 12 所单招院校录取并经本人同意就读的考生，内地高校将不再录取。

➤ 澳门高校

澳门高校招收内地学生采用独立招生方式，不同于内地高校的统招录取，并不属于全国普通高校统一招生计划内，属于计划外招生。独立招生的澳门高校有 6 所，分别是澳门大学、澳门科技大学、澳门理工大学、澳门城市大学、澳门旅游学院、澳门镜湖护理学院。考生按照学校要求，提交入学申请，参加学校面试，学校自主选拔录取；考生于学校的报名及录取不会影响其内地高考的志愿录取。具有高中毕业或相当于高中毕业文化程度，并参加了各省市组织的应届普通高考的学生均可报考，不分省份。

简单来说，就是考生申请澳门的高校并不影响内地的统招录取，跟统招完全是两条平行线，互不干扰。申请澳门的高校意味着考生有更多升学选择。如果考生同时被澳门高校及内地大学录取，得到两份甚至多份录取通知书，考生可自行决定是在澳门还是在内地就读。

需要注意的是，澳门的6所高校在内地并没有委托任何机构或中介办理招生及录取工作，所有申请人必须在高校官网办理申请手续。

（2）报考建议

预计高考成绩可达985院校分数线及以上的学生，推荐报考香港大学、香港中文大学、香港科技大学。因为这3所学校直接对标的是内地顶尖高校，如北京大学、上海交通大学、中山大学等。

预计高考成绩可达211院校分数线及以上的学生，推荐报考香港城市大学、香港理工大学、澳门大学。

预计高考成绩可达一本院校分数线及以上的学生，推荐报考香港浸会大学、岭南大学、香港教育大学、香港都会大学、澳门科技大学、澳门理工大学。

预计高考成绩可达二本院校分数线及以上的学生，推荐报考香港树仁大学、香港演艺学院、香港珠海学院、香港恒生大学、东华学院、香港高等教育科技学院、澳门城市大学、澳门旅游学院、澳门镜湖护理学院。

3. 报考流程及学费

（1）港澳院校报考流程

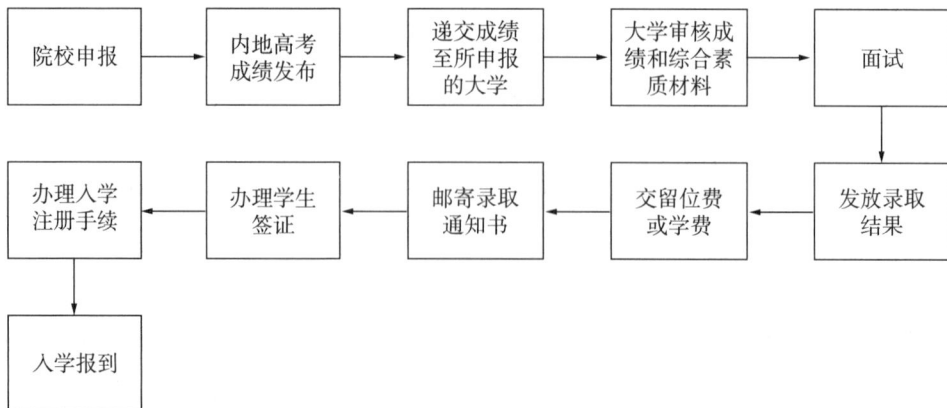

```
院校申报 → 内地高考成绩发布 → 递交成绩至所申报的大学 → 大学审核成绩和综合素质材料 → 面试

办理入学注册手续 ← 办理学生签证 ← 邮寄录取通知书 ← 交留位费或学费 ← 发放录取结果

办理入学注册手续 → 入学报到
```

①时间节点

以 2024 年申报香港院校为例。

➢ 2023 年 12 月—2024 年 1 月：根据自身条件择校并确定专业。

➢ 2024 年 2 月：整理申请材料。

➢ 2024 年 3 月：开始准备面试，参与面试培训（大部分港校设有面试）。

➢ 2024 年 3—5 月：递交申请，参加面试。

➢ 2024 年 7 月：等待录取结果。

②录取考察因素

内地考生必须符合有关赴港澳就读的规定，必须参加当年普通高等学校全国统一招生考试。

港澳高校在录取过程中，将综合考察申请人（考生）的高考成绩及英语成绩、面试表现（如获得面试资格）、综合素质等。具体到每所院校，可能会有所差异，申请人需要咨询目标院校。

③所需材料

内地考生申请港澳高校时一般需要准备以下材料，仅作为参考，具体需要咨询目标院校要求。

➢ 身份证正反面扫描件。

➢ 港澳通行证正反面扫描件。

➢ 模拟考成绩单扫描件。

➢ 高一至高三成绩单（如适用）。

➢ 两封推荐信。

➢ 高考准考证扫描件。

➢ 学生证件照。

➢ 作品集（如适用）。

➢ 个人陈述信。

➢ 个人信息表。

➢ 各种证书、奖状的照片或扫描件。

以香港大学为例，香港大学没有单独针对内地高考的录取分数线，内地应届高考生均可申请报读。学生按照香港大学的要求报名，参加学校单独组织的笔试和面试，学校根据申请人高考成绩和其他要求录取新生。

香港大学在录取过程中，一般会优先考虑申请人的高考总成绩、高考英语成绩。

对于英语单科成绩，一般要求在 130 分及以上（以满分 150 分为例）。更重要的是，香港大学会综合考量申请人的面试表现（如获面试资格），对其英文水平进行评判。

需要注意的是，申请人必须参加入学当年的高考（应届高考）。国际学生申请香港大学的话，需要 ACT（美国入学考试）、SAT（美国高中毕业生学术能力水平考试）成绩，以及雅思、托福的成绩。

④本科加分优惠政策

以 2024 年申报港澳高校为例，申请人须参加 2023 年高考且其成绩必须达到所属省市本科第一批录取控制分数线或特殊类型招生控制分数线，英语单科成绩须达 110 分（150 分制）及以上，方可获得加分。

所有申请人必须在报名日期内于网上报名系统内选取所属考籍，完成 2023/2024 学年网上报名手续，否则不获加分。

⑤录取原则与要求

申请人的高考成绩一般须达到其所属省（区、市）的本科第一批录取控制分数线，个别院校参考本科第二批录取控制分数线，择优录取。艺术类专业则综合考虑申请人艺术专业成绩和高考文化课成绩，择优录取。

⑥招生范围

自 2011 年起，港澳高校在内地的自主招生范围已扩大，在多个省、自治区、直辖市（上海、山西、山东、天津、内蒙古、北京、四川、甘肃、吉林、安徽、江西、江苏、西藏、河北、河南、青海、重庆、海南、浙江、陕西、湖北、湖南、云南、新疆、黑龙江、宁夏、福建、广西、广东、辽宁等）招收自费生。

⑦费用开销

报考港澳高校的费用主要是学费、住宿费及日常生活费。例如，据部分院校公布的数据，香港大学非本地学生学费约为每年 18 万港元，住宿费约为每年 2 万—4 万港元，每年生活费约为 5 万港元；澳门理工大学每年学费约为 11 万澳元，每年住宿费约为 2 万澳元。其他港澳高校略有不同，详细情况请参考所申请院校官网。

（2）注意事项

①大部分港澳院校对学生的英语成绩提出要求，入校后的大部分课程也是全英文教学，对学生的英文能力有比较高的要求。

②部分院校还要求入围学生参加面试，学校将根据考生的面试表现综合评估，择优录取。

③港澳院校就读费用不菲，约 15 万—25 万人民币/年，对家庭经济条件要求较高。尤其是香港部分学校在大二之后学校不再提供住宿，需要学生租房，租房也是一笔不小的开支。

④相对于内地高校，港澳院校学习自由度大得多，教学模式和风格也差异较大。

⑤2025 年，澳门部分高校不再招收内地非高考考生。

4. 低分上名校的捷径：香港副学士

香港副学士是指香港的一种学位水平，是一种较低层次的本科学位，相当于国际上的副学士或副学位。香港的副学士课程通常为两至三年，学位一般由专业机构、大学或香港特别行政区政府的教育机构颁发。毕业后，学生可选择在香港继续升读大学，再加两年学习便取得学士学位。

(1) 香港副学士申请条件

①针对高三应届生：提供 2.5 年高中平时成绩＋英语单科成绩及格（高考后补交高中毕业证＋高考成绩单）。

②针对成人学生：持有高中或以上学历的毕业证＋成绩单。

③针对海外留学生：持有 IB、SAT、A-Level 等国际性成绩＋高中毕业证，或有海外高考成绩＋高中毕业证。

④针对在国内就读国际学校的内地生：持有 IB、SAT、A-Level 等国际性成绩＋高中毕业证，或国际学校成绩单＋高中毕业证。

(2) 香港副学士申请时间

一般开始时间为 2—5 月，截止时间为 7 月左右。

(3) 开设副学士的院校

A 类院校（重点院校）		
香港大学	香港中文大学	香港理工大学
香港城市大学	香港浸会大学	岭南大学

(4) 香港副学士的优势

①准入条件相对较低。申请副学士只需凭本科线以上的高考成绩、英语水平（90

分以上）和面试结果综合择优录取。

②费用相对低廉。香港副学士课程的学费大约为 5 万—8 万港元/年。

③毕业生升读本科的跳板。学生副学士毕业后，既可以选择升读香港本地的大学本科课程，也可选择到海外升学。

④教学模式与本科无异。副学士课程主要以英语为主要教学语言，提前与国际接轨，并可共享大学的教学设施。授课形式与本科课程基本相同，让学生提前适应本科课程学习。

⑤升学不只看分数。副学士升到学士由平均学科成绩（GPA）、社会实践、升学面试组成，而 GPA 又由作业、课堂表现、考勤共同组成，不会因为一次两次的考试不过就不能继续升读学士，由学生平时在学校的表现决定，相对内地的专升本，副学士显得更加人性化。

⑥学生副学士毕业后升读本科，拿到的学位和直接入读大学本科的学位证书是完全没有区别的。

（5）注意事项

①副学士不是香港的专科，因为香港教育不存在"专科"这一说法。

②香港院校常规副学士毕业后成功升学士的比例大约是 70%～80%，升不上的学生可以以副学位的文凭在香港就业。

③香港高校的宿舍非常紧张，学校并不为副学士的学生提供宿舍，学生需要自行安排住宿。

④香港副学士学历无法衔接内地的本科课程。也就是说，一旦你选择了副学士学位，读完两年之后，是不可能转回内地继续读大三、大四的课程的。

5. 常见问题

（1）未来想在事业单位、国企单位任职，去港澳读书有影响吗？

去港澳院校就读的学生，毕业时所获学位是受教育部认可的，无论是在事业单位、国企求职，或是去外企、私企等均不受影响。

需要注意的是，不同于学生从内地高校毕业时获得的学历证书＋学位证书，从港澳院校毕业时，学生只获颁学位证书，并没有学历证书。

因此，在正式求职前，学生应到国家智慧教育公共服务平台办理相应学位、学历的认证，获取认证书即可（线上也可办理）。

（2）港澳院校的申请时间是什么时候？需要高考后等成绩出来才能申请吗？

港澳高校开放本科申请的时间不同。总体上来说，香港高校开放本科申请的时间要早一些，基本上从上一年度的 10 月陆续开放申请，到入学当年的 5 月、6 月截止。个别香港院校，比如香港演艺学院申请截止时间较早，属于特例。

澳门高校开放本科申请的时间较晚，一般从入学当年的春节后开放申请，到高考结束后截止。另外，个别港澳高校有类似内地自主招生的提前面试和有条件提前录取。

★ 中国香港升学——独生女的赴港求学路

梦想初启航

在江苏省某所高中的礼堂内，2024届的逄婷（化名）正全神贯注地聆听着一场优秀毕业生讲座。台上，一位从香港学成归来的学姐自信而优雅地分享着她在香港的学习和生活经历。学姐描述的那充满活力的校园氛围、丰富多彩的社团活动、广阔的职业发展前景，深深地吸引了逄婷。那一刻，赴港读书的想法暗自萌生。

逄婷一直以来都是个勤勉向学的学生，她的学业成绩稳定在一本线之上，高出十余分。然而，在江苏这个被誉为"高考炼狱模式"的地方，这样的分数并不能让她轻松踏入理想的本科院校。讲座期间，留学老师的一句话——"英语成绩优异是留学香港的重要加分项"——在她心中激起了强烈的共鸣。得益于父母长期从事外贸工作，逄婷自小便在英语环境中成长，尤其是英语口语能力出众。加之家庭经济条件优渥，为她提供了坚实的后盾。

讲座结束后，逄婷没有立即离开，而是主动找到了主讲的资深留学规划专家齐老师。在齐老师的详细讲解下，她了解到香港升学的各个细节，也更加明确了自己的未来规划。她知道，要想实现这个梦想，首先需要得到父母的支持。

求学遇坎坷

在一个周末回家的晚上，逄婷拿出从讲座上带回的宣传册："爸妈，我想和你们谈谈我的香港升学规划。"

然而，父母的反应却如同一盆冷水浇在了她的头上。父亲摇着头说："香港？你一个人去那么远的地方，我们怎么放心得下？"母亲则更加担忧："婷婷，香港的生活环境和我们有很大的不同。你一个人能适应得了吗？万一遇到什么困难，我们可帮不了你。"逄婷解释道："我已经了解过了，香港离我们并不远，飞机2个小时就能到。而且我的英语一直很好，我相信自己能够适应那里的生活。"对于逄婷的解释，父母的担忧并未因此减轻，他们开始列举各种可能的风险和困难，试图说服逄婷放弃这个念头。毫无悬念，这场关于"香港升学"的谈话不欢而散！

接下来的日子里，逄婷和父母之间的关系变得紧张起来。每次提到去香港的话题，都会引发一场激烈的争吵。父母开始频繁地询问逄婷关于香港升学的各种细节，试图从中找到不安全、不靠谱的证据。而逄婷，每次都会耐心地解答，来消除父母的疑虑。

　　她向父母展示了自己的学习成绩单，特别是英语成绩，以证明自己的英语实力。她还分享了从讲座中了解到的关于香港升学的信息，以及自己对未来发展的规划。她告诉父母，去香港不仅是为了学习知识，更是为了拓宽视野、锻炼能力，为未来的发展打下坚实的基础。她用自己的真诚和坚定，一点点地打动着父母的心。

　　经过无数次的沟通和努力，父母终于开始理解并接受逢婷的想法。他们看到了女儿为了梦想所付出的努力和汗水，也感受到了她对赴港求学的坚定信念。虽然心中仍有不舍和担忧，但他们开始愿意倾听更多关于赴港求学的信息，有时也会主动为女儿寻找相关的资料和咨讯。这场冲突，以逢婷的胜利告终，也为她的升学之路铺平了道路。

目标终实现

　　逢婷的父母通过宣传册后面的联系方式，找到了在学校讲座上给逢婷留下深刻印象的留学规划专家齐老师。他们向齐老师表达了自己的想法："您在学校做的讲座，给了我家婷婷一个明确且值得努力的方向。接下来，我们希望您能助她一臂之力，完成她的香港升学梦想。"

　　齐老师被逢婷父母的真诚所打动，欣然接受了他们的委托，安排了一次与逢婷面对面的沟通。齐老师详细了解了逢婷的学习情况、特长以及家庭背景后，为她量身定制了一份全面的升学规划。

　　齐老师耐心地介绍了香港升学的诸多优势，针对父母对于女儿独自赴港的担忧，齐老师提出了周密的解决方案，如选择安全系数高的学校和住宿环境；定期与父母沟通，让他们及时了解女儿在港的学习和生活情况。此外，齐老师还建议逢婷两手准备，因为香港升学申请与高考志愿填报不冲突，逢婷在申请香港高校的同时，也可以全力以赴备战高考。

　　在父母和齐老师的全力支持下，逢婷更加坚定了决心和信心。她在高考前精心准备了材料，申请了香港浸会大学、岭南大学、香港都会大学等多所知名高校。在高考中，她发挥出色，取得了 583 分的成绩，超过了一本线 67 分，英语单科更是达到了 126 分。

　　高考结束后，逢婷参加了线上面试，并凭借着出色的表现顺利通过，拿到了香港浸会大学的录取通知书。

　　开学的日子如期而至，逢婷带着父母的殷切期望和自己的远大梦想，踏上了前往香港的征程。她深知，这片充满机遇和挑战的土地将是她实现梦想的舞台。她相信，在这里，她一定能够绽放出属于自己的光彩。

专家点评

　　香港高校的申请与内地高考录取是互不冲突的，对于家庭条件优越但分数不甚理想的孩子来说，这无疑是一条低分进入名校的升学途径。如果家长不希望孩子离家太远，香港的高校无疑是一个极具吸引力的选择。香港的院校实力不容小觑，尤其是港五大，其地位相当于内地的985院校。

升学案例

⭐ 中国澳门升学——从复读到澳城，成为父母的小骄傲

曙光初现：平凡小孩的求学之路

汤灿（化名），出生于湖北蕲春——一个被誉为"教授县"的人才辈出的地方。得益于国家政策的大力扶持，蕲春建设成为国家中医药健康旅游示范区，当地居民也多以种植中草药为生。汤灿的父母也经营着生机勃勃的蕲艾种植基地，为他的成长提供了相对优裕的家庭环境。

然而，在这份优越之中，汤灿却背负着无形的重担——学习成绩。在这个"教授县"，人们坚信"知识能够改变命运"，上个好大学才能出人头地。对成绩优异的"别人家的孩子"，人们津津乐道。

从小学到高中，汤灿在学业上的表现都不出彩，他的名字从未在光荣榜上出现过，成绩总是在班级中游徘徊。老师们总说，汤灿很聪明，只是对学习还没开窍。父母知道这是老师们鼓励的说辞，但心里面对汤灿的学习仍有所期望，希望他能够有朝一日成绩突飞猛进，考入名牌大学。

然而一直到高三上学期结束，汤灿的成绩仍然没有明显的提升。转眼间，高中生活接近尾声。二模后，班主任与他进行了一次关于升学的谈话，给他设定了一个相对可行的目标——上个一本。汤灿觉得这件事没啥难度，他现在的成绩已经超过本科线了，只要高考的时候加把劲应该问题不大，因此在后期的学习上没有投入更多的精力，就仓促参加了高考。

双重打击：难上加难的复读抉择

成功只属于有准备的人。由于过分轻敌，2023年高考，汤灿遭遇了始料未及的滑铁卢。2023年高考的难度之高成为全国关注的话题。而对汤灿来说，优势科目英语未能正常发挥，劣势科目数学考出了个人最低分。双重失利之下，他的高考总分刚过本科线20分，甚至不如几次模考。不仅一本梦碎，连本科志愿也因为缺乏专业指导，滑档到了专科批次。

面对这样的结果，汤灿也经历了从痛苦挣扎到勉强接受的心路历程，他把自己关在房间几天不吃不喝，不愿面对现实。后来在父母的劝说下，他决定先去专科院校感受一下，也许没有想象的那么糟。

然而，进入专科院校一周后，汤灿果断选择了退学。虽然校园环境优美，也因为成绩排名靠前选到了相对热门的专业，但宿舍里乌烟瘴气，课堂上大面积旷课，

同学之间几乎不讨论学习相关的话题，很多人消极躺平，甚至出现了打架斗殴的现象。"这不是我想要的大学生活！"汤灿毅然决然地离开了专科院校，重返高中校园，开始了复读之路。

新径探索：高考留学的双重保险

重新回到高三，复读的日子远比想象中艰难。汤灿投入了前所未有的努力，每天除了吃饭睡觉，几乎所有的时间都用在了学习上。然而，成绩的提升并非一蹴而就。尽管他拼尽全力，分数却始终徘徊在本科线上几十分，难以有突破性进展。更让他焦虑的是，由于高一选科的失误，他选择的物理、生物、政治这三门科目，专业选择的范围相对狭窄，前路似乎更加渺茫。一时间，可能再次落榜的压力压得他喘不过气来。

一次偶然的机会，汤灿看到了留学规划专家周老师的直播。在直播中，汤灿第一次接触到了"高考＋留学双保险"这个概念，这让他意识到，除了高考，还有别的通往理想大学的道路——海外留学或港澳升学，心中顿时燃起了希望。汤灿立刻将这个信息告诉了父母，但父母担心费用和安全问题。但拗不过汤灿的坚持，父母还是联系了周老师。

周老师在了解了汤灿的家庭情况、教育预算以及对留学的顾虑后，为他量身定制了一条升学路径——申请中国澳门的大学。周老师充分考虑了汤灿的高中成绩，特别是英语单科的优势，向他推荐了澳门城市大学。周老师认为，去澳门读书会为汤灿提供一个全新的视角，让他看到更广阔的世界。与此同时，高考志愿填报也在正常进行，作为"双重保险"的一部分，确保他有更多的升学机会。

成功逆袭：名校录取的非凡蜕变

最终在敲定好升学方案后，汤灿开始了紧锣密鼓地备考之路，一边抓紧复习高考科目，一边配合周老师准备留学材料。学习的劲头比以往更积极，不断查漏补缺，希望能够在高考中取得更好的成绩，增加自己被录取的机会。"这一次，我一定要成功！"汤灿在心里默默地为自己加油打气。

2024 年的夏天，对于汤灿来说注定是不平凡的。当高考成绩揭晓的那一刻，即使他超常发挥，成绩高于本科线 60 分，接近一本线，但在高考志愿填报中，他仍与名校无缘。不过这一切对他而言已不再重要。因为，他已经在周老师的协助下，提前拿到了澳门城市大学的录取通知书，即将踏上一段全新的求学之旅。

消息传回家乡，亲朋好友无不惊叹于汤灿的转变。曾经那个在大家眼中"普通得不能再普通"的孩子，如今实现了逆袭。

专家点评

　　香港升学竞争日益激烈，对于背景条件不那么优越的学生来说，想要赴港澳升学，澳门其实也是一个不错的选择！与香港一样，澳门的院校同样提供全英语教学环境，性价比高，费用较低，环境易于适应，且离家近，这些优点也使得澳门非常适合内地高考生！

★香港副学士——香港升学新路径：终点选对，曲线升学

没有归属感的求学之路

魏奥（化名）出生在浙江台州，父母做生意四处奔波，他也随之辗转于不同的城市和学校。频繁的转校成为他生活的常态，每到一个新的学校，他都要重新适应环境、老师和同学。刚刚和同学们建立起一点友谊，就又要面临分离，重新开始。

在转校的过程中，魏奥也遭遇了不少排挤和冷落。有一次，他刚转到一所新学校，因为口音和穿着与当地同学不同，被同学们嘲笑和孤立。在体育课上，分组活动时没有人愿意和他一组，他只能独自站在一旁，心中充满了失落和无助。这样的经历让他逐渐变得内向，不敢主动与人交流，总是默默地坐在角落里，沉浸在自己的世界里。

高三时，魏奥回到户籍地——台州，参加高考。父母为他在当地的一所私立高中借读。然而，由于之前频繁转校，他的学习基础并不扎实，成绩也不尽如人意。这些年在外漂泊的生活，魏奥的父母对他一直心怀愧疚。因此，父母给他安排了各种补习，试图帮助他尽快弥补学习上的欠缺，同时也在物质需求上尽量给予满足，为他创造了一个良好的学习和生活环境。然而，补习收效甚微，面对即将到来的高考，魏奥感觉被压力包围，他的信心渐渐被动摇了。

努力争取出国的留学尝试

一次晚饭后，魏奥向父母提出了留学的想法，他了解过了，以他目前的成绩，通过普通高考升读好大学希望不大，他也不想在专科浪费时间，留学可能会有更多的机会。同时他跟父母说明，多年来的频繁转校，已让他适应了新的环境，独立生活的能力也有所提升，因此留学应该不会太难适应。

然而，这一提议立刻遭到了父母的反对。父母性格较为保守，认为留学的生活和环境充满不确定性，担心他独自在外会遇到更多风险，甚至找出一些关于"留学不安全"的视频让他看。在交谈中，魏奥逐渐明白，父母更希望他能留在国内，最好就在家乡，即使升学成绩不尽如人意，也可以继承家业。将来进入社会，父母也能随时给予支持和帮助。

关于要不要留学的争论持续了半年，魏奥不断找出证据向父母解释留学的优势，而父母也坚持希望魏奥能留在国内读书或工作。最终，大家互相妥协，选择了一个折中的方案——去香港读大学。相较于远离祖国的留学，香港让父母感到更为

安心，同时也能帮助魏奥摆脱普通高考升学的束缚。

当魏奥和父母兴致勃勃地开始选校时，却发现香港院校的申请要求并不低，而他的成绩显然不足以直接申请到本科项目。为此，魏奥和父母开始寻找去香港读本科的替代方案，期望能找到既符合入学要求、又安全可靠的途径。

初识副学士的升学希望

这时，魏奥在短视频平台上了解到了留学规划专家齐老师介绍的香港副学士，它主要采用2＋2的模式——两年项目学习之后获得副学士学位，再凭借绩点和语言成绩申请香港的大学，继续攻读两年获得学士学位。由于这一项目入学门槛相对较低，被很多学生视作进入香港名校的跳板。

魏奥被这个灵活的升学途径吸引，主动联系上齐老师，进一步了解香港副学士的申请条件和学习模式。通过齐老师详细的讲解，魏奥发现香港副学士的课程具有相对开放的升学政策和灵活的入学方式，而且课程难度不高，是他想要的升学模式。通过魏奥的介绍，在了解香港副学士有80％概率继续升读香港的大学本科后，父母很快认同了这个方案。但是预估魏奥的高考成绩直接申请副学士行不通，齐老师建议走香港副学士的3＋2模式，先用一年学语言，为之后课程打好基础。

就这样，在其他同学还在紧张备战高考的高三下学期，魏奥已经开始转向香港副学士课程的准备，不需要高考成绩，只需要提前达到相对应的语言水平即可。

在第一年的语言学习里，魏奥的英语基础差，面对全英语授课的课堂环境，他感到了学习上的吃力。好在齐老师给他提供了专业的语言学习建议，帮他拆解了学习目标，逐步攻破雅思各单项学习难点，稳步提分。经过一个学期的努力，魏奥逐渐适应全英文的课堂，雅思考试取得了5.5分的成绩，达到香港副学士的语言要求。

逆袭香港浸会大学的重启人生

好在前一年的语言基础打得牢，魏奥能适应全英文的课堂。第二年课程结束时，他的平均绩点已经达到了85分。

进入大三后，魏奥的学习已经渐入佳境，他便提前准备下一阶段本科学位的申请。凭借优秀的学科成绩，魏奥一举拿下了香港都会大学、香港树仁大学和香港珠海大学的录取通知书。但魏奥的目标不仅限于此，他希望进入排名更高的大学继续深造。他知道，要进入更好的大学，一个拿得出手的雅思成绩是必不可少的。

于是魏奥再次咨询齐老师，希望有针对性地提高自己的雅思成绩。齐老师安排团队的专业语培老师对魏奥做了全方位的语言能力诊断，制定了60个小时的提分计划。经过两个月的紧张准备，大三下学期，魏奥两战拿下雅思 6 分的成绩，再次申请升读本科，并最终收到了世界排名 300 多的香港浸会大学的录取通知书。

目前，魏奥已经是香港浸会大学的学生。他坚信，尽管求学之路并不平坦，但只要坚持不懈，自己的努力终将得到回报。虽然他走了一条相对曲折的路，但在香港副学士项目的学习让他成长了许多。如今，他已经着手准备研究生的申请计划，目标香港城市大学。

魏奥的求学经历充满了波折，但每一次抉择和努力都让他在成长中逐渐看清了前进的方向。在接下来的时间里，魏奥会更加专注于学术研究，不断提升自己的语言能力和学术成绩，为未来的发展打下坚实的基础。

专家点评

香港副学士可以理解为是香港院校给成绩相对较一般的学生打开的另一扇窗。香港副学士是一种高等教育课程，位于香港学历资格框架的第四级，相当于本科的前两年。学生通过两年的学习，可以获得与四年制本科毕业生相同的学士学位。可以说入读副学士，虽然与直接入读本科的起点不同，但是终点是相同的。因此，副学士也被称为升读世界名校的黄金跳板。

附录一　部分国内高校联盟

1. C9 联盟

（1）清华大学

清华大学是中国的顶尖学府之一，前身是清华学堂，始建于 1911 年。这里学者云集，莘莘学子正是从这里起步，未来为祖国发展作出重要贡献。现今，清华大学秉持着"自强不息、厚德载物"的校训和"行胜于言"的校风，成为一所综合性的研究型大学，是中国高层次人才培养和科学技术研究的基地。

①名校风采

➤ 无体育，不清华

清华大学的体育教育闻名全国，在前校长蒋南翔"为祖国健康工作五十年"口号的激励下，一代代清华人自发投入体育锻炼，以实现这一目标为荣，"无体育，不清华"也成了一种独特的校园文化。

➤ 工科独步天下

1952 年院系调整后，清华大学成了一所多科性工业大学，重点为国家培养工程技术人才，被誉为"红色工程师的摇篮"。改革开放以来，清华大学的工科在全国乃至世界都处于一流水平。

➤ 群贤毕至是故居

清华从来不缺大师。清华大学校园内立着"四大导师"塑像，他们是民国时期学问最好、声望最隆的四位国学大师：王国维、梁启超、赵元任和陈寅恪。当年，正是由于他们担任讲师，清华国学研究院在创办两年后，声望就超过了早于它创立的同类院所。

②学科优势（该部分信息不同年份有微调，此处仅供参考）

➤ 第二轮"双一流"建设学科：（自主确定建设学科并自行公布）。

➤ 一级学科国家重点学科：数学、物理学、生物学、力学、机械工程、光学工程、材料科学与工程、动力工程及工程热物理、电气工程、电子科学与技术、信息与通信工程、控制科学与工程、计算机科学与技术、建筑学、土木工程、水利工程、化学工程与技术、核科学与技术、生物医学工程、管理科学与工程、工商管理。

➤ 二级学科国家重点学科：数量经济学、设计艺术学、专门史、分析化学、精密仪器及机械、环境工程。

③特色专业例举

特色专业	就业方向	就业领域
水利科学与工程	水电工程师、水利水电工程师、科研工作者、工程规划师等	水利部等政府部门，三峡总公司等国有企业，高校、科研单位，电力、热力、燃气及水生产和供应企业等
经济与金融	咨询师、企业管理、战略投资专家等	摩根大通、高盛、中金、中信等外资投行或证券公司，政府机构，麦肯锡等咨询公司，商业银行等
计算机科学与技术	程序员、软件工程师、算法工程师、数据分析师等	科研机构，重点国有企业，微软、阿里巴巴、华为、字节跳动等私企

（2）北京大学

北京大学创办于 1898 年，初名京师大学堂，是中国第一所国立综合性大学。为国内顶尖学府之一，北京大学有着深厚的人文底蕴和光荣的革命传统，也是莘莘学子向往的知识殿堂。

①名校风采

➤ 最具精神力量的大学

北京大学作为新文化运动的中心和五四运动的策源地，最早在中国传播马克思主义、民主、科学思想，是创建中国共产党的重要基地之一。"爱国、进步、民主、科学"的传统精神和"勤奋、严谨、求实、创新"的学风在北大生生不息，代代相传。

➢ 坐拥"皇家园林"

北京大学校本部坐落在燕园，燕园在明清两代是著名的皇家园林，历经数百年，其基本格局与神韵依然存在。此外，北大校园北与圆明园毗邻，西与颐和园相望，可以说是坐拥两大"皇家园林"。北大的校园环境优美、典雅，人文气息浓厚，是理想的求学之地。

②学科优势（该部分信息不同年份有微调，此处仅供参考）

➢ 第二轮"双一流"建设学科：自主确定建设学科并自行公布。

➢ 一级学科国家重点学科：哲学、理论经济学、法学、政治学、社会学、中国语言文学、历史学、数学、物理学、化学、地理学、大气科学、生物学、力学、电子科学与技术、计算机科学与技术、口腔医学、药学。

➢ 二级学科国家重点学科：国民经济学、基础心理学、英语语言文学、印度语言文学、天体物理、固体地球物理学、构造地质学、通信与信息系统、核技术及应用、环境科学、免疫学、病理学与病理生理学、内科学（肾病、心血管病、血液病）、儿科学、精神病与精神卫生学、皮肤病与性病学、外科学（骨外、泌尿外）、妇产科学、眼科学、肿瘤学、运动医学、流行病与卫生统计学、企业管理、教育经济与管理、图书馆学。

③特色专业例举

特色专业	就业方向	就业领域
工商管理	资产评估师、会计师、造价师、行政人员、税务师、审计师等	政府部门、国有企业、互联网企业等
经济学	金融分析师、市场分析师、银行业务经理、投资顾问等	中央国务院各部委、省市机关、各大银行及分行、中外资企业及其他跨国公司等
计算机科学与技术	程序员、软件工程师、算法工程师、数据分析师等	科研机构，国有企业，科技企业、互联网企业等
临床医学	临床医生、医药研发人员、科研人员等	各级医院、医药企业科研教学单位、体检中心、健康管理机构等

（3）复旦大学

复旦大学始建于 1905 年，原名复旦公学，1917 年更名为复旦大学，校名"复旦"取自《尚书大传》中的"日月光华，旦复旦兮"。复旦大学是中国人自主创办的第一所高等院校，自成立以来，一直致力于追求卓越的学术成果和社会贡献，在教学、科研、社会服务等方面都享有极高的声誉。

①名校风采

➤ 拥抱"自由而无用"

复旦大学有一个出名的民间校训——"自由而无用"，这是复旦人引以为傲的灵魂。所谓"自由"是指思想与行动的解放，能尊重、包容差异，大胆探索和创新；而"无用"则是要摒弃短视和功利，追求根本价值。

➤ 玩在复旦

在上海的高校圈有一个流行的说法："吃在同济，玩在复旦。"复旦的人文气息非常浓郁，综合性高校的定位使之成为诸多活动的主办场所，也让复旦学生的生活非常丰富。在这里，不管是创业的、研究学术的，还是热爱演讲的、喜欢运动的、搞乐队的，等等，都能有自己的广阔舞台，学校不但会给予支持，还会提供资源。

②学科优势（该部分信息不同年份有微调，此处仅供参考）

➤ 第二轮"双一流"建设学科：哲学、应用经济学、政治学、马克思主义理论、中国语言文学、外国语言文学、中国史、数学、物理学、化学、生物学、生态学、材料科学与工程、环境科学与工程、基础医学、临床医学、公共卫生与预防医学、中西医结合、药学、集成电路科学与工程。

➤ 一级学科国家重点学科：哲学、理论经济学、中国语言文学、新闻传播学、数学、物理学、化学、生物学、电子科学与技术、基础医学、中西医结合。

➤ 二级学科国家重点学科：产业经济学、金融学、政治学理论、国际关系、历史地理学、中国近现代史、计算机软件与理论、内科学（心血管病、肾病、传染病）、儿科学、神经病学、影像医学与核医学、外科眼科学、耳鼻咽喉科学、肿瘤学、妇产科学、流行病学与卫生统计学、药剂学、社会医学与卫生事业管理。

③特色专业例举

特色专业	就业方向	就业领域
哲学	学术研究人员、教师、公务员、编辑等	政府部门、国有企业、出版社等
数学	教师、学术研究人员、金融分析师、精算师、算法工程师等	教育行业，政府部门，互联网企业、人工智能、大数据、金融行业等
临床医学	医生、科研人员等	各级医院、科研教学单位等
新闻学	记者、编辑、宣传策划员、广告策划师、运营人员、品牌公关等	人民日报、南方周末等传统媒体，互联网企业，快消行业企业，广告公司，政府部门等

（4）哈尔滨工业大学

哈尔滨工业大学是国内顶尖高校联盟"九校联盟"成员之一，同时也是"国防七子"之一，位于黑龙江省哈尔滨市，是中华人民共和国工业和信息化部直属的全国重点大学。其前身是哈尔滨中俄工业学校，在新中国成立初期就被誉为"工程师的摇篮"，学校校训"规格严格，功夫到家"精准概括了其对教学和科研的要求。

①名校风采

➤ 航天第一校

哈尔滨工业大学于1987年组建了我国首个航天学院，致力于培养航天人才并开展高水平的技术研究。多年来，哈工大持续参与"神舟""天宫""天和"等航天工程的研究，以数百项科技成果助力载人航天工程发展，为中国空间站的建成提供了有力的技术支撑。

➤ "工程师的摇篮"

新中国成立初期，国家急需工业人才时，哈工大在短时间内培养出一批优秀的技术人才，其"工程师的摇篮"的名号也因此而打响。如今，哈工大仍肩负着为国家培养多领域人才的重任，持续助力国家的科技进步和经济发展。

➤ 独一份的人文关怀

东北的冬季，寒风凛冽。为方便学生出行，哈工大建设了校园暖廊，暖廊连接学生公寓、教室、食堂和体育馆，让学生能便捷地穿梭于校内各个场所。

②学科优势（该部分信息不同年份有微调，此处仅供参考）

➤ 第二轮"双一流"建设学科：力学、机械工程、材料科学与工程、控制科学与工程、计算机科学与技术、土木工程、航空宇航科学与技术、环境科学与工程。

➤ 一级学科国家重点学科：力学、机械工程、仪器科学与技术、材料科学与工程、动力工程及工程热物理、控制科学与工程、计算机科学与技术、土木工程、管理科学与工程。

➤ 二级学科国家重点学科：光学、电机与电器、物理电子学、通信与信息系统、飞行器设计、环境工程。

➤ 国家重点（培育）学科：信号与信息处理。

③特色专业例举

特色专业	就业方向	就业领域
机械工程	机械设计师、机械制造员、机械维修师、机械研发人员等	科研院所、中车集团等机械制造企业、航天科工集团、汽车制造企业等
自动化	自动化工程师、控制系统工程师、机器人设计师、电气设计师等	高校、国家航空航天领域研究院、制造业、机器人企业、互联网企业、国防单位、军工单位等
计算机科学与技术	程序员、软件工程师、软件开发工程师、网络信息与安全工程师等	互联网企业、国防单位、科研院所等
材料科学与工程	材料工程师、科研人员、研发人员等	航天企业、航空企业、汽车制造企业、装备制造、通讯、军工单位、半导体、新能源企业等

（5）浙江大学

浙江大学是一所历史悠久、声誉卓著的高等学府，坐落于有"人间天堂"美誉的杭州。它的前身是创立于1897年的求是书院。1928年，更名为国立浙江大学。英国著名学者李约瑟曾称誉浙江大学为"东方剑桥"。

①名校风采

➢ 高校界的"巨无霸"

浙江大学被称为"巨无霸"，主要是因为它由多所大学合并而成，规模庞大，实力雄厚。1998年，经教育部批准，四所省级重点大学——原浙江大学、杭州大学、浙江农业大学和浙江医科大学四校合并，组建成现在的浙江大学，让浙大有了更强劲的发展优势。

➢ 拥有"别人家的食堂"

浙江大学紫金港校区的食堂号称"亚洲最大食堂"，可容纳万余人同时就餐。食堂里面中餐、西餐、民族特色美食、风味小吃、甜点等一应俱全。此外，浙大玉泉校区第二食堂的智能化程度相当高，有自动结算、刷脸支付、营养分析等"黑科技"应用，科技感十足。

➢ 热门的选修课程

浙江大学开设了各种特色选修课程，比如歌唱艺术、女子防身术、舞龙舞狮，还有皮划艇世界冠军徐亚萍开设的皮划艇课，可以酿酒、品酒的酿酒工艺学课等，这些课程深受学生喜爱，名额常常一抢而空。

②学科优势（该部分信息不同年份有微调，此处仅供参考）

➢ 第二轮"双一流"建设学科：化学、生物学、生态学、机械工程、光学工程、材料科学与工程、动力工程及工程热物理、电气工程、控制科学与工程、计算机科学与技术、土木工程、农业工程、环境科学与工程、软件工程、园艺学、植物保护、基础医学、临床医学、药学、管理科学与工程、农林经济管理。

➤ 一级学科国家重点学科：数学、动力工程及工程热物理、园艺学、化学、电气工程、农业资源利用、机械工程、控制科学与工程、植物保护、光学工程、土木工程、管理科学与工程、材料科学与工程、生物医学工程。

➤ 二级学科国家重点学科：宪法学与行政法学、凝聚态物理、通信与信息系统、作物遗传育种、肿瘤学、教育史、植物学、计算机应用技术、特种经济动物饲养、应用心理学、生物物理学、化学工程、内科学（传染病）、中国古典文献学、生态学、农业机械化工程、儿科学、理论物理、固体力学、环境工程、外科学。

③特色专业例举

特色专业	就业方向	就业领域
计算机科学与技术	软件开发工程师、网络安全工程师、云计算工程师、前端与后端开发等	各类科研院所、政府部门、网络企业、通信公司等
自动化	自动化工程师、机器人工程师、控制系统分析师、研发工程师等	自动化企业，制造业企业，交通运输、机器人与人工智能企业等
光电信息科学与工程	光学元件、光通信、激光器、光学成像等方面的研究和开发等	光学仪器制造企业，环境监测、能源利用单位等
植物保护	植物保护与检疫、农业技术员景观工程师、农产品质量监督检验员等	农业科研院所、农场、林场、森林公园、农药生产企业、种子企业等

（6）上海交通大学

上海交通大学前身是著名的南洋公学，因为曾隶属于中华民国交通运输部，所以校名中有"交通"二字。经过百余年的不懈努力，上海交大已经成为一所集"综合性、创新型、国际化"于一体的国内一流、国际知名大学，被誉为"东方麻省理工"。

①名校风采

➤ 敢为人先，贡献卓著

在百余年的办学历史中，上海交大众多校友勇于拼搏，敢为人先，参与创造了中国近现代发展史上的诸多"最早"和"第一"：中国最早的内燃机、最早的无线电台、最早的中文打字机、第一艘核潜艇、第一枚运载火箭、第一颗人造卫星、自主设计的第一代战斗机等。

➤ "上海脚痛大学"

上海交通大学闵行校区（校本部）的面积非常大，所以被戏称为"上海脚痛大学"。该校区占地近 5000 亩，差不多有 467 个国际足联规定的标准足球场那么大，如果靠步行逛完整个校区，双腿极有可能会酸痛，因此很多学生在校园内会选择骑自行车出行。

➤ 在学校里就能参加音乐节

上海交大的绿洲音乐节从 2011 年到 2023 年已经举办了十届。绿洲音乐节有校外知名乐队表演、校内乐队表演、民谣弹唱会、摇滚音乐会等专场，为学生们提供了享受音乐、感受集体狂欢和释放情绪的好机会。

②学科优势（该部分信息不同年份有微调，此处仅供参考）

➤ 第二轮"双一流"建设学科：数学、物理学、化学、生物学、机械工程、材料科学与工程、电子科学与技术、信息与通信工程、控制科学与工程、计算机科学与技术、土木工程、化学工程与技术、船舶与海洋工程、基础医学、临床医学、口腔医学、药学、工商管理。

➤ 一级学科国家重点学科：力学、动力工程及工程热物理、船舶与海洋工程、机械工程、控制科学与工程、生物医学工程、材料科学与工程、计算机科学与技术、管理科学与工程。

➤ 二级学科国家重点学科：凝聚态物理、光学、遗传学、生物化学与分子生物学、电磁场与微波技术、通信与信息系统、病理学与病理生理学、儿科学、外科学、口腔临床医学、内科学。

③特色专业例举

特色专业	就业方向	就业领域
电子科学与技术	电子产品研发师、通信技术研发师、硬件工程师、系统集成工程师等	国家电子信息管理部门、电子与通信科研院所、电子公司、通信公司、通信设备制造公司等

续表

特色专业	就业方向	就业领域
机械工程	机械研发师、机械设计师、机械制造师、机械维修师、机械工艺工程师等	汽车、飞机、电子设备、工业机械、航空航天等制造业公司，能源行业企业，科研院所等
船舶与海洋工程	船舶设计工程师、船舶制造工程师、船舶管理人员、船舶质量检验员等	船舶与海洋工程设计研究单位、海事局、国内外船级社、船舶公司、船厂、海关等
口腔医学	口腔医生、口腔技师、口腔科科研人员等	三甲医院口腔科、口腔诊所、口腔研究所、美容院等

(7) 南京大学

在钟灵毓秀的六朝古都南京，有一所声誉卓著的百年名校——南京大学。作为中国顶尖高校"华东五校"之一，南京大学始终处于中国大学的第一方阵。百年来，南大人传承"嚼得菜根，做得大事"的精神，践行"诚朴雄伟，励学敦行"的校训，为国家富强和民族振兴作出了重要的贡献。

①名校风采

➤ 历史文化底蕴深厚

南京大学有着深厚的历史文化底蕴，是中国历史最悠久的大学之一，其前身是创建于1902年的二江师范学堂，民国时期是国立中央大学。在1952年经历一系列院系调整后，南京大学拆分出东南大学、南京农业大学等十几所大学，其中不乏985工程高校和211工程高校。调整拆分后，如今的南大依旧是中国顶尖高校，可见其实力之强。

➢ 天文学界的"黄埔军校"

南京大学天文学系始建于 1952 年，是全国高校中历史最悠久、培养人才最多的天文学专业院系，拥有目前国内唯一的天文学一级重点学科。大批天文学领域的知名学者从这里走出，包括五位德高望重的中国科学院院士、多位国内主要天文单位的领导和学术带头人、国际著名学者和崭露头角的青年才俊，杰出校友频现，因此南大被誉为我国天文学界的"黄埔军校"。

②学科优势（该部分信息不同年份有微调，此处仅供参考）

➢ 第二轮"双一流"建设学科：哲学、理论经济学、中国语言文学、外国语言文学、物理学、化学、天文学、大气科学、地质学、生物学、材料科学与工程、计算机科学与技术、化学工程与技术、矿业工程、环境科学与工程、图书情报与档案管理。

➢ 一级学科国家重点学科：中国语言文学、数学、物理学、化学、天文学、地质学、生物学、计算机科学与技术。

➢ 二级学科国家重点学科：马克思主义哲学、世界史、政治经济学、企业管理、英语语言文学、社会学、情报学、微电子与固体电子学、环境科学、材料物理与化学气象学、自然地理学、外科学（普外）。

③特色专业例举

特色专业	就业方向	就业领域
天文学	科学研究和技术服务人员、信息传输研究人员、高校教师等	国家天文台、研究所、高校、民营企业等
汉语言文学	中小学教师、高校教师、公务员、记者、编辑等	各级教育单位、新闻媒体、国家党政机关及其他事业单位、民营企业等
地质学	高校教师、地质调查员、科研人员、工程勘察人员、资源勘查工程师等	各级教育单位、中国地质科学院等科研单位、机关事业单位、民营企业等
计算机科学与技术	软件开发工程师、数据分析师、网络安全工程师、科研人员等	教育领域，金融领域，华为、阿里巴巴、腾讯等互联网企业，科学研究和技术服务单位等
物理学	研发工程师、光学工程师、销售工程师、教师等	科研机构、高校、半导体生产研发企业等

（8）中国科学技术大学

中国科学技术大学位于安徽省合肥市，是中国科学院直属的一所以前沿科学和高新技术为主，兼有医学、特色管理和人文学科的理工科大学。中科大是为"两弹一星"事业而创办的红色大学，其创办被称为"我国教育史和科学史上的一项重大事件"。

①名校风采

➢ 科学家的摇篮

中国科学技术大学是本科生的"科研殿堂"，任教的老师大都是活跃在科研一线的科学家，其中不乏两院院士等名家大师。同时中科大配备了国内最顶尖的科研资源，这里的前辈是科学家，学生也是按照培养科学家的方式去培养，被誉为"科学家的摇篮"。

➢ 大国重器，卓越科研

中国科学技术大学是我国拥有国家实验室、大科学装置最多的高校，主导研制了世界首颗量子科学实验卫星"墨子号"和量子计算原型机"祖冲之号"等大国重器。在2023年自然指数官方排名中，中科大的分值在内地高校中排名第一，在全球高校中排名第二。

➢ 科教界的开创者

改革开放后，中国科学技术大学在国家科教界不断掀起改革浪潮。中科大不仅创办了全国第一个少年班，并创了我国超常人才培养的先河，还率先建立了中国第一所研究生院，培养出了新中国首批博士。

②学科优势（该部分信息不同年份有微调，此处仅供参考）

➢ 第二轮"双一流"建设学科：数学、物理学、化学、天文学、地球物理学、生物学、科学技术史、材料科学与工程、计算机科学与技术、核科学与技术、安全科学与工程。

➤ 一级学科国家重点学科：数学、物理学、化学、地球物理学、生物学、科学技术史、力学、核科学与技术。

➤ 一级学科国家重点学科：天体物理、地球化学、通信与信息系统、计算机软件与理论。

➤ 国家重点（培育）学科：安全技术及工程、管理科学与工程。

③特色专业例举

特色专业	就业方向	就业领域
地球物理学	资源能源勘察师、地质调查员、地震分析师、科研人员等	高校、研究所、政府部门、中国石化、中国石油等国有企业等
数学与应用数学	数据与分析师、软件开发工程员、教师、科研人员、量化研究员等	中小学、高校、研究所、政府部门、民营企业等
化学	制药工程师、技术员、产品研制工程师、生产管理、教师等	化学工业科研机构、医药企业、材料企业、中小学、高校等
核工程与核技术	科研人员、核电站工程师、科研工程设计、高校教师等	中核集团、中国船舶等军工企业，高校等
生物科学	生物信息分析师、生物信息研究员、生物工程师、生产工艺工程师、质量控制专员、教师等	科研机构、高校、医药企业、生物技术企业等

（9）西安交通大学

西安交通大学由"中国实业之父"盛宣怀创办，是我国最早建立的高等学府之一，其前身为1896年创建于上海的南洋公学。学校在国内外均享有很高声誉，是"九校联盟"成员，有"北清华，南交大"的美誉及"东方MIT"之称。此外，根据谐音，西安交大还被学子们亲切地称为"仙交大"。

①名校风采

➢ 传承"西迁精神"

1956年，西安交通大学师生响应党和国家的号召，从上海分批迁往西安。西迁以来，一代代交大人秉持"胸怀大局、无私奉献、弘扬传统、艰苦创业"的"西迁精神"，扎根西部，为西部发展和国家建设作出了卓越贡献。

➢ 划着橡皮艇看世界

为培养大学生的国际视野，让更多学生感受到赛艇的魅力，西安交通大学于2009年5月组建起西安交大赛艇队，并多次独立主办"灞河竞渡"赛艇比赛，该比赛被亚洲赛艇联合会誉为"中国民间赛艇赛事之最"。与此同时，西安交大以体育活动为载体，通过赛艇队参加国家及国际级赛事，让学子们的足迹出现在大洋洲、美洲、欧洲等洲，开拓了他们的视野。

②学科优势（该部分信息不同年份有微调，此处仅供参考）

➢ 第二轮"双一流"建设学科：力学、机械工程、材料科学与工程、动力工程及工程热物理、电气工程、控制科学与工程、管理科学与工程、工商管理。

➢ 一级学科国家重点学科：机械工程、材料科学与工程、动力工程及工程热物理、电气工程、控制科学与工程、生物医学工程、管理科学与工程、工商管理。

➢ 二级学科国家重点学科：产业经济学、计算数学、生理学、固体力学、微电子学与固体电子学、核能科学与工程、法医学、外科学（泌尿外）。

③特色专业例举

特色专业	就业方向	就业领域
微电子科学与工程	材料研发工程师、工艺整合工程师、半导体工艺工程师等	科研机构、电子制造企业、集成电路设计企业等
核工程与核技术	核电站工程师、核技术应用工程师、核监测工程师等	核电站、核工程设计院、核动力研究设计院、核电工程公司等
飞行器设计与工程	飞控算法工程师、气动工程师、飞行器设计工程师等	航空航天科研院所、航空装备制造企业、民营机场、航空公司等

特色专业	就业方向	就业领域
电子科学与技术	电子工程师、电子工艺工程师、芯片设计师、电子技术专业教师等	国家电子信息管理部门、电子与通信科研院所、高校、电子公司、通信公司、通信设备制造公司等
新能源科学与工程	新能源研发工程师、能源管理工程师、新能源设备制造等	新能源设备制造企业、太阳能公司、电力公司、储能公司、国家能源研究院等

2. 四邮

（1）北京邮电大学

北京邮电大学简称"北邮"，建校于 1955 年，是新中国成立以来建立的第一所邮电高等学府。北邮是一所以信息科技为特色，以工学门类为主体，工、管、文、理交叉融合的研究型大学，是我国信息科技人才的重要培养基地。

①名校风采

➢ 互联网人才培养基地

北邮为国家的信息技术发展培养了一大批人才，互联网业内对北邮学子的认可度极高，曾有过这样的评价——"北邮：通信业头牌院校撑起中国互联网"。在某招聘平台的"最受互联网企业欢迎的高校"排名中，北邮位列第一。

➢ 创造了多个"第一"

北京邮电大学创造了多个国内"第一",比如国产第一部半导体三路载波机、第一座教学试验电视台、第一部信息论专著、第一台程控数字交换机、第一台 ATM 交换机,等等。除此之外,北邮还参与了中国第一个自行设计、自主实施建设的大型计算机网络(全功能国际互联网)CERNET 的创建,为我国的互联网事业作出了突出贡献。

➢ 网速遥遥领先

北京邮电大学的网速在全国高校中遥遥领先。北邮校园网带宽不限量,校园 5G 全覆盖,师生全时段免费畅游,为师生学习、科研提供了最大限度的网络支持。

②学科优势(该部分信息不同年份有微调,此处仅供参考)

➢ 第二轮"双一流"建设学科:信息与通信工程、计算机科学与技术。

➢ 一级学科国家重点学科:信息与通信工程、电子科学与技术。

➢ 北京市重点学科:光学工程(一级学科)、管理科学与工程(一级学科)、计算机应用技术(二级学科)、计算机系统结构(二级学科)、机械电子工程(二级学科)、数字内容传媒学(交叉学科)、网络治理(交叉学科)。

③特色专业例举

特色专业	就业方向	就业领域
通信工程	通信算法工程师、科学研究员、软件开发工程师、数据通信工程师、通信产品开发工程师等	中国移动、中国卫星网络集团等企业,中国航天科技集团等军工企业,腾讯、阿里巴巴、字节跳动等民营企业
计算机科学与技术	软件开发工程师、数据分析师、硬件开发工程师等	金融证券公司,华为、字节跳动等互联网公司,中国航空工业集团等企业
光电信息科学与工程	光电工程师、技术开发人员、产品研制工程师、生产管理人员、科研人员、信息技术教师等	化学工业企业、科研院所、医疗设备制造公司、材料生产公司、中小学、中等职业学校
电子科学与技术	电子研发人员、制造调试人员、硬件开发人员、集成电路设计和制造工程师等	信息公司、通信设备制造公司、科研院所、国家电子信息管理部门等

（2）重庆邮电大学

重庆邮电大学简称"重邮"，起源于 1950 年成立的东川邮政管理局培训班，后发展为 1959 年的重庆邮电学院。国家布点设立并重点建设的邮电高校之一，是工业和信息化部与重庆市共建的一所特色鲜明、优势突出，在信息通信领域具有重要影响的高水平大学。

①名校风采

➤ 全国"挑战杯"大学生课外科技竞赛发起高校之一

重邮深化联合人才培养项目建设，将人才培养与科技创新有机结合，将行业对人才培养的最新要求引入教学过程。获第八届"挑战杯"中国大学生创业计划竞赛金奖，获第十四届"挑战杯"全国大学生课外学术科技作品竞赛全国一等奖 1 项、二等奖 1 项、三等奖 4 项，总成绩在重庆市属高校中排名第一；参加中国国际大学生创新大赛、数模竞赛和电子设计竞赛，成绩一直位居重庆市高校前列。

➤ 中国信息通信人才的摇篮

学校继承艰苦奋斗、开拓进取优良传统，抓住机遇，加快发展，不断深化教育教学改革，全面推进素质教育和创新人才培养，使学校成为中国邮电通信领域高级专门人才培养的主要基地之一。

②学科优势（该部分信息不同年份有微调，此处仅供参考）

➤ 重庆市一流学科：信息与通信工程、计算机科学与技术、控制科学与工程。

➤ 重庆市重点学科：信息与通信工程、计算机科学与技术、控制科学与工程、法学、马克思主义理论、翻译、数学、物理学、系统科学、仪器科学与技术、电子科学与技术、生物医学工程、网络空间安全、管理科学与工程、艺术、集成电路科学与工程。

③特色专业例举

特色专业	就业方向	就业领域
通信工程	通信算法工程师、科学研究员、软件开发工程师、数据通信工程师、通信产品开发工程师等	中国移动、中国卫星网络集团等国有企业，中国航天科技集团等军工企业，腾讯、阿里巴巴、字节跳动等民营企业
计算机科学与技术	软件开发工程师、数据分析师、硬件开发工程师等	金融证券公司，华为、字节跳动等互联网公司，中国航空工业集团等国有企业
微电子科学与工程	设计制造电子和光电子器件，生产研发芯片、半导体管、集成电路等微电子产品的工程师等	电子类公司、信息技术公司、芯片制造公司等
自动化	自动化工程师、控制系统工程师、机器人设计师、电气设计师等	高校、国家航空航天领域研究院、制造业、机器人企业、互联网企业、国防单位、军工单位等

（3）西安邮电大学

西安邮电大学始创于新中国成立初期，前身是 1950 年成立的陕西和甘肃两省邮电人员训练班及随后的西安邮电学校。1959 年经国务院批准设立西安邮电学院。该学校是一所以工为主，以信息科学技术为特色，工、管、理、经、文、法、艺多学科协调发展的普通高等学校，是我国特别是西北地区信息产业和现代邮政业人才培养、科学研究的重要基地。

①名校风采

➢ 园林式单位

秉承"爱国、求是、奋进"的西邮校训，弘扬"艰苦奋斗、自强不息、开拓进取"的西邮精神，遵循"教研统一、开放办学、人文与科学并重"的办学理念，被西安市人民政府授予"园林式单位"称号。

➢ 产学研结合

学校注重产学研结合，积极推动科研成果的转化和应用。通过与企业、科研机构的合作，共同开展技术研发、产品创新等工作，为国家的信息化建设和社会发展做出了积极贡献。

②学科优势（该部分信息不同年份有微调，此处仅供参考）

➢ 省部级重点学科：通信与信息系统、计算机应用技术、产业经济学、计算机科学与技术、应用经济学、信息与通信工程。

➢ 陕西省一流学科：信息与通信工程。

③特色专业例举

特色专业	就业方向	就业领域
通信工程	科学研究员、软件开发工程师、数据通信工程师、数据工程师、通信产品开发工程师等	中国移动、中国卫星网络集团等国有企业，中国航天科技集团等军工企业，腾讯、阿里巴巴、字节跳动等民营企业
计算机科学与技术	软件开发工程师、数据分析师、网络安全工程师等	金融领域，科研机构，华为、字节跳动等互联网公司

（4）南京邮电大学

南京邮电大学是国家"双一流"建设高校和江苏高水平大学高峰计划 A 类建设高校，其前身是 1942 年诞生于山东抗日根据地的八路军战邮干训班，是我党、我军早期系统地培养通信人才的学校之一。

①名校风采

➤ 华夏 IT 英才的摇篮

南京邮电大学的在校大学生在各级各类竞赛中成绩斐然，先后获得全国大学生数学建模竞赛一等奖、美国大学生数学建模竞赛最高奖 SIAM 奖、全国大学生电子设计竞赛最高奖"索尼杯""瑞萨杯"等。办学八十多年来，南邮为国家输送了大量的各类优秀人才，其中很多成为国内外信息产业的领军人物、技术精英和管理骨干，南邮也因此享有"华夏 IT 英才的摇篮"之誉。

②学科优势（该部分信息不同年份有微调，此处仅供参考）

➤ "双一流"建设学科：电子科学与技术。

➤ 国家重点（培育）学科：信号与信息处理。

➤ 江苏高校优势学科建设工程三期项目：光学工程、信息与通信工程、软件工程。

③特色专业例举

特色专业	就业方向	就业领域
电子科学与技术	销售工程师、技术支持工程师、软件工程师、系统集成工程师、项目经理、区域销售经理、硬件工程师、产品经理、高校教师等	制造企业、软件开发企业、电信运营企业、工程企业、教学机构、研究院等
通信工程	通信工程师、电子工程师、软件工程师、数字信号处理工程帅、数据分析帅等	华为、华硕、联想、海信等企业，中国电信、中国移动、中国联通等国有企业
光电信息科学与工程	研究员、工程师、技术支持人员、销售代表等	通信设备制造企业、医疗设备制造企业、半导体制造企业、生物技术公司、光学仪器制造企业等
软件工程	程序员、软件测试员、项目经理、数据管理人员、多媒体制作人员、高校教师、软件架构师、人工智能工程师等	IT 企业、政府机关、动画制作公司、广告公司等

3. 四电

(1) 电子科技大学

电子科技大学位于四川省成都市，1956 年在周恩来总理的部署下，由交通大学（现上海交通大学、西安交通大学）、南京工学院（现东南大学）、华南工学院（现华南理工大学）的电讯工程有关专业合并创建而成。它是一所以电子信息科学技术为核心，理、工、管、文、医协调发展的多科性研究型全国重点大学。

①名校风采

➤ 毕业生就业质量高的大学

电子科技大学跟国防重点单位、世界 500 强企业、中国电子信息百强企业保持合作关系，给毕业生提供绝佳的就业机会。据统计，该校毕业生进入最多的企业有华为、京东等，就业质量很高。

➤ 在校园里也能看川剧

电子科技大学是中华优秀传统文化（川剧）传承基地之一，定期举行川剧文化艺术节。在艺术节上能看到新编川剧展演、唐人川剧工作坊，还有"科技＋川剧"参观体验周等活动可以参加。

②学科优势（该部分信息不同年份有微调，此处仅供参考）

➤ 第二轮"双一流"建设学科：电子科学与技术、信息与通信工程。

➤ 一级学科国家重点学科：电子科学与技术、信息与通信工程。

➤ 国家重点（培育）学科：光学工程、计算机应用技术。

③特色专业例举

特色专业	就业方向	就业领域
电子科学与技术	工艺工程师、软件工程师、硬件工程师、电子工程师等	国家电子信息管理部门、电子与通信科研院所、高校等
通信工程	数据通信工程师、软件开发工程师、移动通信工程师、电信网络工程师、算法工程师、测试工程师等	国家电子信息管理部门、电子信息类技术研发科研院所、现代通信设备制造企业、高新技术科技产业公司等
计算机科学与技术	网络工程师、软件开发工程师、软件测试工程师、网络安全工程师、数据分析师等	国家行政管理部门、计算机应用相关研究所、IT 服务公司、金融机构、软件开发公司、多媒体公司、互联网公司等
光学工程	光学工程师、光学系统设计工程师、光学研发工程师等	国家电光技术发明监控部门、光学仪器和设备制造公司、各类科技公司等

（2）西安电子科技大学

西安电子科技大学简称"西电"，是一所以信息与电子学科为特色，工、理、管、文、经等多学科协调发展的全国重点大学，直属教育部。其前身是 1931 年诞生于江西瑞金的中央革命军事委员会无线电学校，是中国最早的两所国防工业重点军校之一，于 1958 年迁址西安。

①名校风采

➤ 潜心钻研，创造多项"第一"

多年来，西安电子科技大学在电子与信息技术领域深耕不辍，不断进行系统研制、科技攻关和工程研发，创造了我国电子与信息技术领域的多项历史性"第一"，包括第一台气象雷达、第一套流星余迹通信系统、第一台可编程雷达信号处理机、第一台毫米波通讯机、我军通信装备史上第一部塞绳电报互换机、第一台塔型管空腔振荡器、第一套三坐标相控阵雷达等。

➤ 理工类院校也有"文艺范儿"

作为一所老牌的电子信息类院校，西安电子科技大学的理工类学科占比较大。在理工科领域取得不俗成绩的同时，西电的人文素养培养也同样亮眼。西电会举办多种多样的文艺活动，如民族文化艺术节、校园歌手大赛、诗词灯组展、外文配音大赛等，校内还有话剧团、舞蹈团、交响乐团等文艺社团，让西电学子可以在浓厚的文艺氛围中感受艺术的魅力，也为西电学子提供了展示才艺的舞台。

②学科优势（该部分信息不同年份有微调，此处仅供参考）

➤ 第二轮"双一流"建设学科：信息与通信工程、计算机科学与技术。

➤ 一级学科国家重点学科：信息与通信工程、电子科学与技术。

➤ 二级学科国家重点学科：通信与信息系统、信号与信息处理、物理电子学（涵盖）、电路与系统、微电子学与固体电子学、电磁场与微波技术、密码学。

③特色专业例举

特色专业	就业方向	就业领域
电子科学与技术	电子设备工程师、电子系统设计师、软件开发工程师、通信工程师等	中国电子科技集团、中国航天科技集团等军工企业和科研院所、通信公司等
微电子科学与工程	设计制造电子和光电子器件，生产研发芯片、半导体管、集成电路等微电子产品的工程师等	信息技术公司、芯片制造公司等
通信工程	通信网络工程师、无线通信工程师、网络优化工程师、网络维护工程师等	国家电子信息管理部门、通信公司、现代通信设备制造企业等
集成电路设计与集成系统	集成电路设计师、嵌入式系统工程师、测试工程师等	集成电路设计公司、电子与通信科研院所、现代通信设备制造企业互联网公司等
密码科学与技术	密码测试员、密码管理人员、密码系统设计与研发等	政府部门，科研机构，互联网、信息安全、金融、电子商务等领域的企业等

（3）杭州电子科技大学

杭州电子科技大学，简称"杭电"。学校始创于1956年，初名杭州航空工业财经学校，2004年更名为杭州电子科技大学，2007年成为浙江省与国防科学技术工业委员会共建高校，2015年被列为浙江省重点建设高校。浙江省人民政府与国防科技工业局共建高校，是一所电子信息特色突出，经管学科优势明显，多学科相互渗透的教学研究型大学。

①名校风采

➤ IT企业家摇篮

杭州电子科技大学注重培养学生的实践能力和创新精神，毕业生基础知识扎实，动手能力较强，深受用人单位和社会各界好评。据统计，全国IT百强企业中，有近三分之一的掌门人为杭电校友。这些校友在IT行业取得了显著的成就，成为行业的领军人物，为学校赢得了"IT企业家摇篮"的美誉。

②学科优势（该部分信息不同年份有微调，此处仅供参考）

➤ 省一流学科A类：电子科学与技术、控制科学与工程、计算机科学与技术、数学。

➤ 省一流学科B类：管理科学与工程、机械工程、信息与通信工程、工商管理、应用经济学、仪器科学与技术、材料科学与工程。

➤ 省重中之重学科一级学科：控制科学与工程。

③特色专业例举

特色专业	就业方向	就业领域
信息安全	网络信息安全的管理与开发、信息安全系统的研发、维护与管理	计算机、通信、电子信息、电子商务、金融、电子政务等领域

特色专业	就业方向	就业领域
电子信息工程	技术研发、工程设计和项目管理，智能终端的设计、开发、应用研究、运营维护工程师	集成电路设计、制造、封装和测试、物联网、智能医疗、智能家居、电力、智能仪器等领域

(4) 桂林电子科技大学

桂林电子科技大学，简称"桂电"，始建于 1960 年，1980 年经国务院批准成立桂林电子工业学院，学校是全国四所电子科技大学之一，2006 年更名为桂林电子科技大学。学校先后隶属于第四机械工业部、电子工业部、机械电子工业部、中国电子工业总公司、信息产业部。

①名校风采

➤ 全国青年科技创新示范基地：学校是国家首批深化创新创业教育改革示范高校，拥有全国首批大学生创新创业实践基地，学校大学生创新实践基地被共青团中央、全国青联命名为"全国青年科技创新示范基地"。

②学科优势（该部分信息不同年份有微调，此处仅供参考）

➤ 省一流学科：信息与通信工程、仪器科学与技术、机械工程、网络空间安全。

➤ 新一轮省一流学科建设项目：信息与通信工程、网络空间安全、仪器科学与技术、光学工程、机械工程、材料科学与工程。

③特色专业例举

特色专业	就业方向	就业领域
通信工程	通信运营管理、通信设备管理	中国移动、中国电信、华为、中兴等国企，互联网企业等

续表

特色专业	就业方向	就业领域
电子信息工程	芯片的设计与制造、电子信息相关的技术研发和产品测试管理等	集成电路企业、电子产品研发企业、互联网企业等

4. 法学五院

（1）中国政法大学

中国政法大学简称"法大"，被誉为"中国法学教育的最高学府"，是国家法学教育和法治人才培养的主力军，参与了自建校以来几乎所有的国家立法活动，引领国家法学教育的创新、法学理论的革新和法治思想的更新，代表国家对外进行法学学术和法文化交流。

①名校风采

➢ 法学界"扛把子"

中国政法大学作为国内法学界的最高学府，深受各大企业和律所的青睐。企业法务部门、律师事务所、政府机关等单位在招聘时，都较为倾向选择中国政法大学的毕业生。

➢ 国际交流机会多

中国政法大学与世界多所知名法学院校建立了合作关系，为学生提供了丰富的国际交流机会。通过国际交流，学生可以拓宽视野，了解不同国家的法律体系，提高跨文化交流能力。这对于希望未来从事涉外法律工作或在国际组织工作的学生来说，是宝贵的机会。

➤ 多学科融合发展

中国政法大学以法学为优势和特色学科，兼有政治学、经济学、文学、哲学、理学、工学等多个学科，形成了多学科和跨学科的人才培养模式，为社会输送了一大批人文社会科学高级专门人才，是国家政治、经济、社会、文化等领域人才培养的生力军。

②学科优势（该部分信息不同年份有微调，此处仅供参考）

➤ 第二轮"双一流"建设学科：法学。

➤ 北京高校高精尖学科建设学科：证据科学。

➤ 国家级特色专业：法学、政治学与行政学、社会学。

➤ 博士学位授权一级学科：法学、政治学、马克思主义理论、理论经济学。

➤ 硕士学位授权一级学科：哲学、应用经济学、社会学、心理学、外国语言文学、新闻传播学、中国史、工商管理学、公共管理学。

③特色专业例举

特色专业	就业方向	就业领域
法学	律师、公务员、公司法务、教师等	法院、检察院、律师事务所、党政机关、事业单位、金融机构、高校、科研机构等
政治学与行政学	思想政治教师、公务员、党校教师、教研人员等	党政机关、社科研究院所、大中专学校等
社会学	行政专员、管理咨询师、公务员教研人员等	新闻媒体单位、企业人力资源部、税务局、残联、妇联、邮政管理局、统计局等

（2）中南财经政法大学

中南财经政法大学位于湖北省武汉市，是教育部直属的全国重点大学，以经济学、法学、管理学为主干，是 211 工程和 985 工程优势学科创新平台重点建设高校之一，由原隶属财政部的中南财经大学和原隶属司法部的中南政法学院合并组建而成。

①名校风采

➤ "财大法强"

法学和经济学两大学科是中南财经政法大学的优势学科。历史悠久、校友资源丰富的法学院，在国内拥有强大的影响力，由中南财大牵头参与起草、修订的国家层面的法律多达四十余部。中南财大作为创始成员之一，成立全国政法大学"立格联盟"，牵头发起成立财经一流学科建设联盟、国际刑事司法联盟、粤港澳大湾区知识产权法律联盟等多个极具行业特色的学科发展联盟。

➤ 吃在中南财大

中南财经政法大学的小吃街是条有名的美食街，聚集了全国各地的美食。

②学科优势（该部分信息不同年份有微调，此处仅供参考）

➤ 第二轮"双一流"建设学科：法学。

➤ 二级学科国家重点学科：财政学、会计学、金融学、民商法学。

➤ 国家重点（培育）学科：经济史。

➤ 国家级一流本科专业建设点：经济统计学、财政学、税收学、经济学、金融学、金融工程、投资学、国际经济与贸易、法学、侦查学、会计学、财务管理、农林经济管理、劳动与社会保障等。

③特色专业例举

特色专业	就业方向	就业领域
会计学	财务会计、内部审计、出纳员、税务员、公务员等	会计师事务所、政府审计部门、企事业单位等
法学	律师、法务员、法律顾问等	国家立法机关、司法机关、行政机关、高校、科研机构、企事业单位等
侦查学	侦查员、警察、海关稽查人员等	立法机关、行政机关、检察机关、仲裁机构等
经济统计学	商业分析师、数据分析师等	政府统计部门、经济管理部门、银行、证券公司、保险公司、教育和研究机构等

续表

特色专业	就业方向	就业领域
国际经济与贸易	国际贸易专员、外贸经理、投资理财顾问等	国家对外经济管理部门、对外贸易机构、外贸公司、证券公司、经济类科研院所等

（3）华东政法大学

华东政法大学是新中国创办的第一批高等政法院校。学校原名华东政法学院，1952 年 6 月由圣约翰大学、复旦大学、南京大学、东吴大学、厦门大学、沪江大学、安徽大学、上海学院、震旦大学等 9 所院校的法律系、政治系和社会系合并，在圣约翰大学旧址成立。

①名校风采

➢ 法学教育的东方明珠

多年来，华政人遵循"笃行致知，明德崇法"的校训，发扬"逆境中崛起，忧患中奋进，辉煌中卓越"的精神，已把学校建设成为一所以法学学科为主，兼有经济学、管理学、文学、工学等学科的办学特色鲜明的多科性大学，被誉为"法学教育的东方明珠"。

②学科优势（该部分信息不同年份有微调，此处仅供参考）

➢ 高等学校特色专业建设点：法学、侦查学。

➢ 国家级一流本科专业建设点：法学、政治学、行政管理、新闻学、知识产权、社会工作、翻译、文化产业。

➢ 省级一流本科专业建设点：侦查学、新闻学、知识产权、金融学、翻译、会计学、公共事业管理。

➢ 教育部"本科教学工程"地方高校第一批本科专业综合改革试点专业：侦

查学。

③特色专业例举

特色专业	就业方向	就业领域
法学	律师、法务员、法律顾问等	国家立法机关、司法机关、行政机关、高校、科研机构、企事业单位等
侦查学	侦查员、警察、海关稽查人员等	立法机关、行政机关、检察机关、仲裁机构等
会计学	财务会计、内部审计、出纳员、税务员、公务员等	会计师事务所、政府审计部门、企事业单位等

（4）西南政法大学

西南政法大学位于著名历史文化名城、中西部地区唯一的直辖市——重庆，学校前身为1950年创建的由刘伯承元帅担任校长的西南人民革命大学；1953年，以西南人民革命大学政法系为基础，正式成立西南政法学院；1993年成为博士学位授权单位；1995年正式更名为西南政法大学。

①名校风采

➢ 新中国法学教育的"西南联大"

西政是国家首批卓越法律人才教育培养基地、首批国家级涉外法治研究基地，被誉为新中国法学教育的"西南联大"。同时，它也是中国政府奖学金来华留学生接收院校、中西部高校基础能力建设工程高校，以及首批国家大学生文化素质教育基地等。

②学科优势（该部分信息不同年份有微调，此处仅供参考）

➢ 重庆市"十四五"重点学科：法学、新闻传播学、应用经济学、政治学、公共管理、哲学、马克思主义理论、工商管理、国家安全学（交叉学科）、马克思主义理论与党内法规（交叉学科）、翻译（专业学位授权点）、审计（专业学位授权点）。

➤ 第二轮重庆市一流学科：法学、国家安全学。

➤ 国家重点学科：经济法学、诉讼法学。

③特色专业例举

特色专业	就业方向	就业领域
法学	律师、法务员、法律顾问、教师等	立法机关、司法机关、行政机关、高校、科研机构、企事业单位等
侦查学	侦查员、警察、海关稽查人员等	立法机关、行政机关、检察机关、仲裁机构等
政治学与行政学	思想政治教师、公务员、党校教师、教研人员等	党政机关、社科研究院所、高校等

（5）西北政法大学

西北政法大学，简称"西法大"。学校源于1937年创办的陕北公学和1941年的延安大学。国家法治人才培养基地，是被誉为政法人才培养国家队的"五院四系"之一，是西北地区法学教育、法学研究中心和人文社会科学研究的重要基地，是陕西省重点建设的高水平大学、一流学科建设高校，是全国法学高等教育"立格联盟"和西安高水平有特色高校"长安联盟"的成员单位。

①名校风采

➤ 中国—亚欧高端法律人才培养基地

学校高度重视国际化办学，先后与近20个国家和地区的80余所高校和机构建立合作伙伴关系，大力推进人才培养、师资队伍和科学研究国际化，积极开展本硕博层次的来华留学教育。主动融入"一带一路"建设，是上合组织法律大学联盟创始高校，丝绸之路大学联盟、"一带一路"语言文化大学联盟成员高校，举办长安与罗马

"一带一路"法律文化对话系列国际学术研讨会，开展"一带一路"国家公务员培训，实施"汉语桥"中亚学生法律研习营等，致力于构筑丝绸之路法学理论研究创新高地和法治文化交流传播的重要阵地。

②学科优势（该部分信息不同年份有微调，此处仅供参考）

➢ 省级一流专业：哲学、经济学、金融学、国际经济与贸易、政治学与行政学、侦查学、英语、新闻学、刑事科学技术、行政管理、电子商务及法律、市场营销、审计学、人力资源管理、编辑出版学、广播电视编导、社会学、金融工程、劳动与社会保障、戏剧影视文学。

➢ 国家级特色专业：哲学、侦查学、新闻传播学。

③特色专业例举

特色专业	就业方向	就业领域
法学	律师、法务员、法律顾问、教师等	国家机关、企事业单位、社会团体、律师事务所、仲裁机构、公证机构等
侦查学	侦查员、警察、海关稽查人员等	立法机关、行政机关、检察机关、仲裁机构等
新闻学	新闻采编、记者、编辑、摄像、后期制作	新闻媒体机构、公关公司、广告公司、政府部门等

5. 法院四系（法学院）

（1）北京大学法学院

大学堂开，法律门启。北京大学法学院是中国近现代法学高等教育的发源地。自

1904 年京师大学堂设立法律学门至今，北京大学法学院秉承安邦济世、正义恒立的使命感，致力于塑造能够代表中国气度、参与世界主流学术对话的北大法学师生和校友群体，守护着一代代北大法律人共同的精神家园，将法治精神永续绵延。

①学科优势（该部分信息不同年份有微调，此处仅供参考）

➢ 四个全国重点学科

北京大学法学院有法理学、宪法与行政法、经济法、刑法四个国家重点学科。1988 年，在首批国家重点学科评选中，北京大学的法理学和国际法学被评为两个国家重点学科；2001 年，北京大学的法理学、宪法与行政法学、经济法学与刑法学成为国家重点学科。

②学院风光

➢ 法律之柱

北大法律之柱位于北京大学法学院（凯原楼）前的法柱广场上，紧邻风景秀丽的未名湖区。法律之柱以其挺拔的姿态和精致的雕刻，成为校园内一道亮丽的风景线。柱体采用优质石材精心雕琢而成，外观庄重而典雅，彰显出法律的威严与庄重。

（2）中国人民大学法学院

中国人民大学法学院的前身中国人民大学法律系成立于 1950 年，是新中国诞生后创立的第一所正规的高等法学教育机构，传承了 1937 年诞生于抗日战争烽火中的陕北公学，以及后来的华北联合大学和华北大学的红色血脉。并入中国人民大学法律系的朝阳大学创办于 1912 年，当时被誉为"中国最优秀之法律院校"，在中国近代法学教育史上享有"北朝阳，南东吴""无朝（阳）不成院（法院）"的美誉。中国人民大学法学院已成为引领法学教育的重镇。

①学科优势（该部分信息不同年份有微调，此处仅供参考）

➤ 国家级重点一级学科：法学。

➤ 国家级重点二级学科：宪法与行政法学、民商法学、刑法学、法学理论学。

②学院风光

➤ 一勺池

一勺池作为中国人民大学的一处标志性景观，不仅因其独特的自然景观和深厚的文化内涵而受到师生们的喜爱，更因其寓意深远的名字和别名而成为校园文化的象征。它激励着广大学子不断前行、追求卓越，同时也为校园增添了一条亮丽的风景线。

（3）武汉大学法学院

武汉大学法学院，源于1908年湖广总督赵尔巽向清政府奏请设立的湖北法政学堂，1928年国立武汉大学成立时，法学院就成为其重要组成部分。经过百年洗礼，特别是改革开放以来，一代代珞珈法律人励精图治，为社会主义法治建设培养了大批优秀的法律人才，为法学事业的振兴和繁荣作出了重大贡献。

①学科优势（该部分信息不同年份有微调，此处仅供参考）

➤ 2个国家级重点学科：国际法学、环境与资源保护法学。

➤ 3个省级重点学科：宪法学与行政法学、民商法学、诉讼法学。

➤ 1个国家"211工程"重点建设学科：法学。

②学院风光

➤ 法学图书馆

新法学图书馆建筑面积达5000平方米，拥有多个功能区域，包括中文报刊阅览厅、中文图书借阅厅、外文书刊借阅厅等。馆藏法学文献资源拥有中、英、法、德、日、俄等语种法学专业藏书达到 22 万余册，以及丰富的中外文法学专业期刊和工具书，和国内外共 30 多个法学部门建立了广泛的国内国际联系与长期的资料交流合作关系，为读者提供全方位的文献信息资源服务。

（4）吉林大学法学院

吉林大学法学教育和研究始自 1948 年，是中国共产党亲手建立和发展起来的法治人才培养机构。改革开放以来，吉林大学法学教育和研究事业进入了快速发展时期。1988 年原国家教委批准，吉林大学法律系改建为吉林大学法学院。经过七十余年的建设和完善，吉大法学学科现已成为我国法学研究的重镇、法治人才培养的重要基地、法治中国建设的重要智库、法治文明传承与交流的关键机构。

①学科优势（该部分信息不同年份有微调，此处仅供参考）

➤ 国家重点学科：法学理论、刑法学。

➤ 省级重点学科：民商法学。

②学院风光

➤ 法学学科发展陈列展馆

吉林大学法学院设有法学学科发展陈列展馆，这一展馆展示了法学院的发展历程、重要成就以及杰出校友的风采。通过参观展馆，可以深入了解法学院的历史沿革、学术贡献和人才培养情况，感受学院深厚的文化底蕴和学术氛围。

6. 五大医学院

（1）北协和（清华）

原中国协和医科大学（简称协和医大）是我国唯一的一所历史悠久设有八年制医学教育和高等护理教育的重点医科大学，其前身是"北京协和医学院"，由美国洛克菲勒基金会于 1917 年创办。中国医学科学院（简称医科院）成立于 1956 年，是我国唯一的国家级医学科学学术中心和综合性科学研究机构。北京协和医学院由国务院卫生行政部门主管，与医科院实行院校合一的管理体制，医科院为协和医大提供雄厚的师资和技术力量，协和医大为国家培养高层次的医学科学人才，相互依托，优势互补，教研相长，共同发展。

①学科优势（该部分信息不同年份有微调，此处仅供参考）

➤ 北京协和医学院的学科

A 类学科：药学（A＋）、基础医学（A＋）、临床医学（A）、护理学（A－）。

B 类学科：公共卫生与预防医学（B）、中药学（B－）。

C 类学科：中西医结合（C＋）、图书情报与档案管理（C）。

➤ 清华大学医学院的学科

基础医学系：涵盖生理学、病理学、药理学、生物化学与分子生物学等学科。

临床医学系：包括内科学、外科学、妇产科学、儿科学等临床学科。

生物医学工程系：专注于生物医学工程领域的教学与研究。

公共卫生与健康学院：涉及流行病学、卫生统计学、环境卫生学等公共卫生领域。

②学院风光

➢ 协和礼堂及东西庭

协和礼堂曾聆听过泰戈尔的诗篇，回响着百年前的管风琴声；东西庭内伫立着九位院校长的雕像，彰显着协和精神，是协和学子进行学术交流和文艺活动的重要场所。

（2）南湘雅（中南）

颜福庆于 1914 年创办中南大学湘雅医学院的前身湘雅医学专门学校；历经私立湘雅医学院、国立湘雅医学院和湖南医科大学等阶段，1996 年进入国家 211 工程重点建设行列，由卫生部和湖南省政府共建；2000 年 4 月，原中南工业大学、长沙铁道学院与原湖南医科大学合并为中南大学，并组建中南大学湘雅医学院。

学院素来治学严谨，造就了汤飞凡、张孝骞、谢少文、李振翩等一大批海内外有影响的医学专家。教学、科研、医疗水平之高超，深受国人称赞，曾享有"南湘雅、北协和"之盛誉。

①学科优势（该部分信息不同年份有微调，此处仅供参考）

➢ 国家重点学科：包括病理学与病理生理学、遗传学、药理学、精神病与精神卫生学、神经病学、外科学（胸心外）、内科学（内分泌与代谢病学）、耳鼻咽喉科学等 8 个国家重点学科，以及外科学（普外）1 个国家重点（培育）学科。

②学院风光

➢ 老门诊大楼

美国建筑师墨菲留在中国的作品，也是当时中国中南地区唯一的、设施先进的医院。红楼坐北朝南，正对着古城长沙的北门，最高处设计了一个瞭望台。整座建筑为砖木结构，四周红砖清水外墙，顶面以钢筋混凝土紧固，人字歇山屋顶，五处挑檐靴头爪角，上饰回纹收尾，盖栗色筒瓦，谷黄色正脊。室内为水磨石地面，楼梯嵌铜防滑条，大理石台面，墙面粉白色石膏。该建筑最初为三层（地下一层，地上二层），有三百余间房子，病床一百三十张。在民国时期曾遭到日本人的焚毁，抗战胜利后进行了修复并加高了一层。

（3）东齐鲁（山大）

山东大学齐鲁医学院有着悠久的历史和深厚的人文积淀，其源头可追溯至 1864 年创办于山东登州的文会馆，在 20 世纪 30 年代便享有"北协和、南湘雅、东齐鲁、西华西"的盛誉。百余年间，齐鲁医学院以培育医学精英、护佑人类健康为己任，秉承"博施济众广智求真"的院训，致力于培养造就基础宽厚、素质优良、医德高尚、富有创新精神的一流医药卫生人才，为医药卫生健康事业做出了重要贡献。

①学科优势（该部分信息不同年份有微调，此处仅供参考）

➤ 国家级一流本科专业建设点：临床医学、口腔医学、预防医学、护理学、药学、临床药学。

➤ 教育部基础学科招生改革试点专业（强基计划）：生物医学科学。

②学院风光

➤ 校友门

校友门落成于 1924 年，是原齐鲁大学的校门，为庆祝齐鲁大学建成 60 周年，千名校友捐赠 2000 银圆兴建了校友门。校友门坐南朝北，采用中国传统的三间三叠式的牌楼造型，整个大门颇像繁体的"齐"字，特别是左右侧的两层飞檐，给人一种展翅凌霄之感，寓意深厚。

(4) 西华西（川大）

华西医学中心前身私立华西协合大学由美国、英国、加拿大等 5 个教会组织在成都华西坝创办于 1910 年 3 月 11 日，历经华西大学、四川医学院、华西医科大学等阶段，于 1998 年成为首批 4 所 211 工程医学类院校之一。2000 年 9 月四川大学和华西医科大学合并，组建新四川大学，华西医科大学更名为四川大学华西医学中心。

①学科优势（该部分信息不同年份有微调，此处仅供参考）

➤ 国家级重点学科：呼吸系病学、普通外科学、外科学（胸心外科）、外科学（骨科）、内科学（消化系病）、肿瘤学、影像医学与核医学。

➤ 一级学科重点学科：口腔医学。

➤ 二级学科重点学科：内科学（呼吸系统疾病、消化系病）、外科学（骨外、普外、胸心外）、口腔临床医学、口腔基础医学、法医、儿科、生物医学工程、影像医学与核医学、妇产科、肿瘤学、营养与食品卫生学、药剂学、精神病与精神卫生学（重点培育）、麻醉学（重点培育）。

②学院风光

➤ 怀德堂

作为四川大学华西校区的标志性建筑，怀德堂不仅承载着深厚的历史底蕴，更是中西合璧建筑风格的杰出代表。怀德堂的主体建筑采用了中国传统的重檐歇山顶设计，屋顶覆盖着青灰色的琉璃瓦，在阳光下熠熠生辉。檐下的斗拱和雕花，以及檐角地翘起，都展现了中国传统建筑的精致和韵味。

（5）中同济（华科）

教育部直属重点综合性大学，由原华中理工大学、同济医科大学、武汉城市建设学院于 2000 年 5 月 26 日合并成立，是国家 211 工程重点建设和 985 工程建设高校之一，是首批"双一流"建设高校。

华中科技大学同济医学院前身为德国医师埃里希·宝隆博士于 1907 年创建的上海德文医学堂。1927 年，改名为国立同济大学医学院。1950 年，同济大学医学院内迁武汉，与武汉大学医学院合并，定名为中南同济医学院。1955 年，更名为武汉医学院。1985 年，改名为同济医科大学。2000 年，与华中理工大学、武汉城市建设学院合并，组建成华中科技大学。2000 年 6 月，华中科技大学同济医学院成立并挂牌。

①学科优势（该部分信息不同年份有微调，此处仅供参考）

➢ 国家重点学科（9 个）：生物物理学、病理学与病理生理学、内科学（心血管病）、内科学（血液病）、内科学（呼吸系统疾病）、外科学（普外）、外科学（泌尿外）、妇产科学、麻醉学。

➢ 国家重点（培育）学科（5 个）：内科学（传染病）、影像医学与核医学、少儿卫生与妇幼保健学、中西医结合基础、药理学。

➢ 湖北省重点学科（5 个）：基础医学、药学、临床医学、公共卫生与预防医学、中西医结合。

②学院风光

➢ 同济广场

同济医学院校内，东立 PET 中心，南邻二号教学楼，北接一号教学楼和医学院院史馆。视野开阔，典雅大气，各种树木花草交相辉映。广场分为东广场和西广场，东广场上有"同舟共济"四个金字，在阳光下熠熠生辉；西广场则矗立着人民医学家裘法祖的铜像，巨石两旁，镌刻着裘法祖院士"做人要知足，做事要不知足，做学问要知不足"的名言，鼓舞着来往师生。

7. 南北两药

（1）中国药科大学

中国药科大学坐落于江苏省南京市，是我国历史上第一所由国家创办的药学高等学府。学校秉承"精业济群"的校训精神，兴药为民、荣校报国、存心以仁、任事以诚，积淀了深厚的文化底蕴，铸就了独特的治校品格，正在努力成为"全球最受尊敬的药学高等学府"。

①名校风采

➤ 中国生物医药人才摇篮

中国药科大学荟萃了医药领域众多专家学者，走出了多位院士和一大批药学领域人才，如我国中医药界的一代宗师、我国历史上第一位执业药师、我国中药生物技术的开拓者等。

➤ 国家级教学成果奖

2000 年以来，中国药科大学获国家级教学成果奖（四年一届）一等奖 4 项、二等奖 9 项，是全国唯一一所连续三届获得国家级教学成果一等奖的高等医药院校。

➤ 中外合作项目

中国药科大学中外合作办学专业有临床药学、药学等，其中与英国斯特拉斯克莱德大学合作创办的药学专业，使用全英文教学且部分课程由外国教师来校面授。完成国内外课程的学习并符合学位授予条件者，可同时获得双边大学荣誉学士学位证书，毕业后可直接申请就读英方硕士课程。

②学科优势（该部分信息不同年份有微调，此处仅供参考）

➤ 国家"双一流"建设学科：中药学。

➤ 一级学科国家重点学科：药学。

➤ 二级学科国家重点学科：药物化学、药剂学、生药学、药物分析学、微生物与生化药学、药理学。

➤ 国家中医药管理局高水平中医药重点学科建设项目：中药化学、中药分析学、中药生命组学。

③特色专业例举

特色专业	就业方向	就业领域
药学	药品销售代理、医药代表、科研人员等	高校、科研院所、制药厂、医药研究所等
中药学	药师、中药炮制工、药物制剂工、药物检验员、医药商品购销员等	制药企业、医疗机构、高校等
药物化学	生物制药研究人员、医药技术研发人员、药品生产与质量管理人员、医药技术研发管理人员等	制药企业、生物科技公司、医疗器械公司、食品添加剂公司、科研院所、高校、医院等
临床药学	药剂师、医药代表、药品采购员、临床药师、药品反应监测人员、药物分析师、药品研发员等	医疗卫生单位、科研院、事业单位、大中型医药企业等

（2）沈阳药科大学

沈阳药科大学，简称沈药，位于辽宁省沈阳市，是省属综合性药科大学。学校1931年始建于江西瑞金，原为中国工农红军卫生学校调剂班，后随红军长征到达陕北；1941年在延安命名为中国医科大学药科。学校始终以医药及相关行业发展需求为导向，围绕学校办学定位、突出药学学科优势、坚持药学教育主线，适度拓展本科专业布局，持续优化本科专业结构，逐步形成了以药为主，跨医、工、理、管4个学科门类的本科专业结构布局。

①名校风采

➤ "最美阅读空间"

校本部图书馆建于1995年，目前使用面积2000平方米。南校区图书馆落成于2016年，启用于2017年，建筑面积2.5万平方米，采用"大流通"管理模式，整体为开放式布局，划分为资源建设区、信息共享服务区、书刊借阅区、特藏阅览区、读者研讨区、公共活动服务区以及教学研究区七大功能区，被省委宣传部授予辽宁省"最美阅读空间"称号，现已初步构建为设备齐全、功能完善、布局合理、数字化程度较高的现代化智慧图书馆。

➤ 中国最具国际影响力学术期刊

学校主办9种学术期刊（英文刊5种，中文刊4种），期刊种类齐全，实行梯度化、集群化发展模式。其中，英文刊 *Asian Journal of Pharmaceutical Sciences*（AJPS）是国内首个被SCI收录的药剂学期刊，2019年获得"中国科技期刊卓越行动计划"项目资助（资助5年），并于2019年到2023年连续五年入选"中国最具国际影响力学术期刊"。

②学科优势（该部分信息不同年份有微调，此处仅供参考）

➤ 国家级一流本科专业建设点：药学、制药工程、中药学、临床药学、生物工程、药物制剂、药物化学、生物制药、药物分析、药事管理、中药制药。

➤ 国家级特色专业：药学、制药工程、药物制剂、生物工程、中药学。

➤ 省级一流本科专业建设点：中药资源与开发、环境科学、生物医学工程、葡萄与葡萄酒工程。

③特色专业例举

特色专业	就业方向	就业领域
药学	药品销售代理、医药代表、科研人员等	高校、科研院所、制药厂、医药研究所等

续表

特色专业	就业方向	就业领域
中药学	科研人员、药物制剂工、药物检验员、医药商品购销员等	科研院所、制药企业、医疗机构、高校等
制药工程	生物制药研究人员、医药技术研发人员、药品生产、医药技术研发管理人员等	制药企业、科研机构、药品监管部门等

8. 电气二龙

(1) 华北电力大学（电气类专业）

华北电力大学简称"华电"，不仅是教育部直属全国重点大学，还是国家"211工程"和"985工程优势学科创新平台"重点建设大学。学校坚持以"四个面向"为指针，不断增强科技创新能力，攻克了能源电力行业大量关键技术难题，为推动能源电力高水平科技自立自强作出了重要贡献。

①学科优势（该部分信息不同年份有微调，此处仅供参考）

➢ 第二轮"双一流"建设学科：电气工程。

➢ 二级学科国家重点学科：电力系统及其自动化、热能工程。

➢ 国家985工程优势学科创新平台：电力科学与工程。

➢ 国家战略性新兴产业相关专业：新能源材料与器件、新能源科学与工程、智能电网信息工程、能源化学工程。

②学院风光

➢ 建校六十周年主题雕塑

雕塑整体共有内外、上下、虚实共六个圆形，线条流畅优美。雕塑主要由六块钢板锻造而成，外观像太阳，象征着能量之源。雕塑集风光水核等能源形式于一体，由六块钢板扭合形成回旋上升之态，显示着能源的循环转换与守恒不变之理，也代表着电力本原。太阳光波本质是电磁波，与学校电力特色遥相呼应。

(2) 武汉大学（电气类专业）

武汉大学电气与自动化学院的前身是 1959 年武汉水利电力学院成立的电力工程系。2000 年，随着武汉大学的组建，该系更名为武汉大学电气工程学院。2018 年，自动化系并入电气工程学院，随后更名为武汉大学电气与自动化学院。

①学科优势（该部分信息不同年份有微调，此处仅供参考）

➢ 教育部第一类特色专业：电气工程。

➢ 二级学科硕士学位授权点：电力系统及其自动化、高电压及绝缘技术、电力电子与电力传动、电工理论及新技术、测试计量技术及仪器、脉冲功率与等离子体技术、控制理论与控制工程。

➢ 2 个专业学位工程硕士点：电气工程、控制工程。

②学院风光

➢ 电力之光

雕塑以电力元素为设计灵感，通过抽象或具象的手法展现了电气的力量和美感。雕塑形态可能包括电流、电压、电阻等电力符号的巧妙结合，形成一个独特的视觉焦点。象征着电气学院在电气工程领域的领先地位和不断创新的精神。雕塑鼓励师生在学术研究中不断探索、追求真理，同时也代表着学院对未来科技发展的美好愿景。

9. 电气四虎

（1）清华大学（电气类专业）

清华大学电机工程与应用电子技术系（简称电机系）创立于 1932 年，是清华大学最早成立的 3 个工科系之一。1989 年率先将原电力系统自动化、高电压技术、电机三个专业合并为一个宽口径的"电气工程及其自动化"专业，列入全国专业推荐目录。

①学科优势（该部分信息不同年份有微调，此处仅供参考）

➤ 一级学科：电气工程。

➤ 国家重点学科：电力系统及其自动化、高电压与绝缘技术、电机与电器、电工理论与新技术。

②学院风光

➤ 电气工程实验教学中心

电气工程实验教学中心是电气学院的重要组成部分，拥有国内领先的实验教学设备和实验室。中心涵盖了电力系统、电力电子技术、电机与电力拖动等多个方向的实验课程，为师生提供了实践锻炼和科研创新的平台。通过实验教学，学生可以更好地理解理论知识，提高实践能力和创新能力。电气学院的师生可以充分利用实验教学中心的资源，进行实验操作、课程设计和科研项目。同时，中心也欢迎校外人员和合作伙伴前来参观和交流，共同推动电气工程领域的发展。

（2）西安交通大学（电气类专业）

西安交通大学电气工程学院是我国电气工程学科的发轫之地，拥有 116 年办学历史，1956 年整体西迁。学院主体学科电气工程是国家重点建设的 A＋学科，入选"世界一流学科"建设名单，同时涵盖控制科学与工程等一流学科，是我国学科设置最齐全的电气学院。学院首创"电气＋"发展理念，聚焦我国能源变革的重大需求，以解决我国电工领域未来发展中的瓶颈问题、关键问题为核心，全力打造电气工程领域原创理论与先进技术输出和领军型创新人才培养的高地，以科技创新和高端人才培养引领电气科学与技术发展。

①学科优势（该部分信息不同年份有微调，此处仅供参考）

➢ "双一流"建设学科：电气工程。

➢ 二级学科：电机与电器、电力系统及其自动化、高电压与绝缘技术、电力电子与电力传动、电工理论与新技术。

②学院风光

➢ 东一楼（电气学院楼）

西安交通大学电气工程学院拥有 116 年办学历史，其电气工程及自动化专业聚焦我国能源变革的重大需求，以"电气＋"为发展理念，在新型电力系统建设、新能源事业发展中发挥重要作用。作为电气学院的主要教学楼，东一楼不仅具有实用的教学功能，还体现了电气学院的学术氛围和创新精神。

（3）浙江大学（电气类专业）

浙江大学电气工程学院由原浙江大学电机工程学系（科）发展而来，始建于1920年，时称电机工程科，是我国创建最早的电机系（科）之一。"自动控制理论及应用"及"工业自动化"成为国家1981年首批确认的硕士点和博士点，2008年被评为国家级特色专业，2011年成为教育部首批"卓越工程师教育培养计划"试点专业，是我国自动化领域高层次专业人才的培养基地。

①学科优势（该部分信息不同年份有微调，此处仅供参考）

➢ 国家重点学科：电气工程、控制科学与工程。

➢ 二级学科：电机与电器、电力系统及其自动化、高电压与绝缘技术、电力电子与电力传动、电工理论与新技术、控制理论与控制工程。

②学院风光

➢ 科创总部大楼

浙江大学电气工程学院科创总部大楼位于浙江大学紫金港校区西侧独立地块的校园空间，是浙江大学电气工程学院"3＋X"科技创新中心，也是国际电气领域学术科技前沿的创新平台。大楼设有空中花园、空中连桥、绿化庭院，屋顶太阳能光伏、被动式绿色建筑，接近零碳排放标准，运用物联技术实现大楼智能自动控制，低碳运行，实现大楼全年单位面积能耗不超过15千克的二氧化碳排放量，打造绿色低碳智能大楼，体现出低碳和可持续发展的理念，也体现了电气的学科专业特色。

（4）华中科技大学（电气类专业）

华中科技大学电气与电子工程学院前身为华中工学院电力系，始建于 1952 年，1988 年改称华中理工大学电力工程系，2001 年建制华中科技大学电气与电子工程学院。2017 年学院电气工程入选国家首批"双一流"建设学科。

①学科优势（该部分信息不同年份有微调，此处仅供参考）

➤ "双一流"建设学科：电气工程。

➤ 国家一级重点学科：电气工程。

➤ 国家二级重点学科：电机与电器、电力系统及其自动化、高电压与绝缘技术、电力电子与电力传动、电工理论与新技术。

➤ 国防特色学科：电力电子与电力传动、电磁理论与新技术。

②学院风光

➤ 碳中和广场

主花坛在保留原有通风口的前提下，设计了"SEEE"和"1952"的造型，分别代表电气学院的英文简称和建院年份。广场还设计了标志性的通电螺线管造型，体现了电气学院"电"的特色。该广场正式挂牌名称为"碳中和广场"，源自我国 2020 年宣布的碳达峰、碳中和目标。这一命名展现了电气学院以实现"双碳"目标为己任，大力发展节能减排技术的决心。碳中和广场是师生们工作、学习之余绝佳的活动场所。在毕业之际，广场还会组织大型的毕业生活动，如毕业红毯仪式等，为毕业生们留下美好的回忆。

附录二　常见各国高校联盟

1. 美国常春藤院校

（1）普林斯顿大学

普林斯顿大学（Princeton University），简称普林斯顿，位于美国东海岸的新泽西州普林斯顿市，是一所私立研究型大学，隶属于普林斯顿董事会，是美国大学协会14所创始院校之一、常春藤联盟成员之一以及常春藤联盟中3所"大藤"院校之一，全球大学校长论坛成员，常年占据USNEWS全美综合大学排行榜榜首。

①院系设置

普林斯顿大学设有工程和应用科学院、建筑和城市设计学院、普林斯顿公共和国际事务学院三个学院，开设32个学系，专业可分为工程与应用科学、人文科学、自然科学和社会科学，共有40个本科专业。它是唯一一所不设商学院、法学院、医学院的高等学府，以数学、历史、古典哲学、理论和实验物理、英语文学和写作、政治学和经济学为优势专业。

②申请相关

➤ 语言要求

雅思：综合成绩7.0分以上。

托福：综合成绩110分以上。

➤ 申请时间

9月开学，8月—次年1月截止申请（不同专业申请和截止日期不同，详见学校官网）。

③学费费用

约5.3万美元—6.2万美元/年。

（2）哈佛大学

哈佛大学（Harvard University），简称哈佛，位于美国马萨诸塞州剑桥市，一所私立研究型大学，该校所有权属于哈佛大学管理委员会。该校是常春藤盟校、全球大学校长论坛、全球大学高研院联盟、美国大学协会、美国独立学院与大学协会、美国教育理事会成员。哈佛大学共有剑桥、奥尔斯顿、波士顿三个校区，由本科生哈佛学院、12个研究生专业学院以及拉德克利夫高级研究院组成，实行双会制法人制度的管理模式。

①院系设置

哈佛大学共设有 14 个学术单位，其中本科生教育主体由哈佛学院承担。全校总共设有 57 个本科专业、132 个研究生专业。

②申请相关

➤ 语言要求

雅思：综合成绩 7.0 分以上。

托福：综合成绩 110 分以上。

➤ 申请时间

9 月开学，8 月—次年 1 月截止申请（不同专业申请和截止日期不同，详见学校官网）。

③学费费用

约 4.9 万美元—7.3 万美元/年。

(3) 耶鲁大学

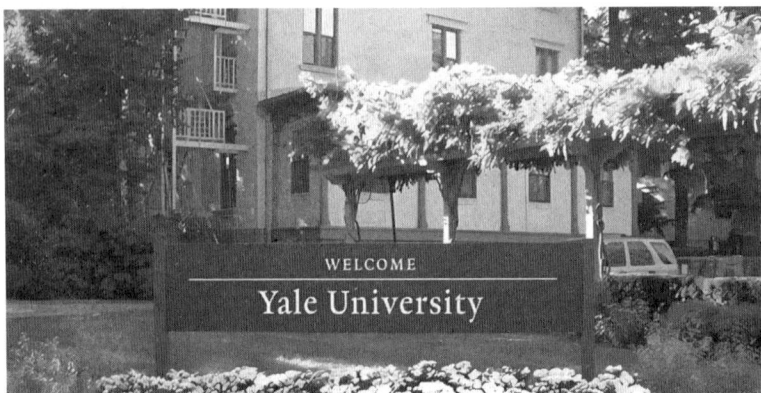

耶鲁大学（Yale University），简称耶鲁或 Yale，坐落于美国康涅狄格州纽黑文，是一所私立研究型大学，全美第三古老的高等学府、美国大学协会的 14 所创始院校之一、常春藤联盟成员、全球大学校长论坛成员、美国教育理事会成员、国际研究型大学联盟成员、美国独立学院与大学协会成员。

①院系设置

耶鲁大学共设有 15 个学院，分别是：耶鲁学院（本科生院）、耶鲁文理学院（研究生院）、建筑学院、艺术学院、神学院、戏剧学院、工程与应用科学院、林业与环境研究学院、法学院、商学院、医学院、音乐学院、护理学院、公共卫生学院以及宗教音乐所。学院与学院之间关系融洽，相互合作，学生可以获得多所学院共同授予的联合学位。学校注重小班教学，致力于为社会培养不同领域的专业领导型人才。

②申请相关

➤ 语言要求

雅思：综合成绩 6.5 分以上，单项不低于 6.0 分。

托福：综合成绩 100 分以上。

➤ 申请时间

9 月开学，8 月—次年 1 月截止申请（不同专业申请和截止日期不同，详见学校官网）。

③学费费用

约 4.7 万美元—6.7 万美元/年。

（4）宾夕法尼亚大学

宾夕法尼亚大学（University of Pennsylvania），简称宾大（UPenn，Penn），位于宾夕法尼亚州费城市，是一所私立研究型大学、常春藤盟校之一、美国大学协会创始成员、全球大学校长论坛成员。其创建于 1740 年，是美国第五古老的高等教育机构，也是美国第一所从事科学技术和人文教育的现代高等学校。该校的创建者是美利坚合众国著名开国元勋之一的本杰明·富兰克林。

①院系设置

截至 2023 年底，宾夕法尼亚大学设有 12 个学院，其中包括一些世界顶尖的本科和研究生课程。此外，学校还创立了多个创新项目、社团和奖项，例如 Penn Center for Innovation、Pennovation Works 和 Pennovation Center 等。

②申请相关

➢ 语言要求

雅思：综合成绩 6.5 分以上，单项不低于 5.5 分。

托福：综合成绩 100 分以上，写作和口语单项不低于 20 分。

➢ 申请时间

9 月开学，8 月—次年 1 月截止申请（不同专业申请和截止日期不同，详见学校官网）

③学费费用。

约 4.6 万美元—6.6 万美元/年。

（5）布朗大学

布朗大学（Brown University），简称布朗（Brown），坐落在美国罗得岛州首府普罗维登斯，是一所私立研究型大学，是全美第七古老的大学、八所常春藤盟校之一、美国大学协会成员，也是全美录取率最低的大学之一。

①院系设置

截至 2024 年 6 月，布朗大学设有 4 个学院，分别为工程学院、专业研究学院、公共卫生学院、沃伦阿尔珀特医学院。学校的系和部共有 44 个。公共卫生学院下设 4 个系：行为与社会科学系、生物统计学系、流行病学系以及卫生服务、政策与实践系。沃伦阿尔珀特医学院提供医学学士学位、理学硕士学位、公共卫生硕士或博士学位，以及医学博士学位。

②申请相关

➤ 语言要求

雅思：综合成绩 6.5 分以上。

托福：综合成绩 100 分以上。

➤ 申请时间

9 月开学，8 月—次年 1 月截止申请（不同专业申请和截止日期不同，详见学校官网）。

③学费费用

约 5.7 万美元—6.8 万美元/年。

（6）哥伦比亚大学

哥伦比亚大学（Columbia University in the City of New York），全称为纽约市哥伦比亚大学，简称哥大，位于美国纽约曼哈顿上城区，是一所顶尖私立研究型大学、美国大学协会 14 所创始院校之一，也是常春藤盟校之一、全球大学校长论坛成员，入选英国政府"高潜力人才签证计划"。

①院系设置

哥伦比亚大学下属 21 个院所，包括 4 所本科生学院：哥伦比亚学院、通识教育学院、工程与应用科学本科生院、巴纳德学院（女子本科生院）。4 所本科生学院分别招生，一同授课，师资、课程、毕业要求相同。

②申请相关

➢ 语言要求

雅思：综合成绩 7.0 分以上。

托福：综合成绩 105 分以上。

➢ 申请时间

9 月开学，8 月—次年 1 月截止申请（不同专业申请和截止日期不同，详见学校官网）。

③学费费用

约 1.8 万美元—4.8 万美元/年。

（7）康奈尔大学

康奈尔大学（Cornell University），主校区位于美国纽约州汤普金斯县伊萨卡市东北部，由康奈尔大学校董会主管，是一所私立大学，纽约州立大学的合作伙伴，是美国大学协会成员之一，为常春藤联盟成员校、国际大学气候联盟成员校、美国公立与赠地大学协会成员校、美国大学协会成员校。

①院系设置

康奈尔大学是一所综合性大学。截至 2024 年，拥有农业与生命科学学院、建筑艺术与规划学院、文理学院工程学院等 18 个学院。每个学院都有自己的专业领域和教学特色。学院共有 4 所合同学院。截至 2023 年 7 月，该校共有近 80 个本科主修专业和 122 个辅修专业。

②申请相关

➤ 语言要求

雅思：综合成绩 6.5 分以上，写作单项不低于 6.5 分，阅读、听力和口语单项不低于 6.0 分。

托福：综合成绩 100 分以上。

➤ 申请时间

9 月开学，8 月—次年 1 月截止申请（不同专业申请和截止日期不同，详见学校官网）。

③学费费用

约 4.9 万美元—6.3 万美元/年。

（8）达特茅斯学院

达特茅斯学院（Dartmouth College），又译成达慕思大学，创建于 1769 年 12 月 13 日，位于美国新罕布什尔州汉诺威镇，一所顶尖私立研究型综合性大学。达特茅斯是 8 所常春藤盟校之一，也是建校早于美国建国的 9 所殖民地学院之一、美国大学协会成员、美国教育理事会成员、昴宿星大学联盟成员、北极大学联盟成员。

①院系设置

达特茅斯学院除拥有文学艺术类的本科课程外，还拥有医学院、工程学院、商学院以及 18 个自然科学和人文社科方面的研究生项目，基于此，按照美国的通行标准，达特茅斯学院被称为"大学"似乎更为合适。然而鉴于传统的影响，并为了突出该校对于本科教育的极度重视，达特茅斯一直以"学院"名世。达特茅斯是常春藤联盟中招生规模最小的学校。

②申请相关

➤ 语言要求

雅思：综合成绩 7.0 分以上。

托福：综合成绩 100 分以上。

➤ 申请时间

9 月开学，8 月—次年 1 月截止申请（不同专业申请和截止日期不同，详见学校官网）

③学费费用

约 6.3 万美元—7.8 万美元/年。

2. 加拿大 U15 研究型大学联盟

（1）麦吉尔大学

麦吉尔大学（McGill University），坐落在加拿大魁北克省蒙特利尔市，是一所蜚声全球的世界顶尖名校。学校成立于1821年英国殖民地时期，是加拿大老四校中最古老的一所，百年来一直在国际上极富盛誉，教学及研究水准享誉世界，素有"北方哈佛"之称。

①院系设置

麦吉尔大学一共有22个院系学院，分为11个 Faculties 和11个 Schools，并有4所附属医院，提供超过340个本科学术项目和超过250个博士点和硕士项目。麦吉尔大学以世界顶尖的医学、文学、法学、工程、自然科学和农学著名，并为学生提供了广泛的课程学习。

②申请相关

➢ 语言要求

雅思：综合成绩6.5分以上，单项不低于6分。

托福：综合成绩90分以上，单科不低于20分。

➢ 申请时间

9月开学，8月—次年1月截止申请（不同专业申请和截止日期不同，详见学校官网）。

③学费费用

约3.4万加元—7.2万加元/年。

（2）多伦多大学

多伦多大学（University of Toronto），是一所公立联邦制研究型大学。学校历史悠久，前身为 1827 年建立的"国王学院"，1849 年国王学院脱离圣公会不再属于宗教大学，改称"多伦多大学"。受英国大学制度影响，多伦多大学是北美少数实行独立书院制的学府，各书院享有高度自治权。

①院系设置

截至 2024 年 5 月，多伦多大学拥有 18 个学术项目，包括 16 个学院和 2 所分校。

②申请相关

➤ 语言要求

雅思：综合成绩 6.5 分以上，单项不低于 6.0 分。

托福：综合成绩 100 分以上，写作和口语单项不低于 22 分。

➤ 申请时间

9 月开学，8 月—次年 1 月截止申请（不同专业申请和截止日期不同，详见学校官网）。

③学费费用

约 3.3 万加元—6.1 万加元/年。

（3）不列颠哥伦比亚大学

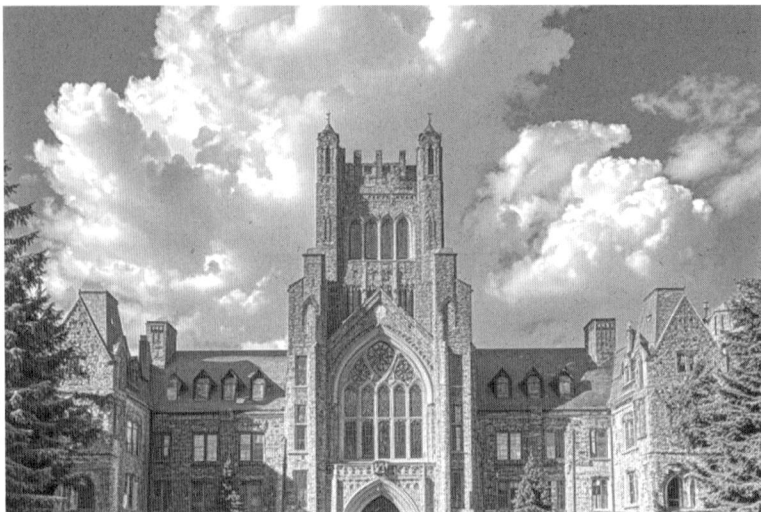

不列颠哥伦比亚大学（University of British Columbia），又译英属哥伦比亚大学等，简称 UBC，位于加拿大温哥华市，是一所公立综合类研究型大学。不列颠哥伦比亚大学是加拿大 U15 研究型大学联盟、环太平洋大学联盟、全球大学高研院联盟、Universitas 21 和英联邦大学协会成员。

①院系设置

不列颠哥伦比亚大学教学与科研实力很强，它涉及的领域非常广泛，提供人文、自然科学、医学、法学、商学等领域的本科、研究生课程及一些专业课程。该校共有25 个院系，设有农业经济学、森林资源管理、计算机学、营养学、石油勘探工程、地理学、艺术等 70 多个专业。

②申请相关

➤ 语言要求

雅思：综合成绩 6.5 分以上，单项不低于 6.0 分。

托福：综合成绩 90 分以上，读、听单项不低于 21 分，写、说单项不低于 20 分。

➤ 申请时间

9 月开学，10 月—次年 1 月截止申请（不同专业申请和截止日期不同，详见学校官网）。

③学费费用

约 3.2 万加元—4 万加元/年。

(4) 拉瓦尔大学

拉瓦尔大学（Laval University），加拿大 U15 研究型大学联盟成员，是一所高等研究型学府。该校位于魁北克省魁北克市，为北美地区建立的第 4 所高等教育机构，也是加拿大的第一所大学，也是该地区最古老的法语大学和加拿大主要大学之一，是一所著名公立大学。

①院系设置

拉瓦尔大学一共有 18 个院系学院，提供超过 300 多个本科学术项目和超过 250 个博士点和硕士项目。拉瓦尔大学以神经系统科学、光学、光电与激光技术、林学与测绘学、基因组学、环境科学、古典研究等领域专业著称，为学生提供了丰富的课程。

②申请相关

➤ 语言要求

雅思：综合成绩 6.5 分以上，单项不低于 6.0 分。

托福：综合成绩 86 分以上，读、听单项不低于 21 分，写、说单项不低于 20 分。

➤ 申请时间

每年 1 月、5 月、8 月开学，每年有多次申请机会（不同专业申请和截止日期不同，详见学校官网）。

③学费费用

约 1.9 万加元—2.6 万加元/年。

（5）女王大学

女王大学（Queen's University）始建于 1841 年，坐落于加拿大安大略省金斯顿市，是加拿大著名学府，也是一所世界一流公立研究型大学。该校是加拿大 U15 研究型大学联盟成员。女王大学拥有近两百年的学术积累及深厚的校友人脉网络，在北美享有极高的声誉，也是加拿大的知名学校。女王大学有着加拿大最高的本科毕业率达 89.2%，就业率达 94.2%。

①院系设置

女王大学开设有 8 个学院，开设的专业覆盖了基本的学术及学科领域，包括应用科学、文理、商科、教育、研究院、法律、护理、体育、康复治疗、神学、艺术等，同时学校不断增加其他具有领导性的专业。

②申请相关

➢ 语言要求

雅思：综合成绩 6.5 分以上，单项不低于 6.0 分。

托福：综合成绩 90 分以上，写作单项不低于 24 分，听力单项不低于 20 分，口语和阅读单项不低于 22 分。

➢ 申请时间

9 月开学，10 月—次年 3 月截止申请（不同专业申请和截止日期不同，详见学校官网）。

③学费费用

约 2.2 万加元—4.5 万加元/年。

(6) 麦克马斯特大学

麦克马斯特大学（McMaster University），简称麦马，是加拿大顶尖的 6 所大学之一，也是世界著名学府和世界百强大学。全校约五分之一的本科学生来自全球的 120 多个国家和地区，国际学生的来源多样化，让学生在本土文化浓郁的校园氛围中，依旧能够接触到来自世界各地的文化。

①院系设置

麦大设有 6 个学院，提供 160 多项本科专业和 70 多项研究生专业。不但传统工业如能源、材料、制造（北美第一）、机械等在加拿大首屈一指，而且在高科技领域，例如数字通信、电脑硬件方面，同样在北美处于领先地位。麦大也有加拿大唯一可以和 McGill 相媲美的医学院和一流商学院。麦大因其一百多年来在工业界的声誉而常常被美国同行及工业界称为"加拿大 MIT"。

②申请相关

➤ 语言要求

雅思：综合成绩 6.5 分以上，单项不低于 6.0 分。

托福：综合成绩 86 分以上，单项不低于 20 分。

➤ 申请时间

9 月入学，8 月—次年 1 月截止申请（不同专业申请和截止日期不同，详见学校官网）。

③学费费用

约 2.7 万加元—5.1 万加元/年。

（7）滑铁卢大学

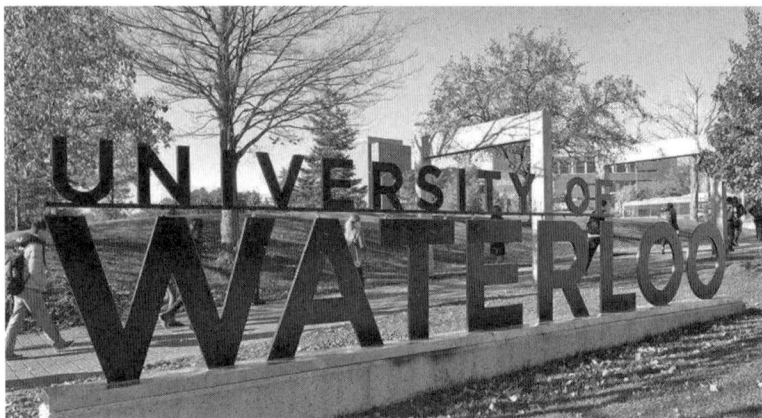

滑铁卢大学（University of Waterloo），位于加拿大安大略省的滑铁卢市，以其卓越的学术声誉和创新精神而闻名。滑铁卢大学成立于 1957 年，现已发展成为加拿大乃至全球领先的研究型大学之一，特别在工程、计算机科学和数学等领域具有很高的国际声誉。

①院系设置

滑铁卢大学共有 6 个学院，分别为医疗科学院、文学院、数学学院、工程学院、理学院、环境学学院。学校共授予 100 多个本科学位专业，28 个硕士及博士学位专业。

②申请相关

➤ 语言要求

雅思：综合成绩 6.5 分以上，听力和阅读单项不低于 6.0 分，口语和写作单项不低于 6.5 分）。

托福：综合成绩 90 分以上，口语和写作单项不低于 25 分。

➤ 申请时间

9 月入学，10 月—次年 2 月截止申请（不同专业申请和截止日期不同，详见学校官网）。

③学费费用

约 5 万加元—7.3 万加元/年。

(8) 阿尔伯塔大学

阿尔伯塔大学（University of Alberta），简称 UA，始建于 1908 年，位于加拿大阿尔伯塔省省会埃德蒙顿市中心，是一所世界著名的研究型大学。作为加拿大 U15 研究型大学联盟创始成员，阿尔伯塔大学在地球科学、石油化工、化学、商学、农学、生物医学等领域享有盛誉。其人工智能专业在全球处于领先地位，曾培养出 Alpha Go 的主要作者等杰出人才。

①院系设置

阿尔伯塔大学拥有 3 个学院，即健康科学学院（College of Health Sciences）、自然与应用科学学院（College of Natural ＋ Applied Sciences）和社会科学与人文学院（College of Social Sciences ＋ Humanities）。该校设有 17 个院系和 2 个附属学院（圣约瑟夫学院和圣史蒂芬学院）。

②申请相关

➢ 语言要求

雅思：综合成绩 6.5 分以上，单项不低于 6 分。

托福：综合成绩 90 分以上，单项不低于 21 分。

➢ 申请时间：

9 月入学，10 月—次年 3 月截止申请（不同专业申请和截止日期不同，详见学校官网）。

③学费费用

约 3.7 万加元—5.1 万加元/年。

（9）达尔豪斯大学

达尔豪斯大学（Dalhousie University），简称 Dal，是位于加拿大新斯科舍省的一所综合性研究型大学。该校本部设在省会城市哈利法克斯，分为斯塔德利（Studley）、卡尔顿（Carleton）、塞克斯顿（Sexton）三个小型校区。农业校区设于省内的特鲁罗（Truro）；位于省内雅茅斯的校区用于护理学学士学位的部分实训；在位于新不伦瑞克省的圣约翰（Saint John）设有医学教育课程，由该校医学院、新不伦瑞克省政府、新不伦瑞克大学和达尔豪斯大学医学院合作完成。达尔豪斯大学在其13 个一级学院/部中提供两百多个学位和四千多门课程。该大学是加拿大 U15 研究型大学联盟的成员之一。

①院系设置

达尔豪斯大学共有 4 个校区，下设 13 个学术院系，提供了 200 多个学士、90 多个硕士课程和 40 多个博士课程，涵盖了众多领域的学科内容，其中以商科、法律、计算机、环境研究、医科、牙医、生物、海洋研究和药剂学尤为杰出。

②申请相关

➤ 语言要求

雅思：综合成绩 6.5 分以上，单项不低于 6.0 分。

托福：综合成绩 90 分以上，单项不低于 20 分。

➤ 申请时间

9 月入学，10 月—次年 4 月截止申请（不同专业申请和截止日期不同，详见学校官网）。

③学费费用

约 1.8 万加元—4.9 万加元/年。

(10) 渥太华大学

渥太华大学（University of Ottawa），简称渥大、uOttawa 或 UofO，始建于 1848 年，位于加拿大首都渥太华。渥太华大学是加拿大顶级研究型大学，加拿大最古老、全球规模最大的英法双语大学，G7 国家 U7 顶级大学联盟成员，加拿大 U15 研究型大学联盟成员，英联邦大学协会成员；其前身是无玷圣母献主会在 1848 年创办的 Bytown 学院，1866 年获得由维多利亚女王颁发的皇家特许状（Royal Charter，加拿大仅有 9 所大学拥有），1965 年重组出渥太华大学和圣保罗大学。

①院系设置

渥太华大学下设十大学院——管理学院、文学院、艺术学院、教育学院、工程院、卫生学院、法学院、医学院、理学院和社会科学学院，开设有 200 多个专业，其中学士学位专业近 120 个。渥太华大学具有加拿大大学中第一个也是最大的法语浸入式教学项，具有加拿大最大的法学院，是国家首都地区的主要经济力量之一。

②申请相关

➤ 语言要求

雅思：综合成绩 6.5 分以上，写作单项不低于 6.5 分。

托福：综合成绩 86 分以上，单项不低于 22 分。

➤ 申请时间

9 月入学，10 月—次年 1 月截止申请（不同专业申请和截止日期不同，详见学校官网）。

③学费费用

约 2.1 万加元—3.1 万加元/年。

(11) 韦仕敦大学

韦仕敦大学（Western University），又名西安大略大学（The University of Western Ontario），位于加拿大安大略省伦敦市，是一所加拿大顶尖的研究型大学。大学在全球高等教育机构中排名前 1‰，是加拿大 15 所顶尖研究型大学联盟 U15 的创始成员。

①院系设置

韦仕敦大学拥有三大本科学院，12 个科系，2 个教学医院及 3 个附属研究所。

②申请相关

➤ 语言要求

雅思：综合成绩 6.5 分及以上，单项不低于 6.0 分。

托福：综合成绩 90 分以上，单项不低于 22 分。

➤ 申请时间

9 月开学，9 月—次年 2 月截止申请（不同专业申请和截止日期不同，详见学校官网）。

③学费费用

约 3.9 万加元—5.3 万加元/年。

(12) 曼尼托巴大学

曼尼托巴大学（University of Manitoba）简称曼大，坐落于加拿大曼尼托巴省温尼伯市，建于1877年，是加拿大西部的第一所大学，也是一所公立综合性研究型大学。该校作为加拿大顶级大学之一，是曼尼托巴省最著名及规模最大的大学，有140年的建校历史，在麦克林杂志加拿大医博类大学排名中位列第13名 CWUR 世界大学排名加拿大第11位，软科排名加拿大第8位，USNEWS 第14位。

①院系设置

2023年，曼尼托巴大学的22个系总共录取了大约30000名学生，该校的多数学科招收硕士和博士。

②申请相关

➤ 语言要求

雅思：综合成绩6.5分以上，单项不低于6.0分。

托福：综合成绩86分以上，单项不低于20分。

➤ 申请时间

9月开学，9月—次年1月截止申请（不同专业申请和截止日期不同，详见学校官网）。

③学费费用

约1.8万加元—2.7万加元/年。

（13）萨斯喀彻温大学

萨斯喀彻温大学（University of Saskatchewan），简称萨省大学，是加拿大中部一所著名的公立大学。其成立于1907年，位于加拿大中部萨斯喀彻温省萨斯卡通市，是加拿大 U15 研究型大学联盟成员。学校培养出2位诺贝尔奖得主、73位罗德学者、5位奥林匹克金牌得主、1位奥斯卡奖得主、1位加拿大总理。计算机科学专业研究影响力名列加拿大第一位。其中计算机系的要求极为严格，淘汰率大约是 75%，从 2008 年开始每年从计算机系毕业的学生为 25 人左右，毕业之后基本会被 Google、微软、IBM 等大公司或高技术公司录用。

①院系设置

萨斯喀彻温大学治学严谨，教学质量高，设有 17 大院系和 1 个继续教育中心，提供农业、商学、艺术、牙科、工程学、环境、法律、医学、护理学等各个学科的教学，设有 50 余个本科学位、70 余个硕士学位和 80 余个博士学位。该校的重点研究领域包括光源同步加速器研究、疫苗和传染病研究等。在加拿大各报刊以及研究机构的排行榜中，萨斯喀彻温大学稳居加拿大研究型大学前十位。

②申请相关

➤ 语言要求

雅思：综合成绩 6.5 分以上。

托福：综合成绩 80 分以上，阅读和听力单项不低于 19 分以上，写作和口语单项不低于 18 分。

➤ 申请时间

9 月开学，9 月—次年 2 月截止申请（不同专业申请和截止日期不同，详见学校官网）。

③学费费用

约 3.6 万加元—5.4 万加元/年。

（14）卡尔加里大学

卡尔加里大学（University of Calgary），简称卡大，是位于加拿大阿尔伯塔省卡

尔加里市西北部的著名研究型大学。作为加拿大顶级大学之一，该校的前身是阿尔伯塔大学卡尔加里分校。在 2016 年 QS 建校 50 年以内世界年轻大学排名全球第 9，北美第 1 位；在 2022—2023 年 U. S. News 世界大学排名第 175 位，2024 年 QS 世界大学排名第 182 位，2024 年软科世界大学学术排名第 151—200 位。

①院系设置

卡尔加里大学有十多个院系，分别是：传媒与文化学院、教育学院、继续教育学院、环境设计学院、美术学院、商学院、人类学院、运动机能学院、法学院、医学院、护理学院、工程学院、理学院、社会科学学院、兽医学院。此外还有研究生院和 36 个研究中心。

②申请相关

➤ 语言要求

雅思：综合成绩 6.5 分以上，单项不低于 6.0 分。

托福：综合成绩 86 分以上，单项不低于 20 分。

➤ 申请时间

9 月开学，8 月—次年 3 月截止申请（不同专业申请和截止日期不同，详见学校官网）。

③学费费用

约 3.3 万加元—4.1 万加元/年。

（15）蒙特利尔大学

蒙特利尔大学（Université de Montréal）是一所主校区位于加拿大魁北克省蒙特利尔市的以法语为主要教学语言、提供极少量以英语或西班牙语授课的课或课程的公立研究型大学，其前身是由罗马教廷创办于 1878 年的拉瓦尔大学蒙特利尔校区，并

于 1919 年 5 月 8 日独立而变更为现名。

①院系设置

蒙特利尔大学的学院及学部涵盖了从音乐到自然科学、法律、人文和健康的所有知识领域。其中包括：规划学部、文理学部、法学部、医学部、牙医学部、兽医学部、音乐学部、视光学院、药剂学部、公共卫生学院、教育科学学部、护理科学学部、持续教育学部、蒙特利尔工学院、蒙特利尔高等商学院。

②申请相关

➤ 语言要求

蒙特利尔大学以法语为主要教学语言，因此申请者需要具备一定的法语语言能力，如果申请者选择英语授课的课程，则需要提供英语测试结果，如雅思或托福成绩。

雅思：综合成绩 6.5 分以上。

托福：综合成绩 80 分以上。

➤ 申请时间

9 月开学，11 月—次年 4 月截止申请（不同专业申请和截止日期不同，详见学校官网）。

③学费费用

约 1.8 万加元—2.7 万加元/年。

3. 英国 G5 院校

(1) 牛津大学

牛津大学（University of Oxford），位于英国牛津市，是世界上最古老的高等教育机构之一，成立于 12 世纪，至今已有超过 800 年的历史。牛津大学作为世界顶尖学府，凭借其在教育、科研、医学、数学、经济和历史等领域的卓越成就，享有盛誉。

①院系设置

牛津大学拥有众多专业，其中包括：艺术、音乐、哲学、化学、数学、计算机科学、材料学、工程学、心理学、医学、考古学、商科、经济学、法学、社会学等。其优势专业集中在教育、科研、医药、数学、经济及历史等各领域。

②申请相关

➤ 语言要求

雅思：综合成绩 7.0 分以上，单项不低于 6.5 分。

托福：综合成绩 110 分以上，单项口语不低于 25 分，阅读和写作单项不低于 24 分，听力单项不低于 22 分。

➤ 申请时间

9 月开学，9—11 月截止申请（不同专业申请和截止日期不同，详见学校官网）。

③学费费用

约 2.9 万英镑—5.3 万英镑/年。

（2）剑桥大学

剑桥大学（University of Cambridge），简称"剑桥"，是一所坐落于英国剑桥郡剑桥市采用传统学院制的顶尖研究型大学。学校是罗素大学集团、全球大学校长论坛、全球大学高研院联盟、国际应用科技开发协作网、剑桥大学医疗伙伴联盟成员，衍育了科技聚集地"硅沼（Silicon Fen）"，被誉为"金三角名校""G5 大学"。

①院系设置

剑桥大学拥有众多专业，具体如下。

➤ 哲学：哲学、神学、伦理学、宗教学、社会学、政治学、经济学、历史学、文学、语言学、数学、物理学、化学、生物学、地理学、计算机科学、心理学、法学、医学、艺术及设计等。

➤ 工程：机械工程、电子工程、计算机工程、航空航天工程、环境工程、土木工程、能源工程、材料工程、生物医学工程等。

➤ 社会科学：社会学、政治学、经济学、历史学、心理学、社会政策、社会工作、社会研究、社会心理学、社会学研究、社会学理论、社会学方法、社会学史、社会学统计学、社会学经济学、社会学政治学、社会学文化学等。

➤ 医学：临床医学、口腔医学、公共卫生、药学、护理学、精神病学、儿科学、内科学、外科学、妇产科学、肿瘤学、眼科学等。

②申请相关

➤ 语言要求

雅思：综合成绩 7.0 分以上，单项不低于 6.0 分。

托福：综合成绩 110 分以上，单项不低于 25 分。

➤ 申请时间

9 月开学，9—11 月截止申请（不同专业申请和截止日期不同，详见学校官网）。

③学费费用

约 2.5 万英镑—6.4 万英镑/年。

（3）伦敦大学学院

伦敦大学学院简称 UCL，建校于 1826 年，位于英国伦敦，是一所世界顶尖公立

综合研究型大学，排名稳居世界前 10，为享有顶级声誉的英国老牌名校。它是伦敦大学联盟的创校学院，与剑桥大学、牛津大学、帝国理工学院、伦敦政治经济学院并称"G5 超级精英大学"。

①院系设置

伦敦大学学院共设 11 所学院，下属 72 个系，其中 60 个系达到世界学术先进水平。这 11 所学院包括：艺术与人文科学、建筑环境学院、脑科学院、工程科学院院、法学院、生命科学学院、数学与物理科学学院、医学院、公共健康科学学院、人口卫生科学学院、社会与历史学学院。

②申请相关

➤ 语言要求

雅思：综合成绩 6.5 分以上，单项不低于 6.0 分。

托福：综合成绩 92 分以上，阅读单项不低于 24 分，写作单项不低于 30 分，口语单项不低于 20 分，听力单项不低于 30 分。

➤ 申请时间

9 月开学，10 月—次年 6 月截止申请（不同专业申请和截止日期不同，详见学校官网）。

③学费费用

约 2.6 万英镑—4.4 万英镑/年。

(4) 帝国理工学院

帝国理工学院（Imperial College London），全称为帝国科学技术与医学学院（Imperial College of Science，Technology and Medicine），位于英国伦敦，是一所公立研究型大学，并以工程专业而著名。学校是金三角名校、罗素大学集团、欧洲研究型

大学联盟、国际科技大学联盟、全球大学校长论坛参与院校，被誉为"G5 超级精英大学"之一。

①院系设置

帝国理工学院共设 4 个学院，分别为工程学院、自然科学学院、医学院和商学院，提供本科以及研究生教育。

➤ 工程学院下设 10 个院系：航空工程系、生物工程系、化学工程系、土木与环境工程系、计算机系、Dyson 设计工程学院、地球科学和工程学系、电气与电子工程系、材料科学和工程系、机械工程系。

➤ 自然科学学院下设 5 个院系：化学系、生命科学系、数学系、物理系、环境政策中心。

➤ 医学院下设 8 个院系：脑科学系、免疫学与炎症系、传染病系、临床科学研究院、代谢消化和生殖系、国家心肺研究院、公共卫生学院、外科和肿瘤系。

➤ 商学院下设 3 个院系：金融系、创新与创业系、管理系。

②申请相关

➤ 语言要求

雅思：综合成绩 7.0 分以上，单项不低于 6.5 分。

托福：综合成绩 100 分以上，单项不低于 20 分。

➤ 申请时间

9 月开学，8 月—次年 5 月截止申请（不同专业申请和截止日期不同，详见学校官网）。

③学费费用

约 2.6 万英镑—5.6 万英镑/年。

（5）伦敦政治经济学院

伦敦政治经济学院（The London School of Economics and Political Science）是一所位于英国伦敦的公立研究型大学，是伦敦联邦大学、罗素大学集团 和欧洲社会科学大学联盟的成员，与牛津大学、剑桥大学、帝国理工大学、伦敦大学学院共同誉为英国五大顶尖大学（G5）。

①院系设置

伦敦政治经济学院开设有以下院系及研究所：会计学、人类学、经济学、经济史、金融学、性别研究、地理与环境学、政府学、卫生政策、国际发展、国际历史、国际关系、管理学、数学、媒体与传播、方法论、哲学、逻辑与科学方法、心理与行为科学、社会政策、社会学、统计学、数据科学研究所、欧洲研究所、菲罗兹·拉尔吉非洲研究所、国际不平等研究所、马歇尔研究所、法学院、公共政策学院、语言中心。

②申请相关

➢ 语言要求

雅思：综合成绩 7.0 分以上，单项不低于 7.0 分。

托福：综合成绩 107 分以上，单项不低于 25 分。

➢ 申请时间

9 月开学，10 月—次年 4 月截止申请（不同专业申请和截止日期不同，详见学校官网）。

③学费费用

约 2.8 万英镑—3.4 万英镑/年。

4. 英国红砖大学

（1）伯明翰大学

伯明翰大学（University of Birmingham）始建于 1825 年，是位于英国第二大城市伯明翰的世界百强名校、英国老牌名校。该校是英国著名的 6 所"红砖大学"中的首位成员，也是英国 12 所精英大学之一，同时也是英国常春藤联盟"罗素大学集团"核心成员、M5 大学联盟成员、国际大学组织"Universitas 21"创始成员中英大学工程教育与研究联盟成员。伯明翰大学商学院是英国高等教育界最早建立的商学院，获得 AACSB、AMBA 和 EQUIS 三大认证的世界 1% 的顶尖精英商学院。

①院系设置

伯明翰大学共设 5 所学院，具体如下。

➤ 文科与法律学院：英语、戏剧与美国加拿大研究学院，历史与文化学院，语言、文化、艺术史与音乐学院，伯明翰法学院，哲学、神学与宗教学院。

➤ 工程与物理学院：化学学院，化工学院，土木工程学院，计算机科学学院，电子学院，电机学院，数学学院，机械工程学院，冶金和材料学院，物理和天文学院。

➤ 生命与环境科学学院：生物科学学院，地球科学学院，地球与环境科学学院，心理学院，体育和运动科学学院。

➤ 医学与牙医科学学院：癌症科学学院，临床和实验医学学院，牙科学院，健康与人口科学学院，免疫和感染学院。

➤ 社会科学学院：伯明翰商学院，教育学院，政府与社会学院。

②申请相关

➤ 语言要求

雅思：综合成绩 6.5 分以上。

托福：综合成绩 80 分以上，听力单项不低于 21 分，其他单项不低于 19 分。

➤ 申请时间

9 月开学，10 月—次年 6 月截止申请（不同专业申请和截止日期不同，详见学校官网）。

③学费费用

约 2.2 万英镑—4.9 万英镑/年。

（2）曼彻斯特大学

曼彻斯特大学（University of Manchester），简称曼大，位于英国第二繁华城市曼彻斯特，是一所公立研究型综合大学。曼彻斯特大学是英国"红砖大学"、英国罗素集团的创始成员、大学研究协会、国际大学气候联盟成员。其学术研究水平在卓越研究框架（REF）中位列英国前十。

①院系设置

截至 2024 年 5 月，曼彻斯特大学由人文学院、生物/医学与健康学院、科学与工程学院三个学部组成，总共下设 9 个学院。其中，人文学院包含曼彻斯特联盟商学院、艺术/语言和文化学院、环境/教育与发展学院、社会科学学院。生物/医学与健康学院包含生物科学学院、医疗科学学院、健康科学学院。科学与工程学院包含工学院和自然科学学院。

②申请相关

➢ 语言要求

雅思：综合成绩 6.0 分以上，单项不低于 5.5 分。

托福：综合成绩 100 分以上，单项不低于 22 分。

➢ 申请时间

9 月入学，10 月—次年 7 月截止申请（不同专业申请和截止日期不同，详见学校官网）。

③学费费用

约 1.9 万英镑—3.1 万英镑/年。

（3）布里斯托大学

布里斯托大学（布大，University of Bristol），于 1876 年始建，坐落于英格兰布里斯托，是一所世界 50 强名校，以"学术卓越创新与独立前瞻性精神相结合"享誉全球，也是英国常春藤联盟罗素大学集团与科英布拉集团创始成员、英国著名的六所红砖大学之一、世界大学联盟成员、欧洲大学协会成员。

①院系设置

该校有文学、工程学、健康科学、生命科学、科学以及社会科学和法学六个学部。学部下设学院、科系和研究中心，其中以医学院和工程学院最为著名。

②申请相关

➢ 语言要求

雅思：综合成绩 6.5 分以上，单项不低于 5.5 分。

托福：综合成绩 83 分以上，各单项分别不低于，阅读 24 分、听力 22 分、口语 21 分、写作 20 分。

➢ 申请时间

9 月入学，9 月—次年 6 月截止申请（不同专业申请和截止日期不同，详见学校官网）。

③学费费用

约 2.1 万英镑—4.1 万英镑/年。

（4）谢菲尔德大学

谢菲尔德大学（The University of Sheffield），简称谢大或 TUOS，是一所位于英国南约克郡谢菲尔德的公立研究型大学。有别于传统校园大学，谢大为开放式大学城，其 430 座教学建筑大多坐落于市中心以西各处。谢大由六所学院及 50 个学系组成，为一所综合型高等学府。

①院系设置

截至 2024 年 5 月，学校下设 5 个学院，38 个院系（部门）。2024—2025 学年，学校开设本科生课程 217 项，包含 22 种学位。

②申请相关

➢ 语言要求

雅思：综合成绩 6.5 分以上，单项不低于 6.0 分。

托福：综合成绩 80 分以上，听力和写作单项不低于 17 分、阅读单项不低于 18 分、口语单项不低于 20 分。

➢ 申请时间

9 月入学，9 月—次年 6 月截止申请（不同专业申请和截止日期不同，详见学校官网）。

③学费费用

约 1.5 万英镑—3.6 万英镑/年。

（5）利兹大学

利兹大学（University of Leeds），位于英格兰北部利兹市，是一所公立综合性研究型大学、世界百强名校、英国罗素大学集团创始成员、英国著名的六所"红砖大学"之一、世界大学联盟成员、白玫瑰大学联盟成员、N8 大学联盟成员、江苏-英国高水平大学 20＋20 联盟成员。利兹大学商学院获 AACSB、EQUIS 和 AMBA 三重认证，是全球商学院网络、"一带一路"商学院联盟、中欧商校联盟成员。

①院系设置

利兹大学共设 9 大学部，学部包括：文学学部；生物科学学部；商学部；教育、社会科学与法律学部；工程学部（包括计算机部）；环境学部；数学和物理科学学部；医学与健康学部；表演、视觉艺术与交流学部。其中，每一个学部下设不同的学院、研究所、研究中心。

②申请相关

➤ 语言要求

雅思：综合成绩 6.5 分以上，单项不低于 5.5 分。

托福：综合成绩 88 分以上，听力单项不低于 19 分，阅读单项不低于 20 分，写作单项不低于 21 分，口语单项不低于 22 分。

➤ 申请时间

9 月入学，9 月—次年 6 月截止申请（不同专业申请和截止日期不同，详见学校官网）。

③学费费用

约 2.2 万英镑—3.9 万英镑/年。

（6）利物浦大学

利物浦大学（University of Liverpool）始建于 1881 年，1903 年获得皇家特许，是享誉世界的英国综合性公立大学，也是英国第一所"红砖大学"和著名的罗素大学集团成员。罗素大学集团成员包括牛津大学、剑桥大学、帝国理工学院等 24 所全英一流研究型大学。

①院系设置

截至 2023 年，利物浦大学共有 3 个学院，分别是科学与工程学院、健康与生命科学学院、人文社会科学学院，提供 400 多门本科和硕士课程。

②申请相关

➤ 语言要求

雅思：综合成绩 6.5 分以上，单项不低于 5.0 分。

托福：综合成绩 80 分以上，单项不低于 15 分。

➤ 申请时间

9 月入学，10 月—次年 7 月截止申请（不同专业申请和截止日期不同，详见学校官网）。

③学费费用

约 2.2 万英镑—4.4 万英镑/年。

5. 澳洲八校联盟

（1）墨尔本大学

墨尔本大学（The University of Melbourne）1853 年始建于澳大利亚墨尔本，是一所公立研究型大学，是环太平洋大学联盟、亚太国际贸易教育暨研究联盟、国际大学气候联盟、英联邦大学协会与澳大利亚八校联盟成员，也是 AACSB 及 EQUIS 认证成员，还是 Universitas 21 大学联盟创始会员和秘书处所在地。

①院系设置

墨尔本大学共设 12 所学院，学院包括：设计学院、文学院、商业与经济学院、教育学院、工程学院、信息学院、法学院、医学与健康科学学院、理学院、理学研究生院、兽医与农业科学学院、艺术与音乐学院。

②申请相关

➢ 语言要求

雅思：综合成绩 7.0 分以上。

托福：综合成绩 79 分以上。

➢ 申请相关

每年有两个入学时间，分别为 2 月和 7 月。S1 申请时间 8—11 月；S2 申请时间次年 1 月—次年 4 月（不同专业申请和截止日期不同，详见学校官网）。

③学费费用

约 3.9 万澳元—5.1 万澳元/年。

(2) 悉尼大学

悉尼大学（The University of Sydney），简称 USYD 或悉大，位于澳大利亚悉尼，是南半球最古老的大学，属于砂岩学府、环太平洋大学联盟、澳大利亚八校联盟、亚太国际贸易教育暨研究联盟、英联邦大学协会、全球高校人工智能学术联盟、新工科教育国际联盟、国际商学院协会、工商管理硕士协会、欧洲质量改进体系、全球管理教育联盟（每个国家仅一所大学入选）。

①院系设置

悉尼大学可授予学士、硕士以及博士学位，拥有众多专业，其中包括：经济、商务、计算机、信息科学、视觉艺术、人文艺术、教育、心理学、社会学、健康科学、医学、护理学、兽医学、法律、音乐、自然科学、工程技术等。

②申请相关

➢ 语言要求

雅思：综合成绩 7.0 分以上，单项不低于 6.0 分。

托福：综合成绩 85 分以上。

➢ 申请时间

每年有两个入学时间，分别为 2 月和 7 月。S1 申请时间 8 月—次年 1 月；S2 申请时间次年 1 月—次年 6 月（不同专业申请和截止日期不同，详见学校官网）。

③学费费用

约 5.1 万澳元—5.3 万澳元/年。

（3）新南威尔士大学

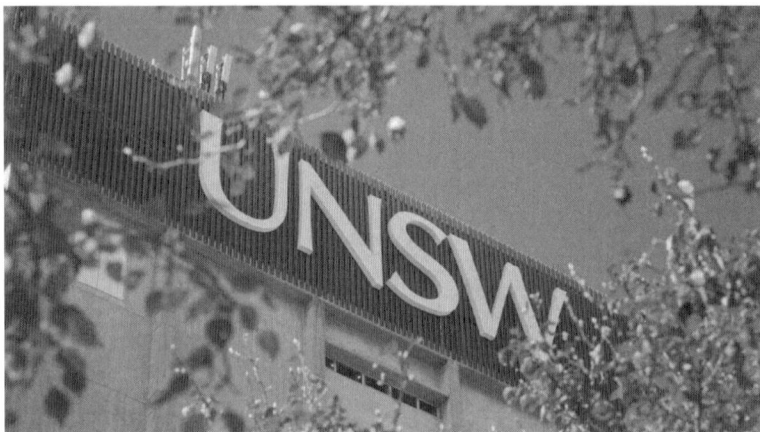

新南威尔士大学（The University of New South Wales），简称 UNSW，创立于 1949 年，主校区位于澳大利亚新南威尔士州悉尼，是一所公立研究型大学，是澳大利亚八校联盟的创始成员之一，还是环太平洋大学联盟（APRU）、全球科技大学联盟（GlobalTech）以及 Universitas 21 联盟组织的成员。

①院系设置

新南威尔士大学现有 9 个学院，1 个大学院，共 75 个系。工程学院和商学院在全球享有盛誉，在工程与计算机领域也具有非常强大的实力。在 2023 年的 QS 世界大学学科排名中，其电子电气、机械航空和制造、会计与金融等专业都位于世界前五十位。

②申请相关

➤ 语言要求

雅思：综合成绩 6.5 分以上。

托福：综合成绩 90 分以上。

➤ 申请时间

每年有两个入学时间，分别为 2 月和 7 月。S1 申请时间 8—10 月；S2 申请时间次年 4 月—次年 7 月（不同专业申请和截止日期不同，详见学校官网）。

③学费费用

约 3.8 万澳元—4.9 万澳元/年。

(4) 昆士兰大学

昆士兰大学（The University of Queensland），简称昆大或 UQ，位于澳大利亚昆士兰州首府布里斯班。该校是一所位于澳大利亚昆士兰州的公立综合性大学，同时还是 6 所砂岩学府之一，环太平洋大学联盟、澳大利亚八校联盟、21 世纪学术联盟、国际铁路联盟及新工科教育国际联盟、法学院全球联盟等组织成员。

①院系设置

昆士兰大学拥有众多专业，其中包括：人文科学、社会科学、文学、传播学、公共事业、农业贸易、农业、动植艺术、视听学、生物技术、贸易、商业、社会营养学、计算机科学、人类学、建筑、经济、教育、工程、环境管理、食品工业、服务管理、信息技术、国际关系、旅游法律、管理、医药、分子基因学、音乐、职业病治疗、配药学、物理治疗、心理学、科学、社会预防学、社会工作、语言学、创造性文学、国际研究、TESOL 教育、热带保健和植物科学。

②申请相关

➤ 语言要求

雅思：综合成绩 6.5 分以上，单项不低于 6.0 分。

托福：综合成绩 87 分以上，单项不低于 20 分。

➤ 申请时间

每年有两个入学时间，分别为 2 月和 7 月。S1 申请时间 8—12 月；S2 申请时间 10 月—次年 5 月（不同专业申请和截止日期不同，详见学校官网）。

③学费费用

约 2.9 万澳元—4.8 万澳元/年。

（5）澳大利亚国立大学

澳大利亚国立大学（Australian National University），简称 ANU 或澳国立，是一所始建于 1946 年，位于澳大利亚首都堪培拉的公立研究型综合类大学，也是环太平洋大学联盟、国际研究型大学联盟、澳大利亚八校联盟、英联邦大学协会成员。该校是澳洲全国唯一一所由澳大利亚联邦议会立法创立和享有国立大学资格的学府。

①院系设置

澳大利亚国立大学共下辖七大学院。每个学院设有研究院，研究院除了进行学术研究外，也担负研究生和大学生的教学任务。学院另行下辖的教学学院和院系则以提供教学为主。有些学院还设有研究所/学会和智库中心，如担任联邦政府智库角色，并专注于学术研究。

②申请相关

➤ 语言要求

雅思：综合成绩 6.5 分以上，单项不低于 6.0 分。

托福：综合成绩 80 分以上，单项不低于 20 分。

➤ 申请时间

每年有两个入学时间，分别为 2 月和 7 月。S1 申请时间 10—12 月；S2 申请时间次年 1 月—次年 4 月（不同专业申请和截止日期不同，详见学校官网）。

③学费费用

约 4.4 万澳元—4.9 万澳元/年。

(6) 莫纳什大学

莫纳什大学（Monash University），又译蒙纳士大学，是一所位于澳大利亚墨尔本，由政府助资的国家公立大学，同时是澳大利亚八校联盟（Group of Eight）创始学校之一、国际大学气候联盟和环太平洋大学联盟成员。

①院系设置

莫纳什大学共设 10 所学院，学院包括：艺术、设计与建筑学院；文学院；商业与经济学院；教育学院；工学院；信息技术学院；法学院；医学、护理与健康科学学院；药学与药物科学学院；理学院。

②申请相关

➤ 语言要求

雅思：综合成绩 6.5 分以上，单项不低于 6.0 分。

托福：综合成绩 90 分以上，写作单项不低于 22 分，其他各单项不低于 20 分。

➤ 申请时间

每年有两个入学时间，分别为 2 月和 7 月。S1 申请时间 8—11 月；S2 申请时间次年 1 月—次年 4 月（不同专业申请和截止日期不同，详见学校官网）。

③学费费用

约 3.3 万澳元—5.2 万澳元/年。

（7）西澳大学

西澳大学（University of Western Australia，UWA），是一所位于西澳大利亚州珀斯的公立综合性研究型大学，为澳大利亚八校联盟、昴宿星大学联盟、6 所砂岩学府之一、全球大学高研院联盟成员。

①院系设置

西澳大学拥有众多专业，其中包括：会计学、农业、建筑学、环境建设、商业与管理、通讯、计算与信息技术、创造艺术、牙医、经济类、教育与培训、工程与技术、环境研究、卫生服务与支持、人文与社会学、语言类、法律、数学、医学、心理学、康复、科学类、社会救助、体育与休闲。

②申请相关

➢ 语言要求

雅思：综合成绩 6.5 分以上，单项不低于 6.0 分。

托福：综合成绩 90 分以上，单项不低于 20 分。

➢ 申请时间

每年有两个入学时间，分别为 2 月和 7 月。S1 申请时间 8 月—次年 2 月；S2 申请时间次年 3 月—次年 6 月（不同专业申请和截止日期不同，详见学校官网）。

③学费费用

约 3.3 万澳元—4.5 万澳元/年。

（8）阿德莱德大学

阿德莱德大学（The University of Adelaide），简称阿大，是澳大利亚历史上第三所最古老的研究型大学。该校位于南澳首府阿德莱德，是 6 所砂岩学府之一、21 世纪学术联盟、澳大利亚八校联盟成员。

①院系设置

阿德莱德大学有三个学术学院，每个学院又有多个学院和学科。艺术、商学院、法律和经济学院提供本科和研究生课程。学科有会计和金融、艺术、商业、经济学、人文与社会科学、法律、媒体、音乐、教学与教育。此外，该校还在其众多学科领域开展了各种富有创造性、创新性的研究。

②申请相关

➤ 语言要求

雅思：综合成绩 6.5 分以上，单项不低于 6.0 分。

托福：综合成绩 79 分以上。

➤ 申请时间

每年有两个入学时间，分别为 2 月和 7 月。S1 申请时间 7—11 月；S2 申请时间次年 1 月—次年 5 月（不同专业申请和截止日期不同，详见学校官网）。

③学费费用

约 4.1 万澳元—4.9 万澳元/年。

6. 俄罗斯十大名校

（1）莫斯科国立大学

莫斯科国立大学（Lomonosov Moscow State University），旧称莫斯科帝国大学，全称莫斯科国立米哈伊尔·瓦西里耶维奇·罗蒙诺索夫大学，简称莫斯科大学、莫大，是俄罗斯联邦规模最大、历史最悠久的综合性研究型高等学府，也是著名的教育、科学和文化中心，还是国际公立大学论坛、欧洲首都大学联盟、欧洲大学协会成员。

①院系设置

大学分为两大科系。文科系包括：经济学、社会学、历史、文学、艺术、外语、法律学、新闻、俄语、哲学等专业。理科系包括：计算机、数学、力学、化学、物理、生物、地质、土壤、心理学、建筑等专业。

②申请相关

➢ 语言要求

俄语：申请者需要达到俄语 B1 水平（无俄语能力需要先读预科）。

英语：雅思综合成绩 6.0 分以上，托福综合成绩 60 分以上。

➢ 申请时间

9 月开学，6—8 月截止申请（不同专业申请和截止日期不同，详见学校官网）。

③学费费用

约 40 万卢布—62 万卢布/年。

(2) 圣彼得堡国立大学

圣彼得堡国立大学（St Petersburg State University）是俄罗斯第一所大学，于1724 年由彼得大帝敕令与彼得堡科学院一道创建，圣彼得堡国立大学是俄语世界第一所大学，是一所世界著名的公立研究型大学，与莫斯科国立大学并列俄罗斯最高学府，是科英布拉集团、欧洲大学基金会、欧洲大学协会成员。1821—1914 年，称为圣彼得堡皇家大学。1924—1991 年，称为列宁格勒大学。

①院系设置

圣彼得堡国立大学吸引了来自 140 多个国家和地区的留学生，提供丰富的语言预科课程和国际合作项目，培养学生的全球视野和跨文化交流能力。教育资源：学校拥有 12 个科学研究学院和 19 个系，提供 102 个高等教育专业和方向，涵盖了从自然科学到人文科学的广泛领域。

②申请相关

➢ 语言要求

俄语：申请者需要达到俄语 B1 水平（无俄语能力需要先读预科）。

英语：雅思综合成绩 6.5 分以上；托福综合成绩 80 分以上。

➢ 申请时间

9 月开学，3—7 月截止申请（不同专业申请和截止日期不同，详见学校官网）。

③学费费用

约 25 万卢布—63 万卢布/年。

(3) 托木斯克国立大学

托木斯克国立大学（Tomsk State University），简称 TSU，是世界著名的公立研究型大学，坐落于俄国重要的教育科技中心、著名的大学城托木斯克，原名沙皇俄国托木斯克帝国大学，始建于 1878 年，该校是四所最顶尖的俄罗斯国立大学之一。

①院系设置

托木斯克国立大学下设有以下学院：艺术文化研究所、历史和政治学系、语言学系、新闻学院、哲学系、心理学系、外语学院、生物研究所、地质与地理学院、化学学院、物理系、放射物理学院、力学与数学学院、物理与工程学院、应用数学与计算机研究所、创新技术学院、经济管理学院、法学院、体育学院、远程教育学院等。

②申请相关

➢ 语言要求

俄语：申请者需要达到俄语 B1 水平（无俄语能力需要先读预科）。

➢ 申请时间

9 月开学，1—6 月截止申请（不同专业申请和截止日期不同，详见学校官网）。

③学费费用

约 18 万卢布—45 万卢布/年。

（4）莫斯科国立鲍曼技术大学

莫斯科国立鲍曼技术大学是一所与莫斯科国立罗蒙诺所夫大学齐名的俄罗斯高等院校，世界最优秀的大学之一，拥有 180 多年的建校史，并用牺牲在此的革命家，与列宁并肩战斗过的尼古拉·埃内斯托维奇·鲍曼来命名。鲍曼大学与圣彼得堡彼得大帝理工大学并列为俄罗斯理工科类院校的最高学府，是俄罗斯最古老且成就最高的技术类大学，为苏联及俄罗斯培养了许多优秀的科技人才，在俄罗斯具有极高的声望。它在俄罗斯的地位类似于美国的麻省理工学院和中国的清华大学。

①院系设置

该校划分为 21 个系，132 个教研室，78 个科学教育综合中心。其包含基础科学系、无线电与激光技术、机器人技术与综合自动控制、工程商业与管理、信息技术系统与管理、特种机械系、机械制造系、能源机械系、语言系、生物医学系、社会与人文科学系、航空航天系、航空航天火箭技术系、仪表仪器系、光学电子仪表仪器系、无线电技术系。

②申请相关

➢ 语言要求

俄语：申请者需要达到俄语 B1 水平（无俄语能力需要先读预科）。

英语：雅思综合成绩 6.0 分及以上，托福综合成绩 80 分及以上。

➢ 申请时间

9 月开学，3—8 月截止申请（不同专业申请和截止日期不同，详见学校官网）。

③学费费用

约 29 万卢布—41 万卢布/年。

（5）新西伯利亚国立大学

新西伯利亚国立大学，位于俄罗斯联邦第三大城市新西伯利亚，也是一所世界著名的公立研究型大学。新西伯利亚国立大学被誉为"俄罗斯硅谷"，具有良好的社会声誉和世界影响力。学校2009年通过评测成为俄联邦29所国家科研大学之一（包括国家核研究大学和国家技术研究大学），是该国唯一与科学院紧密合作的高校。毕业生面向科学院各研究所、计算机中心、国民经济各研究部门的研究室以及高等院校。

①院系设置

新西伯利亚国立大学有6个系、3个学院，即物理系、自然科学系、经济系、力学和数学系、地质与地球物理系、信息技术系、医学与心理学学院、人文学院、哲学和法律学院，此外还设有专业教育科学中心、信息学高等学校。新西伯利亚国立大学旨在培养数学、力学、物理学、化学、生物学、地质学、地球物理学、地球化学、信息学、计算机技术、经济控制论、历史学、哲学、社会学的研究人才。

②申请相关

➤ 语言要求

俄语：申请者需要达到俄语B1水平（无俄语能力需要先读预科）。

英语：雅思综合成绩6.0分以上，单项不低于5.5分；托福综合成绩80分以上。

➤ 申请时间

9月开学，3—7月截止申请（不同专业申请和截止日期不同，详见学校官网）。

③学费费用

约18万卢布—50万卢布/年。

(6) 托木斯克理工大学

托木斯克理工大学（原名托木斯克工学院）位于托木斯克市，是一所享有盛名的百年老校，始建于尼古拉二世时期（1896 年），是俄罗斯乌拉尔山以东地区的第一所工科院校，在苏联时期即名列三大工学院之一，是远东地区工学教育的发源地，在托木斯克理工大学的基础上先后分离和建立了 20 余所高等院校。据俄罗斯教育部的权威排名，在全俄 48 所综合性技术大学中名列第 3。

①院系设置

托木斯克理工大学有 8 个学院、10 个系、3 个科学研究所（核物理研究所、高压研究所、内视学研究所）。该校有新西伯利亚新工艺技术研究中心、全俄罗斯最先进最全面的科技图书馆、信息分析中心、大学出版社、大学博物馆、运动健身中心、俄德中心、俄法中心、亚太中心、国际教育活动中心、英国 Heriot-Watt 大学石油专家培训中心。该校培养 111 个专业方向的本科及 104 专业方向的硕士、97 个专业方向的博士。

②申请相关

➤ 语言要求

俄语：俄语：申请者需要达到俄语 B1 水平（无俄语能力需要先读预科）。

英语：雅思综合成绩 6.0 分以上；托福综合成绩 80 分以上，单项不低于 20 分。

➤ 申请时间

9 月开学，2—8 月截止申请（不同专业申请和截止日期不同，详见学校官网）。

③学费费用

约 19 万卢布—35 万卢布/年。

（7）喀山联邦大学

喀山联邦大学是俄罗斯继莫斯科国立大学和圣彼得堡国立大学之后成立的第三所高校。其在 1804 年 11 月 5 日建校至今的 200 多年时间里，始终在国内外享有盛名，是俄罗斯最好的高等学府之一。

①院系设置

喀山联邦大学下设有 17 个院，1 个系，1 个预科系。截至 2023 年，学校拥有超过 150 个世界一流的实验室，有超过 600 项教育计划，拥有超过 50000 名大学生，其中有 2000 名外国留学生，在该校的 152 个本科项目，109 硕士项目、137 个专家项目、88 个博士项目进行学习研究。每年有超过 1000 多名来自世界各地的学生在喀山联邦大学进行长期学习、短期培训或学术交流。喀山联邦大学拥有雄厚的师资队伍，拥有 10000 名职员，其内 4000 多名研究者和教育家。

②申请相关

➤ 语言要求

俄语：申请者需要达到俄语 B1 水平（无俄语能力需要先读预科）。

英语：雅思综合成绩 6.0 分以上，单项不低于 6.0 分；托福综合成绩 88 分以上，其中写作单项不低于 22 分。

➤ 申请时间

9 月开学，1—6 月截止申请（不同专业申请和截止日期不同，详见学校官网）。

③学费费用

约 18 万卢布—40 万卢布/年。

(8) 莫斯科国际关系学院

莫斯科国际关系学院，全称俄罗斯联邦外交部莫斯科国立国际关系学院（大学）（Moscow State Institute of International Relations），建于 1944 年 10 月 14 日，是一所专门培养国际关系方面人才的高等教育机构和国际事务方面的智库，在俄罗斯、东欧和中亚地区享有很高声誉。

①院系设置

莫斯科国际关系学院开设的学科包括国际关系、区域研究、政治、治理、外交、世界经济、法律、新闻、对外贸易与管理、能源事务、语言学、环境研究、MBA 和 EMBA，以及大学预科课程，并教授 53 种语言。大部分俄罗斯联邦外交部高级翻译人员曾在此学院毕业或进修。

②申请相关

➤ 语言要求

俄语：申请者需要达到俄语 B1 水平（无俄语能力需要先读预科）。

英语：雅思综合成绩 6.0 分以上；托福综合成绩 80 分以上。

➤ 申请时间

9 月开学，1—6 月截止申请（不同专业申请和截止日期不同，详见学校官网）。

③学费费用

约 45 万卢布—115 万卢布/年。

（9）国立核能研究大学

国立核能研究大学是俄罗斯最著名的技术大学之一，学校成立于 1942 年，当时名为莫斯科弹药机械研究所，学校 1943 年 1 月 1 日开始授课。国立核能研究大学的主要目标之一是根据行业内公司（国防部和俄罗斯国家原子能集团公司）的要求，培养物理学家、工程师、程序员、计算机安全专家。它在世界物理科学领域的 100 所大学中名列前茅，在俄罗斯的工程大学中排名第一。

①院系设置

学校共有 9 个系：实验与理论物理系、物理技术系、自动化与电子系、控制系、信息安全系、人文系、函授系、国际学生系、预科系；一个学院：高等物理学院，学校共有 72 个教研室分布在不同的院系；三个分校。2023 年，学校有各种学历、各种学习方式学生 6000 多人，外国留学生可以在学校得到所有专业所有层次的学习机会，对于俄语没有达到一定水平的学生，学校还有预科系来教授俄语。

②申请相关

➢ 语言要求

俄语：申请者需要达到俄语 B1 水平（无俄语能力需要先读预科）。

英语：雅思综合成绩 6.0 分以上；托福综合成绩 80 分以上，单项不低于 20 分。

➢ 申请时间

9 月开学，5—7 月截止申请（不同专业申请和截止日期不同，详见学校官网）。

③学费费用

约 27 万卢布—35 万卢布/年。

（10）国家研究型高等经济大学

国家研究型高等经济大学（National Research University Higher School of Economics），简称高等经济大学，于 1992 年 11 月 27 日根据俄罗斯联邦政府命令成立，是欧洲大学协会、中国-俄罗斯经济类大学联盟成员。

①院系设置

该校有众多教学与科研单位：经济科学学院、社会科学学院、高等商学院、国际经济和金融研究所、世界经济与世界政治学院、地理和地理信息技术学院、人文学院、数学系、计算机科学学院、以吉洪诺夫命名的电子和数学研究所、高等法学院、传播媒体和设计学院、物理学院、城市和区域发展学院、化学学院、生物与生物技术学院、入学教育学院、外国语学校、法学与行政研究生院、高等经济大学附属中学。

②申请相关

➤ 语言要求

俄语：申请者需要达到俄语 B2 水平（无俄语能力需要先读预科）。

英语：雅思综合成绩 6.5 分以上；托福综合成绩 90 分以上。

➤ 申请时间

9 月开学，11 月—次年 8 月截止申请（不同专业申请和截止日期不同，详见学校官网）。

③学费费用

约 17 万卢布—100 万卢布/年。

7. 韩国 SKY 大学

（1）首尔大学

首尔大学（Seoul National University）又称首尔国立大学，简称首尔大，是韩国公认的最高学府，亚洲顶尖、世界知名的研究型国立综合大学之一，也是环太平洋大学联盟、亚洲大学联盟、东亚四大学论坛和东亚研究型大学协会成员。

①院系设置

首尔大学设有众多学术学院，分别是人文学院、社会科学学院、自然科学学院护理学院、商学院、理工学院农业与生命科学学院、艺术学院、教育学院生命科学学院、兽医学院、药学院音乐学院、医学院、文理学院。

②申请相关

➤ 语言要求

韩语：韩国语能力考试（TOPIK）3级以上或韩国大学语言教育院/语学堂4级及以上结业。

英语：雅思综合成绩6.0分以上；托福综合成绩80分以上。

➤ 申请时间

入学时间分为春季（3月）和秋季（9月）两次。春季入学申请时间5—7月；秋季入学申请时间11月—次年3月（不同专业申请和截止日期不同，详见学校官网）。

③学费费用

约244万韩元—503万韩元/年。

（2）延世大学

延世大学（Yonsei University）位于韩国首尔，是一所以基督教精神建立的私立研究型综合大学，为环太平洋大学联盟、东亚研究型大学协会成员，也是"亚洲校园"计划的成员。因为入学竞争激烈，该校是入学考试成绩排名前百分之一的学生才能考进的大学。

①院系设置

学校的首尔校区设有文学院、商业与经济学院、理学院等 21 个学院；未来校区设有人文与社会科学融合学院、科学技术融合学院、软件与数字医疗融合学院等学院。

②申请相关

➤ 语言要求

韩语：必须持有 TOPIK 3 级以上的成绩，或者已经完成延世大学语学院的韩国语中级课程并结业。

英语：雅思综合成绩 5.5 分以上，托福综合成绩 71 分及以上。

➤ 申请时间

入学时间分为春季（3 月）和秋季（9 月）两次。春季入学申请时间 7—11 月；秋季入学申请时间 12 月—次年 5 月（不同专业申请和截止日期不同，详见学校官网）。

③学费费用

约 353 万韩元—485 万韩元/年。

（3）高丽大学

高丽大学（Korea University），简称高丽大、高大，是韩国境内的私立研究性综合大学，前身是私立普成专门学校，它始建于 1905 年。该校还是韩国 BK21 高校工程成员。

①院系设置

高丽大学首尔校区和世宗校区两个校区共设有 18 个学院和部门以及 24 个研究生院，从人文科学到工程科学、东亚研究中心、韩国文化研究中心，以及近些年新成立的国际研究生院。

②申请相关

➢ 语言要求

韩语：TOPIK 3 级及以上，或韩国语学院 4 级及以上的结业证。

英语：雅思综合成绩 5.5 分以上，托福综合成绩 80 分以上。

➢ 申请时间

入学时间分为春季（3 月）和秋季（9 月）两次。春季入学申请时间 3—9 月；秋季入学申请时间 9 月—次年 3 月（不同专业申请和截止日期不同，详见学校官网）。

③学费费用

约 260 万韩元—581 万韩元/年。

8. 日本八大名校

（1）东京大学

东京大学（The University of Tokyo）位于日本东京都文京区，是一所本部位于日本东京都文京区的综合性国立大学，属于日本超级国际化大学计划 A 类学校，是日本学术研究恳谈会、指定国立大学、世界顶级科学研究中心计划、卓越研究生院计划、领先研究生院计划、研究大学强化促进事业、日本海洋创新联盟、核能人才培养联盟、大学宇宙工学联盟、国际东亚研究型大学协会、亚洲大学联盟、全球大学校长论坛、亚洲大学生集体行动交流计划、日瑞 Mirai 等组织成员。

①院系设置

东京大学设有 10 个学部，15 个研究生院，11 个附属研究所，14 个大学研究中心和 3 个特别研究所。

②申请相关

➢ 语言要求

日语：必须持有日语 N1 级证书。

英语：雅思综合成绩 6.5 分以上，托福综合成绩 90 分以上。

➢ 申请时间

入学时间分为春季（4 月）和秋季（9 月）两次。春季入学申请时间 10—11 月；秋季入学申请时间次年 3 月—次年 4 月（不同专业申请和截止日期不同，详见学校官网）。

③学费费用

入学金：28万日元。

学费：54万日元/年。

（2）京都大学

京都大学（Kyoto University）本部位于日本京都市左京区，是一所综合研究型国立大学。该校是日本文部科学省超级国际化大学计划 A 类顶尖校，也是指定国立大学、学术研究恳谈会、旧帝国大学、东亚研究型大学协会成员。

①院系设置

京都大学共设有 10 个学部——综合人类学部、文学部、教育学部、法学部、经济学部、理学部、医学部、药学部、工学部、农学部。

研究生院主要设有 16 个方向的研究所——文学、教育学、法学、经济学、理学、医学、药学、工学、农学、人文环境、能源科学、亚非区域学、情报学、生命科学、思修馆、地球环境学。

②申请相关

➢ 语言要求

日语：必须持有日语 N1 级证书。

英语：雅思综合成绩 6.5 分以上；托福综合成绩 90 分以上。

➢ 申请时间

入学时间分为春季（4 月）和秋季（9 月）两次。春季入学申请时间 8—9 月；秋季入学申请时间 12 月—次年 1 月（不同专业申请和截止日期不同，详见学校官网）。

③学费费用

入学金：28万日元。

学费：54 万日元/年。

（3）大阪大学

大阪大学（Osaka University），简称阪大，是一所位于日本大阪府吹田市的国立大学。大阪大学历史十分悠久，创立于 1931 年，前身是日本本土七所帝国大学之一的大阪帝国大学，理科起源于明治时代最大的兰学塾"适塾"，文科起源于西日本最大的汉学塾"怀德堂"，校名于 1947 年改为现在的大阪大学。

①院系设置

大阪大学开设了文学部、人类科学部、法学部、经济学部、理学部、医学部、齿学部、药学部、工学部、基础工学部和外语学部共 11 个学部，此外还有包含 15 个研究科的研究生院和 5 个研究所。

②申请相关

➢ 语言要求

日语：必须持有日语 N1 级证书。

英语：雅思综合成绩 6.5 分以上；托福综合成绩 80 分以上。

➢ 申请时间

入学时间分为春季（4 月）和秋季（9 月）两次。春季入学申请 10—12 月；秋季入学申请次年 1 月—次年 6 月（不同专业申请和截止日期不同，详见学校官网）。

③学费费用

入学金：28 万日元。

学费：64 万日元/年。

（4）东京工业大学

东京工业大学（Tokyo Institute of Technology），简称东工大，位于东京都目黑区与横滨市绿区，是一所专攻工程技术与自然科学的日本顶级、世界一流的研究型国立大学。其是日本超级国际化大学计划（A类）、指定国立大学、八大学工学系联合会、学术研究恳谈会、核能人才培养联盟、大学宇宙工学联盟、东亚研究型大学协会、世界顶级科学研究中心计划、卓越研究生院计划、领先研究生院计划、研究大学强化促进事业、JANET、日美JUNBA成员。

①院系设置

将所有学系划分为6个学院，分别是：理学院、工学院、物质理工学院、情报理工学院、生命理工学院和环境·社会理工学院。

②申请相关

➤ 语言要求

日语：必须持有日语N1级证书。

英语：雅思综合成绩6.5分以上；托福综合成绩90分以上。

➤ 申请时间

入学时间分为春季（4月）和秋季（9月）两次。申请时间为6月。

③学费费用

入学金：28万日元。

学费：64万日元/年。

（5）东北大学

东北大学（Tohoku University），本部位于日本宫城县仙台市，日本国立大学之一，世界知名研究型大学，日本东北地方最高学府，涵盖文、理、工、医、农各科。东北大学是日本旧帝国大学、指定国立大学、超级国际化大学计划 A 类、八大学工学系联合会、学术研究恳谈会、世界顶级科学研究中心计划、卓越研究生院计划、领先研究生院计划、研究大学强化促进事业、日本海洋创新联盟、核能人才培养联盟、大学宇宙工学联盟、JUNBA、RENKEI、JANET、Mirai、环太平洋大学联盟、东亚研究型大学协会、亚洲大学生集体行动交流计划成员。

①院系设置

学校有 10 个本科院，19 个研究生院，6 个研究所，12 个研究中心和大学医院。东北大学的材料、工程、物理、药学、语言学、社会学等学科均处于世界一流水平，在半导体和光通信等最尖端领域的成果也十分优秀。

②申请相关

➤ 语言要求

日语：必须持有日语 N1 级证书。

英语：雅思综合成绩 6.0 分以上；托福综合成绩 80 分以上。

➤ 申请时间

入学时间分为春季（4 月）和秋季（9 月）两次。春季申请时间 2 月份；秋季申请时间次年 2 月—次年 6 月（不同专业申请和截止日期不同，详见学校官网）。

③学费费用

入学金：28 万日元。

学费：54 万日元/年。

(6) 九州大学

九州大学（Kyushu University）创立于 1903 年，是一所本部位于日本福冈市的综合研究型国立大学，也是日本旧帝国大学、超级国际化大学计划（A 类）、八大学工学系联合会、学术研究恳谈会、指定国立大学、世界顶级科学研究中心计划、日本海洋创新联盟、核能人才培养联盟、大学宇宙工学联盟、研究大学强化促进事业、领先研究生院计划、亚洲校园、日欧 JANET、日英 RENKEI 和日瑞 Mirai 成员。

①院系设置

九大学部设置丰富，共设有 13 个学部，大学院设有 18 个研究科，另外还有 5 个研究所。

②申请相关

➤ 语言要求

日语：必须持有日语 N1 级证书。

英语：雅思综合成绩 6.0 分以上；托福综合成绩 80 分以上。

➤ 申请时间

入学时间分为春季（4 月）和秋季（9 月）两次。春季申请时间 10 月—次年 2 月；秋季申请时间次年 3 月—次年 7 月（不同专业申请和截止日期不同，详见学校官网）。

③学费费用

入学金：28 万日元。

学费：54 万日元/年。

(7) 名古屋大学

名古屋大学（Nagoya University）是本部位于日本爱知县名古屋市的顶尖综合研究型国立大学。名古屋大学是日本超级国际化大学计划 A 类、指定国立大学、学术研究恳谈会、八大学工学系联合会、研究大学强化促进事业、世界顶级科学研究中心计划、卓越研究生院计划、领先研究生院计划、日本海洋创新联盟、核能人才培养联盟、大学宇宙工学联盟成员，国际环太平洋大学联盟、21 世纪学术联盟、全球大学高研院联盟、国际公立大学论坛、亚洲校园、JANET、JUNBA、RENKEI、Mirai 等组织成员。

①院系设置

该校现拥有 10 个学部、15 个研究科、3 个研究所、2 所全国共同利用共同研究基地、29 处校内共同教育研究设施。名古屋大学研究生院包括：文学研究科、教育发达科学研究科、法学研究科、经济学研究科、理学研究科、医学系研究科、工学研究科、生命农学研究科、国际开发研究科、多元数理科学研究科、国际言语文化研究科、环境学研究科、情报科学研究科、创药科学研究科。

②申请相关

➤ 语言要求

日语：必须持有日语 N1 级证书。

英语：雅思综合成绩 6.5 分以上；托福综合成绩 90 分以上。

➤ 申请时间

入学时间分为春季（4 月）和秋季（9 月）两次。春季申请时间 6—11 月；秋季申请时间 11 月—次年 1 月（不同专业申请和截止日期不同，详见学校官网）。

③学费费用

入学金：28万日元。

学费：54万日元/年。

（8）北海道大学

北海道大学（Hokkaido University），是本部位于日本北海道札幌市的日本综合研究型国立大学，也是日本旧帝国大学之一。北海道大学是日本超级国际化大学计划（A类）、八大学工学系联合会、学术研究恳谈会、日本海洋创新联盟、核能人才培养联盟、大学宇宙工学联盟、世界顶级科学研究中心计划、卓越研究生院计划、研究大学强化促进事业成员，日欧JANET、日瑞Mirai、国际大学协会、世界顶级研究中心（WPI）成员。

①院系设置

北海道大学拥有25个研究生院、12个学部、5个附属研究所，以及众多校内共享的教育研究设施，是一所以研究生教育为重心，注重研究的高水平综合性大学。有12个学部：工学部、教育学部、理学部、医学部（医学科·保健学科）、法学部、兽医学部、文学部、水产学部、农学部、经济学部、药学部、口腔学部。

②申请相关

➤ 语言要求

日语：必须持有日语N1级证书。

英语：雅思综合成绩6.0分以上；托福综合成绩85分以上。

➤ 申请时间

入学时间分为春季（4月）和秋季（9月）两次。春季申请时间11月—次年1

月；秋季申请时间次年 2 月—次年 8 月（不同专业申请和截止日期不同，详见学校官网）。

③学费费用

入学金：28 万日元。

学费：54 万日元/年。

9. 新加坡六所公立大学

（1）新加坡国立大学

新加坡国立大学（National University of Singapore，NUS），简称新国大，是新加坡的公立研究型大学，环太平洋大学联盟、亚洲大学联盟、全球大学校长论坛、Universitas 21 等组织的成员学校。

①院系设置

新加坡国立大学共开设本科学院 12 个，研究生院 4 个，共计专业 60 余个，分布在新加坡肯特岗、武吉知马和欧南 3 大校区，并在全球超过 15 个城市设有海外学院，另外还有 3 个教学中心。

②申请相关

➢ 语言要求

雅思：综合成绩 6.5 分以上。

托福：综合成绩 102 分以上。

➢ 申请时间

8 月开学，8 月—次年 5 月截止申请（不同专业申请和截止日期不同，详见学校官网）。

③学费费用

约 2 万新元—10 万新元/年。

（2）南洋理工大学

南洋理工大学（Nanyang Technological University），简称南大或 NTU，是新加坡政府建立的顶尖大学，它的前身是 1981 年成立的南洋理工学院，最早还可追溯到 1955 年创办的南洋大学；1991 年，南洋理工学院进行重组，将国立教育学院纳入旗下，更名为南洋理工大学，与快速发展的教育事业齐驱并进；2006 年，南洋理工大学成为一所自治大学，如今已成为新加坡两所规模最大的公立大学之一。

①院系设置

南洋理工大学共设有 9 个学院：南洋商学院（NBS）、计算与数据科学学院（CCDS）、工程学院（COE）、人文艺术与社会科学学院（COHASS）、理学院（COS）、李光前医学院（LKCMedicine）、研究生院（GC）、国立教育学院（NIE）、拉惹勒南国际研究学院（RSIS）。

②申请相关

➤ 语言要求

雅思：综合成绩 6.5 分以上。

托福：综合成绩 100 分以上。

➤ 申请相关

9 月开学，11 月—次年 3 月截止申请（不同专业申请和截止日期不同，详见学校官网）。

③学费费用

约 1.8 万新元—7.8 万新元/年。

(3) 新加坡管理大学

新加坡管理大学（Singapore Management University），简称新大（SMU），是亚洲顶级的大学，因其世界一流的研究和卓越的教学而享誉国际。该校成立于 2000 年，其使命是开展具有全球影响力的前沿研究，并为知识经济培养基础广泛、富有创造力和创业精神的领导者。该校的教育以其高度互动、协作和基于项目的学习方法而闻名。

①院系设置

新加坡管理大学的在籍学生分布于 6 个学院——会计学院、李光前商学院、经济学院、计算机与信息系统学院、法律学院以及社会科学学院，为学生提供商业和其他学科领域的学士、硕士以及博士学位课程。

②申请相关

➤ 语言要求

雅思：综合成绩 6.5 分以上，写作单项不低于 6.0 分。

托福：综合成绩 90 分以上，读写每项不低于 22 分。

➤ 申请相关

9 月开学，11 月—次年 3 月截止申请（不同专业申请和截止日期不同，详见学校官网）。

③学费费用

约 2.6 万新元—4.7 万新元/年。

（4）新加坡科技设计大学

新加坡科技设计大学（Singapore University of Technology and Design），简称 SUTD，是继新加坡国立大学、新加坡南洋理工大学、新加坡管理大学后，新加坡设立的第四所公立大学。新加坡科技设计大学（新科大）创校校长为麻省理工学院的托马斯·L. 马尼安提（Thomas L. Magnanti）教授。此外该校也与浙江大学、美国加利福尼亚大学伯克利分校合作，让大学成为东西方科技融会的枢纽。

①院系设置

新科大最初设有工艺与可持续设计、工程产品开发、工程系统与设计以及信息系统技术与设计四个系，在 2020 年新设立设计与人工智能专业。在本科生阶段，学校开设五门院系（建筑学与可持续性设计、设计与人工智能、工业产品开发、工程系统与设计、信息系统科技与设计），学生可在最后一年选择专业方向（Track），所有专业学生必须选修人文、艺术和社会科学课程。对于土木与环境工程、生产线管理以及制造工程等三个专业，学校将提供 2 年的 MIT-SUTD 双硕士学位。

②申请相关

➤ 语言要求

雅思：综合成绩 6.5 分以上。

托福：综合成绩 90 分以上。

➤ 申请时间

9 月开学，10 月—次年 3 月截止申请（不同专业申请和截止日期不同，详见学校官网）。

③学费费用

约 2 万新元—4 万新元/年。

（5）新加坡理工大学

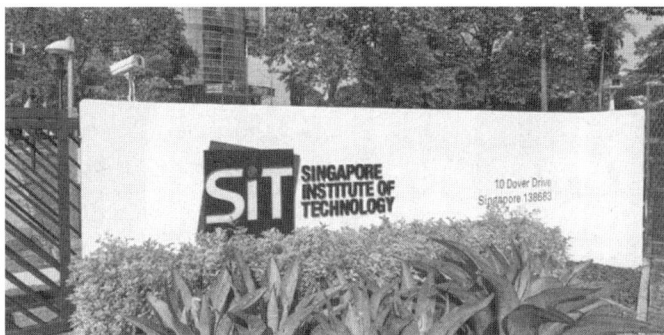

新加坡理工大学（Singapore Institute of Technology），原新加坡科技学院，新加坡政府 2014 年 3 月 28 日宣布，新加坡科技学院自当日起升格为新加坡第五所公立大学，并更名为新加坡理工大学。新加坡理工大学将主要侧重应用型学科，2014 年首次推出三个全日制本科学位课程，包括基础设施保全工程、信息通讯工程和会计学。这三个专业课程各有一个业界咨询委员会，以确保课程内容符合业界需求。学生除了在课堂学习，也需在产业界完成 8 个月至 1 年的实习计划，时间比一般的实习长，过程也更规范。

①院系设置

新加坡理工大学下设五个学院，分别是商业、传播和设计学院，工程学院，食品、化学和生物技术学院，健康与社会科学学院和信息通讯技术学院。该校提供了超过 40 个的本科项目和 9 个硕士项目，包括 6 个授课型项目和 3 个研究型项目，另外本科项目也包括了 18 个合办学位项目。

②申请相关

➢ 语言要求

雅思：综合成绩 6.5 分以上。

托福：综合成绩 90 分以上。

➢ 申请时间

9 月开学，10 月—次年 2 月截止申请（不同专业申请和截止日期不同，详见学校官网）。

③学费费用

约 2 万新元—4 万新元/年。

（6）新加坡社科大学

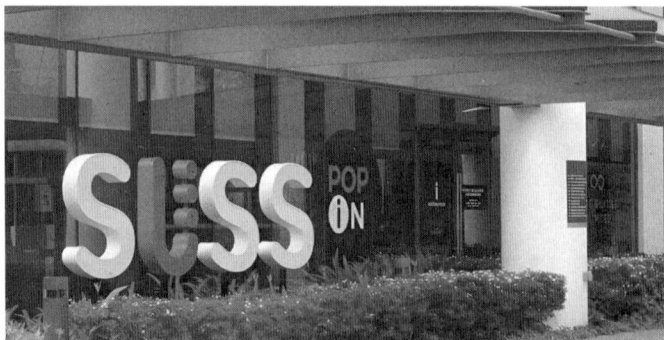

新加坡社科大学（Singapore University of Social Sciences），简称 SUSS，是一所坐落于新加坡金文泰区的公立应用研究型大学。该校前身可追溯至 1964 年，并于 2017 年正名为新加坡新跃社科大学，2024 年 1 月，新跃社科大学宣布推出全新品牌形象，把中文校名改为新加坡社科大学。其是新加坡教育部高等教育委员会辖下的法定六间公立大学之一，为新加坡高等学府开创应用型教育和终身学习的先锋。

①院系设置

新加坡社科大学共设有五大学院。

文学暨行为科学院：提供中文学、比较文学、翻译学、心理学、社会学及行为科学等课程。

商学院：提供会计学、金融学、商业数据分析学、物流及供应链管理学、市场营销学、社会治安学和视觉传播学等课程。

纳丹人力发展学院：提供社会工作学、幼儿教育学（学前教育）、辅导学、人力资源管理学、老年学和教育学等课程。

科学与技术学院：提供资讯科技、多媒体、电子工程、航天系统、数学及环境工程等课程。

法学院：作为新加坡第三个公立大学法学院，提供法学学士学位及法学博士法律课程。

②申请相关

➢ 语言要求

雅思：综合成绩 6.5 分以上。

托福：综合成绩 90 分以上。

➤ 申请时间

7月开学，10月—次年4月截止申请（不同专业申请和截止日期不同，详见学校官网）。

③学费费用

约2万新元—6万新元/年。

10. 马来西亚五大公立院校

（1）马来亚大学

马来亚大学（University of Malaya），简称马大或UM，位于马来西亚首都吉隆坡联邦直辖区，为公立研究型大学，是马来西亚规模最大、历史最悠久的高等教育学府，也属于亚洲大学联盟、环太平洋大学联盟、"21世纪海上丝绸之路"大学联盟、英联邦大学协会成员、热带高校联盟。

①院系设置

马来亚大学开设众多学院，学院包括：文学与社会学院、商业和经济学院、语言学院、教育学院、体育与运动学院、计算机科学和信息技术学院、艺术学院、理学院、建筑环境学院、工程学院、医学院、牙科学院等。

②申请相关

➤ 语言要求

雅思：综合成绩5.0—6.0分。

托福：综合成绩79分以上。

➤ 申请时间

入学时间分为春季（3月）和秋季（9月）两次。春季申请时间9月—次年1月；

秋季申请时间次年2月—次年8月（不同专业申请和截止日期不同，详见学校官网）。

③学费费用

约2.5万人民币—4.0万人民币/年。

（2）马来西亚理工大学

马来西亚理工大学（Universiti Teknologi Malaysia），简称UTM，是马来西亚五所研究型大学之一，也是马来西亚历史最悠久、名气最大的公立理工大学，在为马来西亚培养工程师以及专业人才方面起着举足轻重的作用。

①院系设置

马来西亚理工大学有12个学院和20多个研究所和中心。该校的图书馆、工程学院、管理与人力资源发展学院、教育学院、建筑环境院、专业和推广教育学院、改革与咨询局和研究管理中心等机构都已通过ISO 9000认证。

12个学院包括：建筑环境学院、土木工程学院、电气工程学院、机械工程学院、自然科学学院、计算机科学和信息系统学院、化学及自然资源工程学院、地理信息科学及工程学院、教育学院、管理及人力资源发展学院、国际贸易学院及商业和高级商业管理中心、专业和推广教育学院，提供100多个专业领域的研究生课程。

②申请相关

➤ 语言要求

雅思：综合成绩5.0分以上。

托福：综合成绩79分以上。

➤ 申请时间

入学时间分为春季（3月）和秋季（9月）两次。春季申请时间9月—次年1月；

秋季申请时间次年1月—次年8月（不同专业申请和截止日期不同，详见学校官网）。

③学费费用

约1.5万人民币—4.0万人民币/年。

（3）马来西亚博特拉大学

马来西亚博特拉大学（Universiti Putra Malaysia），简称博大或UPM，始建于1931年，位于马来西亚联邦雪兰莪州沙登地区，是东南亚著名综合性研究型大学、中国教育部教育涉外监管网承认的正规国外院校，也是东南亚高等教育研究协会、全球产学未来人才培育策略联盟、东盟大学联盟、英联邦大学协会、亚洲及太平洋大学协会、奥地利-东南亚学术大学网络、亚太地区大学-社区参与网络、电气电子工程师协会大学学生会分部、大学国际联盟（IAU）成员。

①院系设置

该校拥有16个学院、11个研究所、2个高等专科学院、8个学术中心、12个研究中心、附属医学院、2个研究生院和位于砂拉越州的1个分校。

学校有博特拉农学院、计算机和信息技术学院、建筑及设计学院、商业与经济学院、教育学院、工程学院、食品科学以及生物学院森林系、人文环境学院、医学以及健康科学院、现代语言与传播学院、环境研究学院、社会学研究和管理中心、继续教育中心、理科中心、应用科学中心、博特拉商学院等。

②申请相关

➤ 语言要求

雅思：综合成绩5.0分及以上。

托福：综合成绩80分及以上。

➤ 申请时间

入学时间分为春季（3月）和秋季（9月）两次。春季申请时间11—12月；秋季申请时间次年3月—次年7月（不同专业申请和截止日期不同，详见学校官网）。

③学费费用

约1.5万人民币—2.0万人民币/年。

（4）马来西亚国立大学

马来西亚国立大学（The National University of Malaysia）简称国大或UKM，创办于1970年，是马来西亚五所研究型大学之一。2011年，学校正式批准中文官方名字为马来西亚国立大学。

①院系设置

马来西亚国立大学是一所综合型大学，有13个学院，有文、理、工、商、医科等各类专业，还有诸多中心及研究所。

②申请相关

➤ 语言要求

雅思：综合成绩5.0分及以上。

托福：综合成绩80分及以上。

➤ 申请时间

入学时间分为春季（3月）和秋季（9月）两次。春季申请时间10月—次年1月；秋季申请时间次年2月—次年5月（不同专业申请和截止日期不同，详见学校官网）。

③学费费用

约1.5万人民币—6.5万人民币/年。

（5）马来西亚理科大学

马来西亚理科大学（Universiti Sains Malaysia，USM），简称理大，成立于 1969 年。马来西亚理科大学是大马建立的第二所国立大学，也是马来西亚 5 所研究密集型大学之一。

①院系设置

马来西亚理科大学拥有 28 个学院、26 个研究中心、8 个研究平台与 10 个服务中心。

②申请相关

➢ 语言要求

雅思：综合成绩 5.0 及以上。

托福：综合成绩 40 分以上。

➢ 申请时间

入学时间分为春季（3 月）和秋季（9 月）两次。春季申请时间 8 月—次年 1 月；秋季申请时间次年 3 月—次年 7 月（不同专业申请和截止日期不同，详见学校官网）。

③学费费用

约 1.5 万人民币—3.5 万人民币/年。